ひとが優しい博物館

ユニバーサル・ミュージアムの新展開

広瀬浩二郎 編著

青弓社

ひとが優しい博物館——ユニバーサル・ミュージアムの新展開／目次

第2部　さわる展示を作る
――誰もが楽しめる博物館とは何か

装丁——斉藤よしのぶ

はじめに

広瀬浩二郎

本書は、二〇一五年十一月二十八日から二十九日まで国立民族学博物館（民博）でおこなわれた公開シンポジウム「ユニバーサル・ミュージアム論の新展開――展示・教育から観光・まちづくりまで」の報告書である。各シンポジストには、当日の発表原稿の内容をベースとしながら、大幅な加筆・修正をお願いした。本書は、シンポジウム当日の知的興奮とライブ感を伝えるレポートであると同時に、文字どおり「ユニバーサル・ミュージアムの新展開」を高らかに宣言する画期的な単行本になったと自負している。

シンポジウム開催の目的は、民博の共同研究「触文化に関する人類学的研究――博物館を活用した〝手学問〟理論の構築」（二〇一二―一四年度実施）の成果を広く一般に示すことだった。シンポジウムは全日本博物館学会、日本博物館協会、日本ミュージアム・マネージメント学会の後援をいただき、両日とも百四十人余の参加者が全国から集まった。シンポジウムの趣旨を継承し、本書では「ユニバーサル・ミュージアム＝視覚に依存する従来の博物館、さらには現代社会のあり方を問い直す壮大な実験装置」という定義に基づき、四部構成で議論を進める。ユニバーサル・ミュージアムを具体化するために、各章の執筆者は「触文化」（さわらなければわからないこと、さわって知る物の特徴）に注目している。〝手学問〟とは、触文化にアプローチする方法論と位置づけることができるだろう。

本書の第1部・第2部では、各地の美術館・博物館で試みられている展示、教育プログラムの事例を比較・検討する。単なる視覚障害者支援というレベルにとどまらず、ミュージアムそのもの、ひいては社会を改変していく触文化の実践的研究を推進するのが、第1部と第2部を貫く基本スタンスである。これまで、触察による鑑賞は主に三次元の立体物を対象としてきたが、本書では視覚障害者が二次元の絵画作品を触学・触楽するさまざまな手法を提示し、ユニバーサル・ミュージアム論の深化を確認・検証したい。

第3部・第4部では、博物館の枠にこだわらず、自由な発想で企画される触発型ワークショップの諸相、および五感を駆使して「誰もが楽しめる」観光・まちづくりを目指す先進的な取り組みを紹介する。ユニバーサル・ミュージアム研究によって鍛えられた触文化・〝手学問〟概念を他分野に応用し、その普遍性を明らかにするのが第3部・第4部の課題である。触文化・〝手学問〟理論の各方面への伸展は、「感覚の多様性」が尊重されるミュージアムの未来像、障害／健常という二分法を乗り越える新たな人間観の提案につながるにちがいない。

第2部と第4部のあとには、編者である広瀬の触文化に関する小論をコラムとして挿入した。二つのコラムを通じて、読者の触文化理解が深まり伸びることを期待している。本書全体を総括するキーワードは、「ひとが優しい」である。世間に流布している「人に優しい」ではなく、あえて「ひとが優しい」とした意味は何か。そして、「人」をひらがな表記にした編者、各章の執筆者の思いはどのようなものなのか。本書を通読し、じっくり考えていただければ幸いである。

ユニバーサル・ミュージアムの実現は、二十一世紀を生きるわれわれにとって不可欠のテーマだといえる。しかし、それは人任せで深まり伸びていくものではないだろう。ユニバーサル・ミュージアムを深め伸ばしていくのは、本書を手に取ってくださる個々人の好奇心と行動力なのである！


「新緑は 深緑となり 伸びる木々」

二〇一六年五月

序章　全盲者の耳、ろう者の目
――「障害」から生まれる身体知

広瀬浩二郎／相良啓子

はじめに

「障害」とは何か。例えば、目が見えない人と、耳が聞こえない人は、さまざまな意味で「社会的不利益」を被っているという点では共通性があります。しかし、実生活で、聴覚情報に依拠する視覚障害者と、視覚情報に依拠する聴覚障害者が、直接交流できる機会はほとんどありません。点字と手話はひとくくりにして「福祉」の文脈で取り上げられるケースがよくありますが、そもそも文字と言語を単純に並べて論じることはできないはずです。

本章の対談では、触常者（見えないけれど聞こえる）の広瀬浩二郎と、ろう者（聞こえないけれど見える）の相良啓子が、自身の「障害」や世界観・人間観について本音で語り合います。おそらく、広瀬と相良の体験はまったく異なるものでしょう。この対談を通じて、「障害」とはあいまいな概念であり、マジョリティの側が、自己とは異質の集団を区別・排除するために、マイノリティに対して押し付けた「虚構の論理」だということを明らかにできればと思っています。

一方、見えないこと、聞こえないことから生まれる独自のライフスタイルは、確実に存在します。私たちはそれを「文化」として積極的に発信したいとも考えています。「ユニバーサル・ミュージアム」とは単なる障害者対応、弱者支援の場ではなく、マイノリティが保持しているユニークな身体知を広く一般社会に紹介し、マジョリティの生き方を変えていくための壮大な研究と実践の場です。この対談が、今後のユニバーサル・ミュージアム論の進むべき方向を明示する「二十一世紀の見聞録」となることを願っています。

1　互いの「違い」を知る

広瀬　最初に堂々と宣言しておきましょう。この対談はかみ合わないと思います。それをみなさんに聞いていただくのが対談のねらいなのです。まず、僕から対談の趣旨をお話しします。そのあと、相良さんにもどんどんしゃべってもらいます。

僕はこの十年余、「ユニバーサル・ミュージアム」（誰もが楽しめる博物館）に関する実践的研究に取り組んでいます。ユニバーサル・ミュージアムを実現するためには、さまざまなアプローチ方法がありますが、僕が重視しているのは「さわる展示」の開発と普及です。「ユニバーサル・ミュージアム＝触文化」研究を推進する僕に対して、よく次のような質問が投げかけられます。「さわる展示が視覚障害者にとって有効であることはよくわかります。でも、世の中には耳が聞こえない人、車いす使用者、知的障害者もいます。視覚障害以外の障害者対応も検討しなければ、ユニバーサルとはいえないのではないでしょうか」

この指摘は半分当たっていて、半分はずれているような気がします。たしかに、「ユニバーサル」を考えていく場合、「障害」を切り口にする方法もあるでしょう。しかし、「誰もが楽しめる＝多様な障害者、社会的弱者に配慮する」という発想は、あくまでもバリアフリーのレベルにとどまっています。もちろん、バリアフリーがユニバーサルよりも劣るという意味ではありません。両者は似ているけれど、根本の発想が異なるのです。

では、目が見えない人、視覚を使わない人が博物館・美術館に行くと、何が起きるのでしょうか。「見学・観覧」という言葉が示すように、ミュージアムは目で見て楽しむ場所とされています。博物館・美術館は、視覚優位の近代社会を象徴する「見せる／見る」文化施設なのです。だから、目による鑑賞ができない視覚障害者が博物館に足を踏み入れることは、おおげさにいうと、近代的な世界観・人間観を問い直すきっかけになります。今日の博物館で、視覚障害者は弱者でもかわいそうな人でもなく、どちらかというと「危ない人」です。僕が「危ない」と言うと誤解されそうですが、視覚障害の当事者は、脱近代型のミュージアムを創るための起爆剤となる役割を自覚すべきだと思います。

もともと、「障害」という概念も近代化のプロセスのなかで構築されたものです。もちろん前近代社会にも目が見えない人、耳が聞こえない人はたくさんいましたが、彼らは「障害者」とは認識されていなかったのです。さあ、これから「近代」を再考する危ない二人の対談が始まります。冒頭に申し上げたように、もしもみなさんが「障害」という観点でこの対談の意義を理解しようとするなら、かみ合わない対話という印象だけで終わってしまうでしょう。そうではなく、目が見えない人、耳が聞こえない人の異文化間コミュニケーションの試みとして楽しんでいただければうれしいです。

それでは、お待たせしました。いきなり「危ない人」の仲間に入れられて当惑しておられるかもしれませんが、相良さんから自己紹介をお願いします。

相良　自分のことからお話しします。私は十九歳で失聴するまで、耳が聞こえていました。それまでの十九年の人生のなかで、ろうの方と会ったことはありませんでした。失聴の原因はおたふくかぜで高熱が出たためでした。最初は手話に対する抵抗感が強かったです。十九歳までは耳が聞こえて、音声言語をしゃべるのが当たり前だったので、なかなか手話を受け入れることができなかったのでしょう。

聞こえなくなって初めて気づいたのは、他人とのコミュニケーションができないということです。私は自分の声を出して話すことができますが、相手に何を言われているのか、まったくわかりません。こちらから発信できても相手からの情報を得ることができないという壁にぶち当たりました。

一九八七年、筑波技術短期大学が創設されます（現在は筑波技術大学）。聴覚障害・視覚障害の学生を対象とする国内唯一の大学です。私は山形出身ですが、この大学ができると聞いて進学してみたいと思いました。

両親は「わざわざ、ろう者と一緒に学ばなくてもいい」と言って反対し、オーストラリアで人工内耳の手術を受けることを勧めました。両親としては、人工内耳の手術を受け、少しでも聞こえるようになってなんとか聴者の生活に近づいてほしい、と願ったわけです。でも私は、ろうの友達を作りたいと思いました。これまでの自分の人生を客観的に振り返り、自信をもって今後の人生を生きていくためには、筑波技術短大に入ることが必要だと考えたのです。そして、電子情報学科情報工学専攻の一期生として入学したのです。

そうして、各地から集まってきたろう者との交流が始まります。キャンパスライフを通じて、ろう者が生きていくための知恵、コミュニケーションの方法としての手話を学ぶことができました。入学当初は手話もわからないし、いろいろとたいへんでした。さまざまな物や人の動きをずっと見続けていると、目が充血してしまい、苦しいことが多かったです。でもいまは、技術短大で勉強できて、本当によかったと思っています。

ろう者にとって、自分と同じ仲間、集団内で話をすることはとても大切です。聴者のなかにいると、なかなか集団を形成することができません。いつでも、自由に手話でコミュニケーションができる環境を作るためには、ろう者の集団作りが必須なのです。実は筑波技術短期大学ができるとき、一部には強い反対運動がありました。いまは「完全参加と平等」の時代なのに、なぜあえて隔離教育をしなければならないのか。障害当事者でも「耳が聞こえない人、目が見えない人だけで集団を作るのはよくない」と考える人が少なからずいました。私はろう者にとって集団生活が重要だと思うのですが、視覚障害者には集団作りは必要ないですか？

広瀬　難しい質問ですね。視覚障害と聴覚障害の違いを知るうえで、筑波技術大学はいい事例だと思います。一九八七年設立の技術短大は、二〇〇五年に四年制大学に発展し、現在は大学院も設置されています。僕は五年ほど、この大学で非常勤講師をしていました。最新のＩＣＴ機器をはじめ、支援体制は充実していて、学生がうらやましいなあと感じるほどでした。この大学には、視覚障害コミュニティのリーダーを育成する役割があると思っています。

これは僕の素直な思いですが、それはそれとして大学そのものの存在意義については多少の疑問があります。僕が大学に進学したのは一九八七年です。ちょうど技術短大ができたときです。僕は十三歳で失明し、中・高時代を東京の盲学校で過ごしました。盲学校で点字を学び、視覚障害者として生きていく術を会得したので、相良さんがおっしゃる「集団」の必要性はよくわかります。しかし、当時の盲学校、視覚障害コミュニティでは、技術短大設置に対する反対の声が強かったのです。

第二次世界大戦後の教育改革によって、視覚障害者は一般大学に進学できるようになりました。全盲者が大学に入学する場合、まず「点字で試験を受けさせてください」という門戸開放の交渉から始まります。そして入学後は点字の教科書を自分で作り、懸命に勉強するのです。そういった先輩方の努力によって、一九五〇年代以後、大学に進学する視覚障害学生の数は着実に増えていました。僕が大学に入った八〇年代後半には、目が見えない人が大学に行くのは当然だという社会的認知が広がっていました。いい意味でも悪い意味でも視覚障害者は「普通」の学生になり、先輩方のようには懸命に勉強しなくてもよくなったのです。

一九八〇年代当時の盲学校の教員たちは、筑波技術短大の開学が、一般大学の門戸開放の歴史に逆行するのではないかという危惧を抱きました。中学・高校までは専門性に根ざす盲学校教育で、しっかり実力を養う。そして、大学以上の高等教育になれば、本人が自己責任で道を切り開いていく。盲学校教育を大学にまで延長するような筑波技術短大の理念はおかしいのではないか。僕の盲学校の恩師たちはこういった考えをもっていましたし、僕も基本的に同じ意見です。視覚障害者、聴覚障害者のようなマイノリティにとって、成長段階のある一定期間、同じ特性をもつ「集団」で学習することは不可欠だと思います。そのあとでマジョリティと接する、つまり自分とは異質の「集団」に放り込まれるのがいつになるのか。これはケース・バイ・ケースで考えていかないといけない問題でしょう。

相良さんが強調されたように、ろう者にとっての手話とは、言語というレベルを超えて、生きていくために欠かせない情報収集・情報交換のツールです。手話は音声言語とは別体系の言語であり、手話による学習が保証されている筑波技術大はろう者の唯一無二の高等教育機関ということができます。アイヌ文化研究者の萱野茂さんは「言葉こそは民族の証」と主張していますが、ろう者は手話という共通言語をもつ民族ともいえるでしょう。民族の定義は難しいですが、手話がろう者コミュニティを結束させる拠りどころになっているのはまちがいありません。

一方、点字は文字であり、言語ではないわけです。僕は三十年以上、点字を使って勉強・生活しています。点字に対する思い入れは人一倍強いと自負していますが、あくまでも点字は日本語（音声言語）を書き表す手段の一つです。だから、点字は「民族」の核にはなりにくいでしょう（表音文字である点字の独自性に関しては、「コラム1」の私論をご参照ください）。

視覚障害者は音声言語によるコミュニケーションができるので、講義を聞く、演習などで発表するという点ではハンディキャップがありません。単純に比較するのは危険ですが、ろう者よりも全盲者のほうが一般大学の授業に入っていきやすい面があるのは事実だと思います。全国には一般校で教鞭を執る視覚障害者がたくさんいますが、音声言語（しゃべり）で勝負できるという意味で、教員は全盲者の適職といえるでしょう。

中世から近世の日本社会には当道座という盲人のギルド、同業者組合がありました。琵琶法師や瞽女・イタコたちは強固な集団を保持していたのです。今日の「ろう文化」に匹敵するような「盲文化」が確実に継承されていました。中・近世の盲人たちが宗教や音楽の領域で個性を発揮していた歴史は、世界的に見ても、きわめてユニークです。ところが近代（明治期）以降、「盲文化」のオリジナリティは徐々に失われ、マジョリティへの同化という色彩が濃くなってきました。「盲文化」をどうやって復活させるのかというのは僕のライフワークなのですが、現在の視覚障害コミュニティは、ろう者ほどの集団性をもっていないのではないかと感じています。

相良　ろう文化と盲文化の違いは興味深いですね。昨今はインクルーシブ教育の理念が普及し、障害児が一般校で学ぶケースが増えています。ろう者にとっては「選択」できる社会環境が大切です。ろう者の集団のなかで学びたい人はろう学校や筑波技術大を選べばいいし、聴者のなかで学びたい人は地域の学校、一般大学を選べばいい。選択肢が複数あるということが社会の多様性につながるのではないでしょうか。

ところで、今回のシンポジウムの進め方でも、ろう文化と盲文化の違いを感じました。みなさん「見せるプレゼンテーション」をしていますが、画像を使ったうえで、その内容をきちんと「言葉」で説明していますね。視覚障害者にわかりやすいように、音声言語を多く使っているのでしょう。

各自の発表では持ち時間が経過すると、ベルを鳴らしていますね。聴者はベルの音を聞いて、時間内にプレゼンが完了するようにつとめます。このベルのおかげで、シンポジウムはほぼスケジュールどおりに進行します。ろう者の場合には、残り時間を書いた紙を見せたり、ライトを点滅させて合図を送ります。

ろう者の会議では時間管理がたいへんです。例えば懇親会の終了時間になったとき、「会場から出てください」というお願いがなかなか伝わらない。音声言語は不特定多数の人に同時に情報を伝達することができますが、手話はそれを見ている人だけとの情報交換・情報共有になりがちです。

通常のシンポジウムでは、「発表を聞く」といいますが、あまり「発表を見る」という表現は使いませんね。聴者は会場正面のスライドを見ながら、発表を聞くことができます。ろう者の場合は手話を見て、そのあとにスライドに目を移すと、もう該当資料の説明が終わっているなんてことがよくあります。同じ不自由・不便といっても、ろう者と全盲者ではずいぶん違いますね。

仕事をしていくうえで、不自由・不便だと思うことを、広瀬さんにうかがいます。どんな苦労があるのでしょうか。

2 マジョリティとの付き合い方

広瀬　目が見えない人にも独特のウェイ・オブ・ライフがあります。それはマイノリティならではの「文化」と呼べるものかもしれません。例えば、僕が一人でいるときはあまり電気をつけませんね。「そもそも夜とは暗いもので、人間には闇が必要なのだ」などと、ここで盲目文明論を展開するつもりはありませんが、単純に省エネ・節電にもなります。

国立民族学博物館（民博）の研究室にいるときは電気をつけていますが、主にそれは周りの人に「広瀬は出勤しているぞ」と知らせるためです。自宅ではよく真っ暗闇のなかで風呂に入っています。ときどき風呂のなかで歌を歌うことがあります。「暗闇の風呂でへたな歌を歌うのだけはやめてくれ」と家族に言われています。

一人でいるときに電気をつけない大きな理由は、つけていると忘れてしまうからです。学生時代、友人が下宿に遊びにきて電気をつける。友人が帰ったあと、数日間、電気がつけっぱなしになっていたことが何度かありました。昔の蛍光灯は耳を澄ますとジーッと音がしましたが、最近のLEDは静かで厄介です。電気のスイッチも扱いにくいものが増えて不便になりました。

極端な話になりますが、全盲者だけの集団では電気は不要です。同様に、ろう者だけのコミュニティでは音声言語、時間を知らせるベルがなくても、何の問題もありません。全盲者・ろう者の集団が、仲間同士の情報交換・情報共有で完結していれば、不自由・不便は生じないでしょう。

マイノリティのウェイ・オブ・ライフがマジョリティと接触するとき、どう折り合いをつけるのかが課題です。まあ、風呂の電気くらいはたいしたことではありませんが、多数決の論理でマジョリティのウェイ・オブ・ライフが標準とされると、マイノリティはつらいですね。日頃からマイノリティの生きづらさを実感しているはずの僕なのに、今回のシンポジウムでは何の疑いもなく、ベルで時間を知らせることにしました。それは、ろう者にはわからない合図だったわけです。真の意味で「ユニバーサル」を実現するのは、本当に難しいですね。でも、その難しいゴール・理想に向けて、知恵を絞り、対話をするプロセスこそが大事なのだと思います。

マジョリティとマイノリティの「文化」が接触するときの衝突・葛藤が最も先鋭に表れるのは、なんといっても就労現場です。障害者が働きやすい職場環境を整えるためには、周囲の理解と本人の努力の両方が肝要です。残念ながら、「日々やりがいのある仕事ができている」と胸を張って言える障害者はまだまだ少数だというのが現状でしょう。

僕の周りでも、大学卒業後、いわゆる一流企業に就職したが、同僚との人間関係でトラブって数年で退職してしまったという話をよく耳にします。また、ほとんど仕事が与えられないいわゆる「飼い殺し」状態に耐えているケースも珍しくありません。目が見える人と目が見えない人がチームワークで仕事を進めていく場合、最終的にはマイノリティがマジョリティのやり方に合わせていくことが求められるのです。

これは半分冗談、半分本気ですが、「視覚障害者の適職は社長である」といわれます。たしかに、社長ならば自分のウェイ・オブ・ライフに社員を巻き込むことが可能です。でも、「一億総活躍社会」になったとしても、「一億総社長」なんてことはありえませんね。視覚障害者の起業家がどんどん登場してほしいですが、現実的には容易なことではないでしょう。

僕と相良さんは、幸運にも研究者として就職することができました。「研究＝仕事＝生活」といういまの環境は、マジョリティ、マイノリティの区別に関係なく、たいへん恵まれたものです。研究職というのは、ある意味では社長に近いかもしれません。もちろん、社長といっても零細企業で、「社長＝従業員」一人という状態ですが、自分のペース、自分のやり方で仕事ができるメリットは大きいでしょう。

そんなわけで、僕は現在の職業、就労環境に満足しているのですが、やはり民博に就職するまでには多少の苦労がありました。僕は大学院に進学後は研究職志望だったので、博士課程修了前後から、さまざまな大学や研究機関の公募に願書を提出しました。おそらく百校近くに応募したと思います。「この連敗記録は某大学の野球部よりもすごいぞ」と自慢したものです。

もちろん、僕の実力不足でポストを得ることができなかったという場合も多々あります。でも、なかには「目が見えない」ことが理由で落選となった大学もありました。研究者としての業績で判断されないのは悔しかったです。「大学の学生は目が見える人ばかりです。目が見えないあなたが授業をするのは無理でしょう」とよく言われました。前述したように、しゃべりで勝負できる教員という仕事は、視覚障害者の適職です。教室では教員が社長なのだから、うまく学生（従業員）を使えば、プリント配布やＡＶ機器の操作も簡単でしょう。

近年は大学がサービス業化していて、授業アンケートなどで教員の資質が厳しくチェックされます。僕が学生だったころは、唯我独尊というべきか、本当に自分のウェイ・オブ・ライフを貫いて、一方的な講義をする教授がけっこういました。学生が聞いているかどうかは二の次で、とにかく自分の知識を披瀝するのが講義の目的だったのです。

大学には「聞かせる授業」ができない健常者の教授が少なからずいます。それなのに、「目が見えない＝授業は不可能」と短絡的に決め付けられることには納得できませんでした。目が見えない人に授業ができるかどうか不安ならば、模擬授業をさせてみるなど、いろいろと方法はあるはずです。日本社会は先入観・固定観念が強いので、障害者雇用がなかなか進展しないという面があります。相良さんの場合はいかがでしたか。

相良　私は耳が聞こえていたころからずっと、就職するなら直接人と接する仕事がしたいと思っていました。そのこだわりはいまも続いています。耳が聞こえなくなる前は、幼児教育に興味があって、保育士を目指していたのですが、中途失聴で保育士になる夢はあきらめざるをえませんでした。それでも、直接人と接する仕事ができる職を得るために、まずはしっかり技術を習得しようと思い、筑波技術短大に進学したのです。

技術短大には技術系の専攻が五つあって、私は情報工学を選びました。短大では情報技術に関するプログラミング言語などを専門的に学び、デスクワークならば十分にできるということで、ＩＴ関連の企業から内定をもらいました。しかし、ＩＴ企業に就職したら、直接人と接する仕事という夢からはだいぶ離れてしまいます。迷った末に、いったん内定していた企業を断って、もう少し勉強を続ける道に進むことにしました。筑波大学、同大学院で障害児教育について学び、ろう学校での教育実習など、貴重な経験をすることができました。

長い学生生活を経たあと、私が最初に就職したのは旅行会社です。十年ほど勤務し、社内でさまざまな仕事を担当しました。就職直後はインターネット情報の更新、ウェブサイトの修正など、一人でできる仕事、他人と会わない業務が主でした。正直なところ、仕事はあまり面白くなかったですね。そのあと、聴覚障害関係のネットワークを通じて、ろう者や難聴者からの旅行依頼が少しずつ増えてきました。それが契機となって、社内の部署を異動し、会計業務や旅行手配の裏方の仕事をするようになります。でも、基本的に内勤なので、窓口に出ることはありませんでした。自分が手配した書類の内容が間違っていたときに、ほかの社員が私の代わりにお客さまにお詫びしている姿を見ると、本当に心苦しかったです。

ろう者団体からの旅行申し込みはさらに増え、あらためて私は直接人と接する仕事がしたいと強く願うようになります。私は入社する前にアメリカに留学し、アメリカ手話を習得していました。そんなこともあって、ろう者関係のアメリカ視察旅行に個人的に同行してほしいという依頼を受けるケースもありました。アメリカ視察ツアーの情報が徐々に広がり、各地の聴覚障害者団体からの問い合わせが入るようになります。ろう者である私がどうやってツアー添乗できるのか。安全確保の問題など、社内でも相談しました。

当初はあくまでも会計の仕事がメインで、時間的余裕があるときだけ、ろう者団体のツアーに添乗するというかたちでした。でも、私の仕事は、添乗業務を含む営業のほうへ少しずつシフトしていくのです。そのきっかけになったのは、「ろう者の添乗員が必要だ」という聴覚障害があるお客さまからの切実な声でした。当事者の生の声は社内の意識も変え、私の添乗業務がきちんと位置づけられるようになったのです。ろう者集団のニーズに支えられて、私は念願の「直接人と接する仕事」ができるようになりました。

そのあと、旅行業法が厳しくなって、添乗業務をおこなうためには「旅程管理主任者」の公的資格が必要だというルールが徹底されます。この旅程管理主任者の資格試験に、ろう者として初めて挑戦したのは私です。手話通訳者の同席のもとで受験し、二〇〇五年に合格することができました。私の合格については、当時の新聞でも取り上げられました。やはり資格取得は本人の自信になるし、お客さまに安心感を与えることもできます。私が添乗員になることができたのは本当にラッキーでしたが、ろう者が接客業に従事するというのは、一般的にはまだまだ困難であるのが現状です。

少し古いデータですが、厚生労働省による二〇〇八年度の障害者の就労状況の実態調査があります。それによれば、聴覚障害者のなかで専門職に従事している人の割合は五・八パーセント。視覚障害者の専門職従事者は二五・六パーセントです。かなり差がありますね。聴覚障害者の五〇パーセント以上は部品の組み立て、ライン作業など、体を使う仕事をしています。一方、視覚障害者の場合は事務系の仕事に就いている方が多いようです。

ろう者にとって大切なのは、他人とのつながりでしょう。他人とのつながりを開拓していくためには、ろう者自身が積極的に発信しなければなりません。ヘレン・ケラーは、「盲とは、人と物との関係が切り離されていること。ろうとは、人と人との関係が切り離されていること」と述べています。「人と人との関係」をどうやって確保できるのか。ろう者にとってはたいへん難しい課題です。

広瀬　相良さんが旅行社でされてきたお仕事は、「ろう者の、ろう者による、ろう者のための」ツアーの企画・実施ですね。これは当事者である相良さんにしかできない仕事だと思います。役割とやりがいが両立する職業ってなかなかないですよね。試行錯誤を積み重ね、それを探し当てた相良さんの努力に敬意を表します。お話をうかがっていて、ろう者にとって他人とのコミュニケーションは本当に重要であることを再認識しました。言葉(音声言語)によるコミュニケーションが困難なろう者だからこそ、コミュニケーションの意義と可能性を熟知しているのでしょう。

僕は小学五年生くらいから視力が下がり始め、大好きな本が読めなくなりました。小学校時代は戦国武将の伝記やスポーツ関係の本をたくさん読んだものです。大相撲の歴史をよく知っていたので、クラスでは「相撲博士」と呼ばれていました。その「博士」も、本で知識がインプットできなければお手上げです。「読みたくても読めない」もどかしさ、つらさというのは、中途失明者に共通する体験でしょう。

中学（盲学校）に入って、点字を本格的に学びました。ここで再び本を読む喜びを味わうのです。実は、盲学校のクラスメートに、僕よりも相撲のことが詳しい友達がいました。「あいつに負けたくない」という思いが、相撲博士の読書欲を刺激したのです。「相撲の本をもっと読むために点字を勉強しなければ」。動機はなんであれ、とにかく点字で本が読めたときの感激をいまでも忘れることができません。

視覚障害者は文字の読み書きでは苦労を強いられる。だからこそ文字のありがたさを誰よりも実感しているし、文字の力を信じているともいえるでしょう。そういえば、僕は自分の研究成果を書籍として刊行することにこだわっています。口が悪い友人には、「売れない本ばかりよく出すなあ」とからかわれますが、「売れない」のは結果ですね。本人は「今度はきっと売れるぞ！」と期待しながら、点字で原稿を書いています。やはり、自己表現の手段である文字に対する思いは、人一倍強いのでしょう。

3　マイノリティの特性を生かす

広瀬　相良さんは添乗員として活躍されたわけですが、視覚障害者の添乗員というのは、ちょっと現実的ではありませんね。全盲の添乗員がいたら面白いだろうと思いますが、まちがいなく僕はそんな旅行ツアーに参加したくない。どこに案内されるかわからなくて怖いですよね。視覚障害者は単独歩行がままならないのだから、「全盲者の、全盲者による、全盲者のための」ツアーは成立しにくい面があります。

僕は民博で過去に二回、大きな企画展を担当しました。展覧会では来館者を案内する展示解説、ギャラリートークのようなイベントも多数実施されます。二〇〇九年に点字の考案者ルイ・ブライユの生誕二百年記念の企画展を開いた際、秋篠宮ご夫妻が来てくださいました。点字の仕組みや視覚障害者の社会参加の歴史を学ぶための視察です。僕は展覧会のオーガナイザーなので、ご夫妻をお迎えし、展示解説をすることになりました。見学時間は四十分くらいだったでしょうか。実際に点字タイプライターを打ってもらうなど、「点字の展示」を楽しんでいただきました。

僕が展示解説をすることが決まったとき、館内には多少の戸惑いがありました。「全盲の広瀬が誤ってご夫妻にぶつかってしまったら、どうしよう」「ご案内を広瀬に任せていいのだろうか」。たしかに、本人の僕も不安があったのは事実です。でも、ここは全盲者のイメージアップのチャンス！「目が見えている人と同じように、スムーズにご案内してみせるぞ」と気合を入れました。

展示の準備段階から、僕は何回も会場内を歩いて、資料や説明キャプションの位置を確認しています。だから、まさに「目をつぶっていても」自由自在に動く自信はありました。ご夫妻の足を踏まないように注意しましたが、これは声や音を聞いていれば大体の距離がわかるので、さほど難しいことではありません。結果的にこの展示解説はたいへん好評で、ご夫妻にも喜んでいただくことができました。

秋篠宮ご夫妻のご案内を通じて、一つ気づいたことがあります。僕は全盲だから、見常者に比べると、できないことがたくさんあるわけです。しかし、背中に目がないというのは視覚障害の有無に関係なく、同じこと。前を向いて歩くときは、明らかに見常者のほうが僕よりも迅速かつ正確に動けます。一方、後ろ向きに歩くときは差がなくなります。いや、逆に僕のほうが自然に歩けるかもしれない。そう、視覚障害者にとっては前を向いて歩くことも、後ろを向いて歩くことも大差がないのです。

秋篠宮ご夫妻への展示解説の際、僕はご夫妻のほうに顔を向けて話をしながら、あとずさりするようなかたちで歩を進めました。おそらく、これは見常者にはなかなかできない「背中の目でみる」案内方法でしょう。「前を見ず、後ろを感じ、ご案内」。自分にはこんな特技があったのだと意外な発見をした懐かしい思い出です。

先ほど障害者の職業について、相良さんから統計的なデータの紹介がありました。日本の視覚障害者には伝統的な職種として按摩・鍼・灸があります。これは江戸時代から現在に至るまで、視覚障害者の手によって受け継がれてきた「手技療法」です。按摩・鍼・灸は触覚を駆使する職業ですから、目が見えない人に適しているといえます。手技療法が視覚障害者の専業だという意識が社会に定着していることには、いい面と悪い面があります。まず、いい面としては、日本の視覚障害者の就業率が諸外国に比べて高いこと。悪い面としては、按摩・鍼・灸はいわば「決められた道」であり、それ以外の職業に進出するのが難しいことが挙げられます。

最近は東洋医学ブームなどがあり、見常者がどんどん按摩・鍼・灸の世界に入ってきました。鍼灸師を養成する専門学校も増えています。もはや視覚障害者にとって按摩・鍼・灸は「決められた道」ではないのです。専業を失った視覚障害者の就業率は伸び悩み、苦戦が続いています。こんな厳しい状況下、障害者雇用を進めるためには何が必要なのか。視覚障害者の持ち味、「背中の目」を活用するような仕事はないものでしょうか。

視覚障害者の就労拡大を図るうえで大きな転換点となったのは、パソコンの普及に象徴される情報通信技術の進歩です。僕が高校生だった一九八〇年代前半まで、目が見えない人は点字を読み書きするのが当たり前でした。ところが八〇年代後半以降、パソコンを用いて墨字（視覚文字）を読み書きすることが可能になります。先ほど、相良さんが「視覚障害者は事務職に従事している人が多い」というデータを紹介しました。パソコンの画面を音声で読み上げてくれるソフトウェア（スクリーンリーダー）の汎用化によって、視覚障害者の職域が広がったのはまちがいないでしょう。

僕と相良さんは対談の準備として、何度もメールのやりとりをしました。もちろん、目が見える聴者は筆談ができます。でも、全盲者・ろう者が直接コミュニケーションするなんてことは、三十年ほど前まではありえませんでした。僕は一九八七年に、全盲者・ろう者が「パソコン通信」を介して文字による会話を楽しんでいる場面に立ち会ったことがあります。「すごい時代になったなあ」という感動はいまでも忘れることができません。障害者は健常者以上にＩＣＴの恩恵を享受しているといえるでしょう。

パソコンや携帯電話の技術革新によって、障害者の日常生活が激変しました。この激変は基本的に歓迎すべきものでさまざまな場面で障害者も「健常者と同じこと」ができるようになりました。「健常者と同じこと」ができるなら、もっと障害者雇用は進んでいいはずだと思います。しかし、実際には障害者の就業率は伸び悩んでいる。「健常者と同じこと」ができるのは、障害者にとっては武器になるかもしれないけれど、雇用主からすると、べつに障害者を採用しなければならない必然性はないわけです。「障害者だからこそできること」を見つけていかないと、障害者雇用はなかなか進展しないのではないでしょうか。相良さんのご意見はいかがですか？

相良　難しい質問ですね。ろう者の就職率を比較すると、ヨーロッパ諸国よりも日本のほうが高いと思います。例えばイギリスろう連盟（ＢＤＡ：British Deaf Association）の調査によると、イギリスのろう者の二分の一以上が職を得ていないそうです。しかし、イギリスでは障害者に対する生活援助金の各種制度が充実しています。

そのなかでも、ＡＴＷ（Access to Work）という職業サポート制度が魅力的です。聴覚障害者ならば、年間契約で手話通訳者、コミュニケーションサポーターによる支援を受けることができます。しかも、本人が必要とする時間数の支援が保証されているのです。イギリス滞在中、私もＡＴＷのサービスを利用し、聴者と対等に仕事をすることができました。音声言語が聞こえなくても、会議に堂々と参加できる。この経験は、日本で仕事をしていたときとはまったく異なるものでした。ですので、雇用率の数値だけを比べて、遅れている・進んでいるという判断はできませんね。

日本では障害者雇用促進法で法定雇用率が定められているので、大企業には障害者を雇用する義務があります。したがって、聴覚障害者が大企業に就職する環境は、日本のほうが諸外国よりも整っているといえます。問題は、就職後にどうやって仕事を続けていくかということです。一般の職場では、聴覚障害者に対する支援はほとんどありません。社内の会議では、ろう者が出席しても内容が伝わらないので、「参加しなくてもいい」と言われてしまいます。会議に出ても、議論に入ることができず、隣の人のメモを見せてもらうだけ。ろう者と聴者が会議で受け取る情報の量は、明らかに異なります。日本全国、同じような疎外感を味わいながら就労しているのが、ろう者の現状です。

おそらく、欧米のろう者の大多数は「会議に出ても内容がわからないのなら、時間の無駄だ」「つまらない職場ならやめてしまえ」と考えるでしょう。日本のろう者は我慢強いなあと思います。もちろん、劣悪な職場環境に耐えているろう者が多いという状況は、日本人の国民性という要因だけでは説明できません。やはり転職の選択肢が少ないことも大きな原因でしょう。

「忍耐」は日本の障害者全体に共通していますが、そのなかで離職率が最も高いのがろう者です。ろう者には人間関係、コミュニケーション面でハードルがあります。職場環境を改善していくためには、ろう者自身がどんな支援が必要なのか、しっかり声を上げていかなければならないでしょう。耳が聞こえない・聞こえにくいことは外見ではわからないので、自分が何に困っているのか、どういったサポートがあればいいのかなど、自ら主張しなければ、聴者には理解してもらえません。ろう者の就労を進める前提として、周囲を変えていく当事者のパワーが必須だと強く感じます。

広瀬　相良さんのお話をうかがって、少し反省したことがあります。僕は民博に就職して十五年になりますが、やはり会議は苦手です。会議では大量の資料が紙で配られます。最近はペーパーレス会議システムで、出席者個々の携帯型端末にデータを流して議事進行するパターンも増えています。会議の直前に資料の電子データをメールで送ってもらうこともありますが、それらを音声パソコンで確認するのはたいへんな作業です。同僚は会議当日、会場で資料を読めばいいのに、僕だけ前日の夜中に自宅で「予習」を強いられるのは不合理でしょう。申し訳ないけれど、資料のデータを読まぬ（聞かぬ）まま当日を迎えるのがほとんどです。

会議中は、死んだふりではありませんが、静かにしていて「早く終わらないかなあ」と願っています。率直にいって、僕の場合は自身の研究が第一で、館内の事務的な会議は二の次、三の次でいいという思いをもっています。海外出張などのため、会議にはあまり顔を出さない同僚も多いし、それが認められる職場環境でもあります。

一般企業では「会議で死んだふり」は通用しないでしょう。音声パソコンや点字資料ではいわゆる飛ばし読み、斜め読みがしにくいので、単純に電子データ、点訳資料がそろっていれば、視覚障害者も見常者と同じ条件で会議に参加できるというわけではありません。ここは僕が強調する「平等」と「対等」の相違です。平等な量の資料が用意されていても、視覚障害者と見常者が対等な議論をおこなうのはなかなか難しい。と、いくら自己正当化しても、「死んだふり」は褒められるものではありませんね。会議には顔だけでなく、口も出せるように、僕も努力したいと思います。

4　博物館がユニバーサル社会を作る

広瀬　マイノリティが暮らしやすい環境を整備していくために、本人が自己主張しなければならない、すべきだという点は僕も同感です。しかし、個人ができることには限界があるし、常に肩に力を入れて自己主張し続けるのは、僕のような怠け者にとってはしんどいなあと感じてしまいます。ここでクローズアップされるのが博物館の役割です。僕はよく「博物館が社会を変える」と言いますが、多様な感覚で楽しめるユニバーサル・ミュージアムが増えれば、視覚障害者や聴覚障害者など、マイノリティに対する意識も徐々に変化していくでしょう。

僕は最近、ユニバーサル・ミュージアムの理論を観光・まちづくりの分野に応用する実践に取り組んでいます。今回も「ユニバーサル・ミュージアム論の新展開」、すなわち博物館がユニバーサル社会を作る先導役を担うことを願って、シンポジウムを企画しました。観光・旅行といえば、相良さんの専門ですね。ここまで、マイノリティの苦労、たいへんさをあれこれ挙げてきましたが、実は一人旅をするとマイノリティならではの楽しい体験がたくさんあります。目が見えなくて、ちょっと得した話、耳が聞こえないからこそ経験できた意外な出会い。こんなエピソードを集めたら、きっと面白い本ができますね。本になりそうなネタをいくつか聞かせてください。

相良　個人的にも旅行が大好きです。仕事でもプライベートでも同じですが、グループ旅行・個人旅行にはそれぞれの楽しさがあります。私は海外を含め、多くの博物館を訪問しました。私がいい博物館であるかどうかを判断する一つの基準は、受付スタッフの対応です。受付で気持ちよく迎えられると、それだけで博物館に対する満足度はアップします。受付のスタッフが声で何か言っても、私にはよくわかりません。さて、ここで聴者のスタッフはどうするでしょう。

私が「耳が聞こえない、ろう者だ」と伝えたときの受付スタッフの反応はさまざまです。手話でコミュニケーションできるのがいちばんいいわけですが、なかなかそうはいきません。ただただあわててしまうスタッフもいれば、落ち着いて手書きボードを出してくれる人もいます。手書きボード、あるいは筆談用のメモ用紙があれば、文字で会話ができます。手話ができなくても、ろう者と自然にやりとりができるかどうか――これは、いい博物館、優秀な受付スタッフの条件だと思います。

音声言語は目に見えないので、ろう者には理解できません。口から飛び出す音声言語は、どんどん消えていきます。この音声情報をろう者はどうやって得ることができるのでしょうか。私たちの日常生活では、音声言語がわからないまま、やり過ごしていることがよくあります。また、わかったふりをし、周囲の聴者との表面的な付き合いを大切にしていることも珍しくありません。でも、それでは新たなコミュニケーションは生まれないでしょう。

先ほどの受付の話でも、聴者の友達が一緒なら、その人に任せるほうがスムーズな会話ができるのは確かです。しかし、聴者に任せてしまうのではなく、ろう者がマジョリティと向き合うことで、互いを尊重する双方向の対話の場が開かれます。広瀬さんは博物館に展示されているモノの背後にある「目に見えない物語」の意義を力説していますね。そのモノを作った人、使っている人、伝えてきた文化が「目に見えない物語」の構成要素です。視覚障害者は触察によって「目に見えない物語」にアプローチします。ろう者も同じように、目に見えない情報を見えるかたちに変換する実験、挑戦を繰り返しているのです。目に見えないものを受け取る手段を工夫するという点で、ろう者と全盲者は似ているといえるかもしれません。

日本にいても、ろう者は外国人のようなものです。ろう者と聴者では使っている言語が違います。言語面のバリアがあるという意味では、ろう者は日本にいても外国に行っても差がありません。私が海外に行けば、見た目で外国人であることがわかるので、現地の人は言葉が通じないのが当然だと考えます。「言葉が通じないのが当たり前」という共通認識があるので、ろう者の海外旅行は意外と楽だといえるでしょう。言葉（音声言語）が伝わらないなら、身ぶりや表情など、多様なコミュニケーション手法が出てきます。ここが人間のすばらしさですね。

ろう者にとって居心地がいい海外の施設を二つ紹介します。旅行会社に勤めていたころ、ろう者のお客さまに人気があったのはスウェーデン・ストックホルムの市立図書館です。図書館を視察するツアーも多く企画されました。この図書館は不思議な形をしていて、館内に入ると三六〇度、本棚が見えるのです。二階、三階からでも全館を見渡せるので、違う階にいても、手話で会話することができます。ろう者にとっては単なる図書館というのにとどまらず、理想的なコミュニケーション空間なのですね。

フランス・ニースのマルク・シャガール美術館も印象に残っています。受付スタッフの対応もよくて、私がろう者であることを伝えると、電子ガイドが渡されました。この美術館に展示されている絵画作品にはＱＲコードが付いていて、ポイント解説を電子ガイドで見ることができます。解説は文字だけでなく、手話の動画もあるのです。手話はフランス手話でしたが、やはり小さな画面で文字を読むよりは手話のほうが親しみやすい。私はフランス手話を勉強していたわけではありませんが、半分くらいは理解することができました。手話と文字情報の両方をうまく使って、自分のペースで展示を観覧できたのはうれしかったです。

近年、日本の博物館・美術館でもときどき、手話通訳付きのガイドツアーが実施されていますが、手話の動画を見ることができる電子ガイドはまだありません。手話通訳付きのツアーも、もちろんすばらしい取り組みですが、自分のペースで自由に観覧することはできないでしょう。ここが「通訳」の難しいところです。

手話通訳付きのツアーと、ろう者自身が手話でガイドするツアーは違いますね。スウェーデンにはプロの旅行ガイドで、ろう者がいます。私はかつて、スウェーデンのろう者のガイドに連絡し、何度もツアーを組みました。

ろう者のガイドは、スウェーデンの観光名所、文化について手話で説明してくれます。現地のろう者との交流もアレンジしてもらえるので、ツアーは好評でした。

ガイドが使うのは国際手話です。私が日本手話への通訳をしました。つまり、私は日本からのツアーの添乗員であり、手話通訳もしたということです。スウェーデンでは、ずいぶん以前から、ろう者も聴者と同等の旅行ガイドの資格を取得できます。だから、ろう者のツアーに関しては実績があります。観光・学習・交流ができるろう者主体のツアー運営方法について、私も現地のガイドからいろいろと学びました。

広瀬　相良さんのお話で、ユニバーサル・ミュージアムは単なる障害者対応ではないということを再確認しました。音声言語（目に見えない言葉）ではなく、手話言語（目に見える言葉）を使用する人が博物館に来る。それに対し、博物館は何ができて、何をなすべきなのでしょうか。ろう者が楽しめる博物館のあり方を追求していくことは、もちろん当事者のための取り組みという意味合いが強い。しかし、そこにとどまらず、博物館そのものの存在意義を問い直し、人と人、人とモノの新しいコミュニケーションの場を創造するきっかけにもなるわけです。

さて、視覚障害がある来館者について考えてみます。視覚障害者対応としてよく挙げられるのは点字ブロックの敷設、点字パンフレットの配布、音声ガイドの設置でしょうか。目が見えない者の最大の「障害」は歩行・移動面の困難です。例えば車イス使用者の場合、通路の幅を確保し、エレベーターやスロープを完備すれば、単独で移動することができます。ろう者なら、手話でコミュニケーションできるスタッフがいる、もしくは機器があれば、聴者と同じ感覚で博物館展示を楽しめるわけです。

残念ながら視覚障害者は点字ブロックがあったとしても、博物館のなかを一人で自由に歩き回ることはできません。点字ブロックは最低限の安全を確保するだけです。また、点字パンフレットや音声ガイドがあっても、展示されている資料の魅力や迫力を十分に味わうことはできません。極端な話ですが、展示資料を視覚的に鑑賞できない人は、わざわざ博物館に足を運ばずに、自宅で点字パンフレットを読み、音声ガイドのデータを聞いていればいいともいえます。

それでは、視覚障害者が楽しめる博物館とはどんなものでしょうか。やはり自分の手で資料に触れて、「目に見えない物語」を能動的に探る行為が大事だと、僕は信じています。そして、本書の各章で論じられるように、〝さわる〟ことは視覚障害者だけでなく、見常者にとってもきわめて重要な経験となるのです。インターネットやテレビなど、視覚優位の高度情報化社会にあって、二十一世紀型の博物館のキーワードは「モノとの接触、モノからの触発」なのではないでしょうか。〝さわる〟ことの豊かさを熟知している視覚障害者（マイノリティ）のウェイ・オブ・ライフを見常者（マジョリティ）に応用するというのが、ユニバーサル・ミュージアムの基本スタンスです。

全盲者・ろう者はともに「手」を多用するわけですが、その使い方は異なります。全盲者の手は、目に見えない情報を自らつかみ取る「感じる手」。ろう者の手は、目に見える言葉を自ら作り発信する「しゃべる手」です。「感じる手」と「しゃべる手」は別々の機能を果たしている部分もありますが、実は能動的なコミュニケーションを創出するという点では同じです。マイノリティの能動的な「手」がマジョリティのウェイ・オブ・ライフに強烈なインパクトを与え、近代的な価値観や社会システムを改変する。そんな「二十一世紀の人間学」が博物館から始まることを願っています。

そろそろ、この対談を締めくくらなければなりません。僕はヘレン・ケラーをまねて、「盲者の手は人と物をつなぎ、ろう者の手は人と人をつなぐ」という迷言を本日の結論としたいと思います。

相良　広瀬さんのお話で、〝さわる〟ことの可能性と有効性がよくわかりました。ユニバーサル・ミュージアムを具体化していくためには、〝さわる〟ことを大前提としながら、それにプラスアルファする発想が必須でしょう。ろう者と全盲者にとって、このプラスアルファが少し違うのかもしれません。でも、両者の違いは対立するものではなく、ユニバーサル・ミュージアムの多様性を表すものといえるでしょう。どれだけのプラスアルファを提供できるかが今後のユニバーサル・ミュージアムの課題ですね。

今回は手話通訳の方が入って、私の手話を音声言語に、広瀬さんの音声言語を手話に変換してくれました。おかげで、これまでにないユニークな対談ができ、手応えを感じています。でも、ろう者と全盲者の会話は、やはり難しいですね。お互いにしゃべるタイミングが捉えにくいし、広瀬さんの表情を見ても、何を考えているのか、よくわからない。広瀬さんも私の手話や表情が見えないのだから、条件は同じかもしれません。目に頼るろう者と、耳に頼る全盲者が円滑にコミュニケーションするためには、どうすればいいのか。私たちの対談が、ユニバーサル・ミュージアム論の発展と充実に寄与できれば幸いです。

広瀬　「何を考えているのかわからない」と言われて、ちょっと悔しいですが、実際には「何も考えていない」のほうが適当でしょう。「何も考えていない＝悟りの境地」といえば、かっこいいけれど、「何も考えていない＝お先真っ暗」と思われては不本意なので、最後にひと言。これは主に「健常者」といわれている方へのメッセージです。

相良さんに指摘されて再認識しました。たしかに、全盲者はポーカーフェイスというか、無表情な人が多いかもしれません。表情を形成するうえで、やはり目の動き、はたらきは大きいですよね。それと、もう一つ。実は今日、僕は相良さんのほうにほとんど自分の顔を向けていませんでした。視覚障害者は相手の声がするほうに顔を向けます。大きな講演会などでは、演者がいる方向にではなく、声が聞こえるスピーカーに向かって、真面目に拍手をしているなんてことも珍しくありません。今日、僕はスピーカーや手話通訳者のほうばかり向いてしゃべっていました。音声が聞こえるほうに本能的に顔を向けるというのも、視覚障害者の身体知でしょうか。それにしても、相良さんが熱い視線で（？）僕を見つめていることに気づかなかったのは、なんとも残念です。

相手の表情が見えない、目が使えない。これはまぎれもなく「障害」ですね。でも、相手の表情を見ない、目を使わないと考えたら、どうでしょう。相良さんが強調した多様なコミュニケーションのなかには、「視覚に依拠しない」ウェイ・オブ・ライフも含まれるはずです。僕は相手の声から、その人の内面（目に見えない部分）を読み取ります。ここで縦横に発揮されるのが想像力です。同じような意味で、相良さんは相手の表情を重視しているのでしょう。健常者以上に想像力を駆使するという点で、ろう者と全盲者は類似しているといえます。

目が見えない僕と、耳が聞こえない相良さんの対談は、究極の異文化間コミュニケーションです。民博は文化人類学の研究所で、世界の異文化を展示する博物館をもっています。異文化といえば、日本以外の国々・地域を思い浮かべる人が多いでしょう。しかし、僕たちの周りにも異文化はたくさんあります。目が見えない（視覚を使わない）、耳が聞こえない（聴覚を使わない）のも積極的な意味での異文化です。

マジョリティの方々にとって身近にありながら、忘れられている異文化。そんな異文化からの発信がマジョリティの想像力を活性化する。僕と相良さんの異文化間対話には続篇があることをみなさんにお約束します。

第1部　美術館での多様な鑑賞プログラム

——視覚障害者支援からユニバーサル・ミュージアムへ

第1章　対話を用いた教育プログラムの立案
——美術館と盲学校の連携事業から

岡本裕子

1　共有

岡山県立美術館は、岡山にゆかりがあるすぐれた美術作品を収集・展示するとともに、内外の芸術活動を紹介する展覧会やワークショップを開催しています。本館は、〈創る、学ぶ、集う、守る、つなぐ〉広場として、地域の芸術文化の発展に貢献していく「県民とともに創る美術館」として、一九八八年三月十八日に開館しました。二〇一八年に三十周年を迎えようとしている現在、若い世代の育成という視点から、学校との連携事業は館の事業のなかでも大きなウエートを占めています（写真1）。

本章の事例報告は、学校とともに取り組んできた活動のなかから生まれてきたことです。当館での学校と美術館の連携は、大きく五つの段階を経て現在に至っています。

第一段階は、美術館鑑賞教室やティーチャーズデーを実施した一九九八年度から九九年度。

第二段階は、学校現場で総合的な学習の時間が設定され、また、美術館の存在意義が問われるようになった二〇〇二年度前後。

第三段階は二〇〇五年度、〇六年度の、小学校・中学校の先生と一緒におこなった国吉康雄教材開発研究会。第四段階は二〇〇九年度の、それまでの単発的な、いわゆる点の連携を線の連携、そして面の連携へつなげていくことを目指した学校と美術館の連携プロジェクト委員会の発足になります。

そして第五段階は、〝もの〟だけでは何も〝こと〟が起こらないというそれまでの反省点を生かして、美術館が〝ひと〟とどう関わっていくのか、〝ひと〟をどう巻き込んでいくのか、それと同時に学校現場で起こっている〝こと〟をふまえながら、少しずつ前に進むことを活動の軸にした、恒常的な連携組織である学校と美術館の連携委員会の発足です。これは二〇一〇年度のことでした。

写真1　岡山県立美術館

恒常的な連携組織が始動したそのとき、岡山県立岡山盲学校の先生が「美術館鑑賞学習を岡山県立美術館でやらせてほしい」と来館されました。当館の隣にある天神山プラザで開催する「岡山県こころをつなぐ作品展」（岡山県内の特別支援学校、小・中学校の特別支援学級の児童生徒の作品を一堂に集めた作品展）を見学にくる機会を活用して、美術館で鑑賞学習をしたいという相談でした。とにかく先生のおもいを聞き、美術館のおもいを話すことから取り組みを始めました。盲学校の先生の当初のおもい・ねらいは、「美術館での鑑賞体験を通して、作品の鑑賞方法や美術館の役割を知る」「地域資源を利用する楽しさを味わう」という二点でした。そして、二〇一二年度からは、「鑑賞活動のなかで、自分の意見や感想をみんなの前で発表したり、人の意見や気持ちを聞いたりといった鑑賞体験を通して、コミュニケーションの楽しさを知る」という三つ目のおもい・ねらいが、前年度の活動を経て新たに加わりました。

当館がおこなっている、若い世代の育成事業（学校との連携事業）に対するおもい・ねらいは、「若い世代が、美術の有する可能性や世界の広さを知る楽しさを味わう〝きっかけ〟づくり」です。そのための手段の一つとして、当館では「対話を用いた鑑賞」をプログラムに取り入れています。対話を用いた鑑賞とは、作品を鑑賞するという行為を「目が見える、見えないにかかわらず、自分のものの認識の仕方で作品を吟味する（自分の見方で作品とじっくり向き合ってみる）」と定義しておこなっている鑑賞方法です。このプログラムの活用依頼は、学校の校種にかかわらず多数あります。盲学校による美術館活用は、視覚に障害がある方と一緒に作品をみることで、〝鑑賞〟についての考察を深め、鑑賞者（ひと）と作品（もの）をつなぐプログラムについて考えていく機会にもなる、と当館では考えています。

写真2　岡山県立岡山盲学校教員研修

とはいえ、視覚に障害がある方を受け入れることが初めての私たちです。まず重要なのは、お互いが相手（美術館／盲学校）のことを知ることでした。美術館としては、視覚障害者（生徒）が、「どのようにして視覚以外の感覚器官から情報を得ているのか」「視覚以外の感覚器官にどのようにはたらきかけ、学びを生んでいるのか」という盲学校での生徒の様子を知ることです。そして、盲学校には、「当館のコンテンツ（もの、ひと、場・環境など）」「いま、できること・できないこと」「今後の可能性」など美術館について知ってもらうことだと考えました。それ以来毎回、事前に「美術館のこと」「盲学校のこと」を話し合い、プログラムを立案し、事後には、生徒の反応や教員、美術館スタッフの意見をもとに、次年度のプログラムにつなげるというプロセスを大切に重ねながら、五年間継続してきています。

そして、場合によって（お互いに可能なら）、私たち美術館スタッフが盲学校での生徒の様子を見学にいく活動もしています。あるいは、美術館鑑賞学習プログラムを、盲学校の先生たち（理療科の先生方も含めて）を対象とした研修会で実施し、プログラムの内容、手立て、準備した資料などについて意見交換をしています（写真2）。また、美術館ボランティアスタッフの研修会などもあわせて実施しながら取り組んでいます。

2　五年間の取り組み――各年度のプログラムの概要と参加者の声

これまでの五年間の取り組みを、各年度のプログラムの概要と参加者の声を中心に報告します。

二〇一一年度――まずはやってみる

二〇一一年度・初年度の取り組みでは「まずはやってみる」を合言葉に、生徒の実態に合わせて三つのプログラムを立案しました。一つ目は「鑑賞を深めるグループ」です。弱視の生徒を対象とし、作品をみるための導入としてせりふゲームを取り入れ、展示室では対話を用いた鑑賞をおこなうプログラムです（写真3）。

二つ目は「さわって確かめるグループ」です。全盲の生徒を対象とし、当館のコレクション活用素材ＢＯＸ「アート・トラベリング・トランク」の「備前焼編」を導入として取り入れ、さらに美術館という建築そのものをさわって楽しむというプログラムです。

三つ目は「発見の楽しみ！グループ」です。弱視・全盲、そして要支援の生徒を対象とした美術館探検（バックヤードツアー）プログラムです。初年度は、生徒へのアンケートは実施しなかったので、事後の先生の声、ならびに美術館スタッフの声を紹介します。

先生の声
・展示してある作品の紹介がもう少し詳しければよかったかな。
・さわって確かめることと、音で違いを確かめることの両方を生徒が楽しんでいた。生徒の発言を拾いながらの、わかりやすい説明だった。
・介助依頼が的確でなかったので、美術館ボランティアスタッフに戸惑いの様子があった。

美術館ボランティアスタッフの声
・先生たちのサポートが少し過剰だったかも（プログラムの趣旨が先生たちにきちんと伝わっていなかったのではないか）。
・視覚障害者に対するサポートの仕方にとまどった。

写真3　せりふゲーム

・自分たちも過剰なサポートとなっていたのではないだろうか。

次年度に向けて、学校ができること／美術館ができることの見直し、そしてスタッフの関わり方（関わることができる分野の検討）が課題としてあがりました。初年度実施の主な成果は、盲学校の美術館活用が継続して実施されるということを受けて、可能な範囲でさわることができる作品を展示できないか、という当館では初めての動きが生まれたことです。

二〇一二年度——ハンズ・オンできる作品を使って

展示室内でさわることが可能な作品の展示はまだ難しい状況でしたが、前年度の動きを受けて、別室で作品をさわって、その後、展示室内で対話を用いた鑑賞をおこなうというプログラムを、二〇一二年度は実施できるようになりました。まず、別室でのさわる体験は、視力のある（弱視の）グループと全盲のグループに分かれておこないました。さわる作品としては、河合寿成の金工・抽象作品と作者不明の頭像を展示しました（写真４）。それに続く展示室での対話を用いた鑑賞は、前年度と同様三つのグループ対応としました。

参加者の声

・薪みたいな作品がすごい作品だなと思いました。

写真4　抽象作品（河合寿成）をハンズオンで鑑賞

・人の顔やパイプをつぶして細くしたようなものをさわりました。人の作品は怒っている作品かなと思いました。パイプをつぶしたものは複雑な形で、普段の生活には使わないものだと思いました。展示室では『鯉のぼり』の絵がすごく印象に残っています。

・さわる鑑賞では鉄の作品のようなものをさわりました。初めてさわったので、こんなにすごいんだなと思いました。

・私は美術館に行くのは初めてでしたが、実際に見学していくつかの作品が心に残りました。特に心に残ったのは、顔の作品でした。形をさわって顔だとわかりました。『鯉のぼり』の作品も目ではわかりませんでしたが、友達の意見を聞いてさらにイメージがふくらんできました。

「さわる鑑賞体験が、展示室でのみる鑑賞に生きていたかどうか」という点は疑問ではありましたが、「友達の意見を聞いてさらにイメージがふくらんできました」という生徒の感想は、私たち美術館スタッフにとって手応えとなりました。

二〇一三年度――〝対話〟と〝五感〟を使って美術館を楽しむ

二〇一三年度は「展示室のなかに参加型の作品がある！」ということが大きな強みとなり、〝対話〟と〝五感〟をキーワードに、「五感で感じる」「自分の感じたことを言葉にする」「ほかの人の感じ方に触れる」という三点を意識して、特別展「中原浩大展　自己模倣」鑑賞プログラムを立案しました。展示室へ行くまでの空間――エントランス、講義室、展示室入り口など――で、対話を用いながら「五感を使って場を感じてみる」「自分の感じたことを言葉にする」「ほかの人の感じ方に触れる」「感じ方の引き出しを増やす」を意識的におこない、プログラムの導入としました。そして、「中原浩大展」の参加型作品『デートマシン』を全員で体験後、さわることができない作品を、グループに分かれて、対話を用いた鑑賞でみるというプログラムでした（写真5）。

写真5　『デートマシン』（中原浩大）を体験

参加者の声

・美術作品は目だけではなく耳、鼻、手などでも楽しむことができるのだと思った。
・いろいろな感覚を使っていろんなものを感じるのは大切なんだと思いました。
・『デートマシン』はとても面白い作品でした。さわって鑑賞できるうえに、私たち生徒が全員協力して鑑賞できる作品は、初めてみました。

・一つの作品でも、五感を使うことで、いろいろな楽しみ方があるんだなと思いました。
・心臓の脈拍で電化製品のスイッチがついたときにはとても驚きました。
・作品のなかに描かれてる男の人は二人いるけど、どちらも同じ人ではないかということや、二人の男の人の着ているものの特徴などを教えていただきながら、友達とその作品について議論しました。議論していくうちに、その絵にはどういうことが描かれていて、みた人にどういうことを投げかけているかなどがわかってきました。
・一つの作品の前に立ち止まって、あんなにじっくり描かれていることについて考えてみたことは初めてでした。最初は作者がどんな気持ちで、何について考え、描いている作品なのかわからなくても、その作品の前に立って、じっくりと鑑賞することで、それらが全部わかってくるのだと知りました。
・美術鑑賞で特に私が面白いと思ったのは、『イイボク、ワルイボク』でした。作品に作者が込めた気持ちやそのときの心境を考えれば考えるほどドキドキして、作品を鑑賞したあとも、作品に対する共感や作者の気持ちをひも解いたという満足感で心がいっぱいになり、同時に面白い作品だという気持ちが生まれました。こんなに作品を面白いと思えたことがないので、いい体験だったと思いました。

生徒の声から、対話を用いながら五感で感じる経験をすることが、さわることができない作品を対話を用いて鑑賞することに生きてくる、という手応えを感じました。

二〇一四年度――煎茶とともに美術鑑賞：〝対話〟と〝五感〟

続いて二〇一四年度は、当館では「岡山の美術展」と呼んでいる常設展示でのプログラムづくりとなりました。前年度に手応えがあった、対話を用いながら五感で感じる経験が、さわることができない作品を対話を用いた鑑賞でみることに生きてくるというプロセスを意識的に、しかし「つくりものではない本物の五感体験ができるプログラム」「参加者の思考が自然に動くようなプログラム」を意識して、「煎茶文化体験を取り入れた美術鑑賞プログラム」を立案しました。「ゆったりとした間合を、その場にいる友と楽しみ、味わう」という煎茶文化体験を通して、自分なりの〝何か（価値）〟に気づく豊かな時間を過ごすことをねらいとしました。展示室では煎茶文化の醍醐味の一つ「山水画の世界観を楽しむ・イメージの世界を楽しむ」ことを味わうために、原田直次郎の『風景』、浦上玉堂の『山高水長図』をグループに分かれて鑑賞しました（写真6・7）。

写真6　煎茶文化体験

写真7　煎茶文化体験

参加者の声

・作品の鑑賞は『風景』という作品で、頭の中で描いてみると気持ちがおだやかになるような気がしました。グループで意見を出し合うと、頭の中で作品は完成しました。

・今回初めて煎茶というものを飲みました。四煎目を飲んだとき、本当にいままでのストレスが全部抜けて、いまとても気持ちがいいです。作品をみているときもその世界に吸い込まれそうでした。

・今回、いちばん心に残ったことは、煎茶の世界体験です。煎茶の道具にはあんなにも種類があるのだと初めて知りました。煎茶は六杯も楽しむことができて、一杯ごとに味が変わっていき、どれもとても味わい深かったです。また一杯ごとに変わる煎茶の味について、同じ班の生徒やほかの班の生徒の意見を聞くことができたこともよかったです。原田直次郎さんの絵をみたときに、友達二人の意見と私の意見が大体同じで驚きました。それぞれの意見は少しずつ違いましたが、自然だとか、田舎（いなか）とかというものをイメージしていました。

二〇一四年度の取り組みに際しては、国立民族学博物館の広瀬浩二郎さんと、元筑波大学教授の鳥山由子さんをアドバイザーに迎え、視覚障害者がどのように情報を得ているのかという観点で多くの助言をもらいました。また、当館で初めての企画「さわることができる展示」計画も持ち上がり、二〇一五年度に開催が決定し、この展示に合わせて翌年度の盲学校の美術館鑑賞学習を立案することになりました。盲学校が当館を継続的に活用してくれていることが、当館でさわることができる展示を開催する一因であることはいうまでもありません。

二〇一五年度――「目の目　手の目　心の目」展鑑賞：〝対話〟と〝五感〟

いままでと異なり、作品をさわることができる、また、作品によっては味覚や嗅覚、聴覚も使うことができる作品が展示室内外に展示されました。ともすると視覚に頼りがちな鑑賞という行為を、積極的にさわることができる展覧会を機に、視覚以外の感覚器官も使うことでより豊かな鑑賞が可能になるのではないか、という新しい美術館のおもい・ねらいも生まれました。

積極的にさわることが可能な展覧会をみるというプログラムを実施するにあたり、ファシリテーターに広瀬浩二郎さんをお迎えしました。「視覚から情報を得るのは難しいということ」「さわるということ」について、広瀬さんが実体験をもとに生徒にレクチャーし、続いてペルーの石を使った巨大な石の彫刻『ドーン！地球の裏側から石彫』（北川太郎）で、生徒と広瀬さんが一緒にさわる体験をして、そのあと、二グループに分かれて、各展示作品を五感を使ってみるというプログラムでした（写真8・9）。

写真8　『バードネット』（太田三郎）をハンズオンで鑑賞

写真9　『ドーン！地球の裏側から石彫』（北川太郎）をハンズオンで鑑賞

参加者の声

・楽しく作品の紹介、そしてさわり方の説明などしていただき、ありがとうございました。リンゴやピーマンなどの半分溶けた姿を、ジャムだとかケチャップだとか想像するのが面白かったです。
・点字の解説もあったので、わかりやすかったです。
・外にあった石もあんなに大きいとは思いませんでした。石のなかをくぐることができたので面白かったです。削っているところと削っていないところの違いが、わかりやすかったです。
・心に残ったことは、美術館の外にあった石の作品を、自分の体全体でさわったことです。普段はあまりじっくりみない石に、つるつるやザラザラの面を作り、さまざまな形に削ってあって、それが一つの作品になっていたので驚きました。石というものにも深みがあるものだと思いました。
・『行く雨　来る雨』という作品では、手を伸ばして天井から垂れているたくさんの棒に当てました。たくさんの棒のなかに立つと、雨が降っている場所に立っている感覚でした。優しく棒に当たると、鈴がきれいに優しい音で鳴ったので、しとしとと降る雨のような音だと思いました。
・今回は、手でさわって鑑賞することができる作品展で、私たち視覚障害者にとって、とてもいい経験をさせていただくことができました。いちばん心に残っているのは、野菜や果物が溶けている様子を表した金属の作品でした。野菜があのようにどろどろの液体になって溶ける様子は、想像したことがなかったのでとても面白かったです。ほかにも『行く雨　来る雨』という作品は、体全体で当たって音の響きを楽しむことができたので楽しいと感じました。鈴の音はとてもきれいでした。ほかの人とその作品について意見を交換し合い、「強い雨が傘に当たっている」という意見が私の意見とは異なりましたが、心に残りました。

以上が五年間の各プログラム概要と参加者の声です。

3　盲学校との連携から生まれたこと、そして今後

最後に盲学校との連携から生まれた成果と、今後の方向性を記します。

まず、さわることができる展覧会「目の目　手の目　心の目――体感の向こうに広がる世界」の企画が生まれたことは、前述したとおりです。

二つ目に、一般の学校団体観覧プログラムに、盲学校でおこなった二〇一四年度プログラム「煎茶とともに美術鑑賞」を取り入れました。先日は、小学校五年生四クラスがこのプログラムで「第六十二回日本伝統工芸展岡山展」を鑑賞し、児童一人ひとりに多様な学びが生まれる場を先生方が目の当たりにし、たいへん好評でした。五感を生かした文化体験が、幅広く作品鑑賞のアプローチとしても有効であることに今後も着目していきたいと考えています。

三つ目は、造形作家・北川太郎さんと広瀬さんを講師に迎えた、さわることに注目したワークショップ「石で遊ぼう――日だまりの砂場」の企画の実現です。初日は広く万人を対象とし、二日目は視覚に障害がある方とその家族、友達を対象とする予定です。

四つ目は、特別支援学校の美術館活用の増加です。いままで来館されなかった学校、いわゆる〝未〟来館者層が来館する契機になっているようです。

そして、五つ目は、「誰もが楽しめるユニバーサル・デザインの視点を取り入れた鑑賞空間創出の試み、アクセシビリティーの向上に取り組む」といった文言が、当館の中期目標を見直すなかで、登場してきたことが挙げられます。盲学校と美術館双方のおもい・ねらいがあり、そのための手立てを、目の前にいる生徒の反応をみながら盲学校とともに考え続けてきたというのが、この五年間やってきた活動だったと思います。多くの人の思い

に動かされて〝こと〟が少しずつ動いてきたともいえます。

今後の方向性としては、「本物がもつ力に触発されるという博物館の原点」を信じ、鑑賞者の思考プロセスに寄り添い、自然な思考を促す〝こと〟が起こるようなプログラムづくりをおこなっていきたいと考えています。そのなかで、対話を用いた鑑賞は、作品を鑑賞するうえで一つの有効な方法だと考えています。盲学校との五年間の取り組みを振り返り、さわることができない作品を対話を用いた鑑賞でみるという方法は、視覚のあるなしにかかわらず、ある程度の手応えを感じています。しかし、さわることができる作品を対話を用いた鑑賞でみるという方法は、私たちナビゲーター自身の〝さわる〟という経験不足が大きな要因となり、成果はこれからというところです。

さわることから多くの情報を得ている人と一緒に作品をみるという体験を通して「さわることから得られる情報」と「視覚を使って得られる情報」の両方を重層的に組み合わせながら、鑑賞者の自然な思考を促すことができる双方向のプログラムを考えていくことができれば、作品鑑賞の世界はもっと豊かなものになるはずです。それこそ美術が有する可能性や広さを、作品の鑑賞を通して鑑賞者が体験することができるのではないでしょうか。

第2章　『さわるアートブック』制作の課題と展望

藤島美菜

1　さわるアートブック制作まで——愛知県美術館、視覚に障害がある方との鑑賞会の歩みと実際

本章では、触察本の制作の実際を中心に、その制作と活用を通して地域にもたらされたことについて報告します。最初に、愛知県美術館が取り組んできた視覚に障害がある方を対象としたプログラムとその歩みについて、説明します。

愛知県美術館では、一九九七年度から美術館の事業として、地域のボランティアグループ（名古屋市を中心とする地域で、すでに九三年から活動を開始していた名古屋ＹＷＣＡ美術ガイド・ボランティア・グループ、現在は名称を変更して「アートな美」となっている）の全面的な協力のもとで、視覚に障害がある方との鑑賞プログラムを実施してきました。九七年度に正式な事業として位置づける以前の九四年度から、同グループ独自のプログラムを試験的に受け入れ、美術館がこのような事業を主体的に実施するための試行期間としました。

この期間に課題を検討した結果、プログラムの実施というソフト面での整備の前提として、ハード面で視覚に障害がある方とその付き添いの方の観覧割引制度を整備することから始めました。こうして始まった活動は、現

在まで約二十年間継続しています。

二〇一五年十月におこなったプログラムでは、参加者は現代美術の立体作品に触れたり、絵画作品の前では、学芸員が執筆した作品解説に基づく説明をボランティアから受けながら、立体コピーに触れたりしています。立体コピーは、手で触れて鑑賞することができない絵画作品の姿を盛り上がった線や面で表現したものです。

プログラムの実施にあたり、補助資料として欠かさずに作成するのが立体コピーや点字、墨字の資料です。立体コピーは、作品の輪郭線などを手で描き起こした下図を特殊な紙（カプセル・ペーパー）にカーボン・コピーしたものを、立体コピー専用の機械に通して黒い部分をふくらませて作成します。毎回、コレクション展を中心

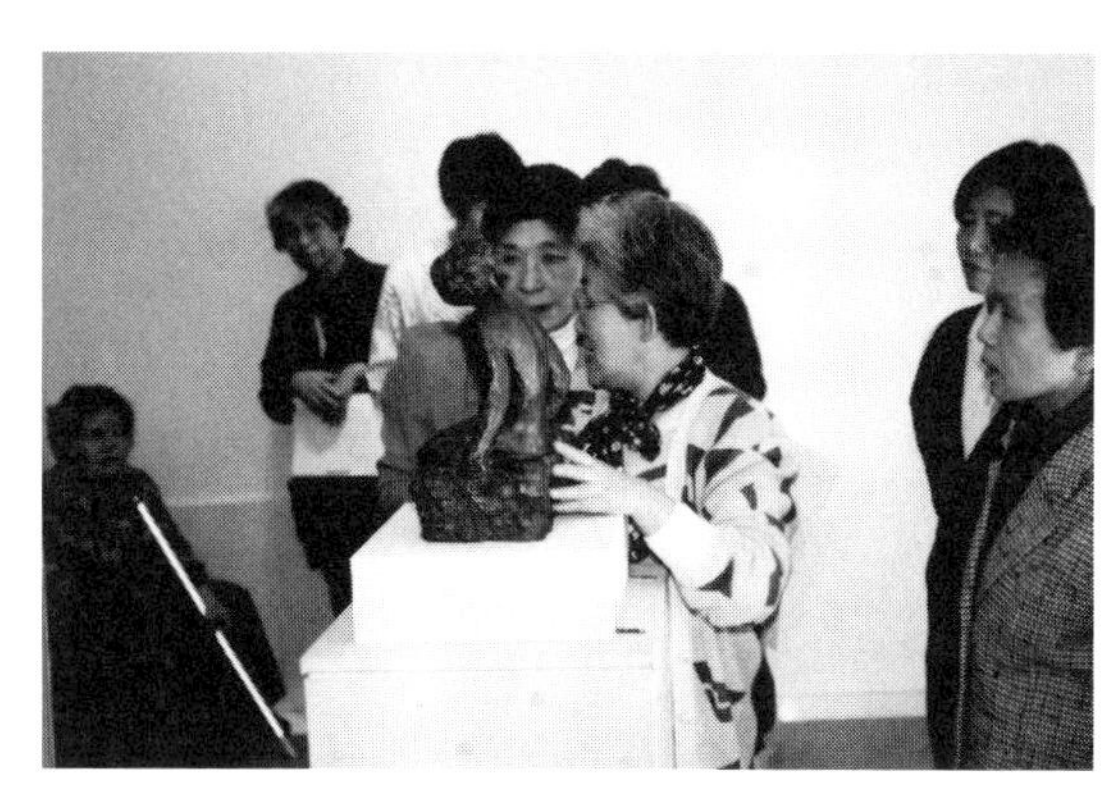

写真1　視覚に障害がある方との鑑賞会（1997年）

写真2　ボランティアと立体コピーに触れる（2015年）

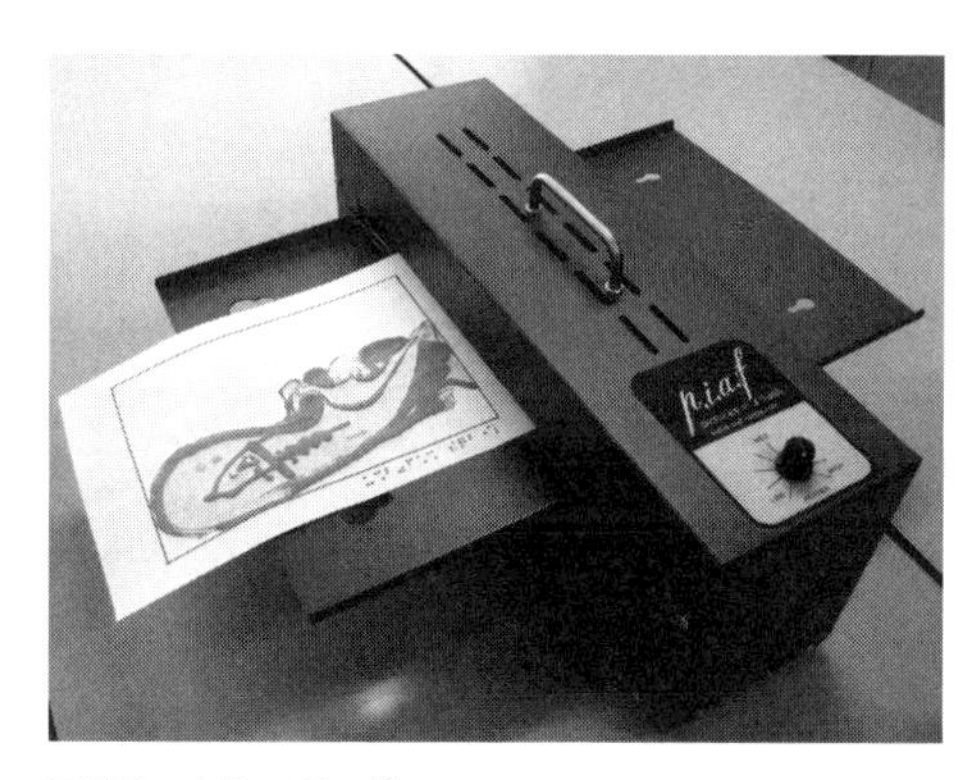

写真3　立体コピー機

に、展示テーマに沿った鑑賞作品を美術館が選択し、これら資料を作成して、ガイドボランティアの方々とプログラムを実施してきました。事前リハーサルの結果次第では、立体コピーを本番までに修正することもあります。立体コピーは、担当学芸員が各作品の見どころは何かを考え、試行錯誤して作成してきました。

図1は、愛知県美術館所蔵のグスタフ・クリムトの『人生は戦いなり（黄金の騎士）』です。森のなかを金の鎧兜をまとい、長い槍を持った騎士が栗毛色の馬にまたがり、森の奥へと続く金の道を進んでいます。森には花が咲き乱れていますが、歩みの先には蛇が待ち構えています。ここでは蛇は騎士が立ち向かう困難を象徴したもので、自らの芸術に無理解な評論家や社会と闘うクリムト自身の姿が騎士に反映されています。この作品では何が大事なのでしょうか。

図2では、立体コピーの下図を書いた学芸員が、作品のテーマである馬、騎士、蛇という主要モチーフのほか、

図1　グスタフ・クリムト『人生は戦いなり（黄金の騎士）』1903年（愛知県美術館蔵）

図2　立体コピー　グスタフ・クリムト『人生は戦いなり（黄金の騎士）』

鎧兜の特徴的で繊細な装飾、森の花々、金の道を細かく再現しようと試みたことがわかります。しかし、学芸員が再現しようとすればするほど、触図に線が増えていきます。使う人にはこのような多くの線はノイズとなり、鑑賞ポイントがわからなくなってしまうことがあります。作品選択もさることながら、鑑賞ポイントを思い切って絞るという決断も必要になります。『さわるアートブック』の制作に至るまでは、このようなプログラムを実施する環境整備までの経緯と担当者による試行錯誤がありました。

二〇一五年十月に愛知県美術館で実施したプログラムでは、アメデオ・モディリアーニの『カリアティード』を鑑賞しています。カリアティードは、ギリシャ建築の梁を支える女の人の形をした柱で、その人体表現を把握するために、参加者は同様のプロポーションである彫刻作品、オシップ・ザツキンの『チェロのトルソ』という作品に触れました。

『カリアティード』の立体コピーの線は、作品のイメージとほぼ同じでわかりやすいものですが、彫刻に触れての理解とは質的に異なるものです。二次元の平面で表現する三次元の空間、つまり奥行きや立体感は立体コピーでは伝えられません。そのため、絵画のなかのカリアティードの立体感は、彫刻に触れることで補足できるだろ

図3　絵画と彫刻の鑑賞。アメデオ・モディリアーニ『カリアティード』1911—13年、オシップ・ザツキン『チェロのトルソ』1956—57年。ともに愛知県美術館蔵

うと考えました。また、カリアティードの背後に壁龕（へきがん）の奥行きがあることも、二次元の立体コピーではわかりにくくても、三次元の彫刻の触察をとおして想像できたと思います。ただ、このように絵画作品と立体作品を組み合わせて鑑賞プロセスを組み立てることができるケースは少なく、多くは立体コピーとボランティアのトークによってプログラムは進行します。絵画で表現された世界を線で表現する立体コピーには限界があるので、それを補うのが経験豊かなボランティアのトークとなっています。トークでは、ボランティアの各人が積み重ねてきた鑑賞体験が、参加者の鑑賞を広げます。参加者が作品の世界を感得するには、それに見合った対話が必要であり、立体コピーなどの補助資料の活用は、むしろその一助となるものなのです。

　愛知県美術館では、二〇一一年から一三年の三年間、文化庁の補助金で、幼児から小・中学校向けの鑑賞学習の普及を目的とした事業と、視覚に障害がある方々を対象に美術に親しむ機会の提供やその環境の整備を目的とした事業を実施しました。特に一二年から一三年の二年間は、盲学校や愛知県美術館でプログラムを実施し、触

写真4　鑑賞ツール　素材体感ツール（ツール制作：樋口一成）、素材ボックス、立体絵画（ツール制作：宇田もも、下平知明）

察本『さわるアートブック』や立体絵画などの鑑賞ツールを作成しました。

盲学校で実施したアーティストプログラムは造形活動を中心に、愛知県美術館で実施したパフォーマーによるプログラムは身体活動を中心におこないました。視覚に障害がある児童・生徒と保護者に、さまざまなアプローチで美術を体験してもらい、視覚に頼らずに美術を楽しむ活動をおこなったのです。何度もプログラムに参加する家族もあり、遠い存在だった美術館が少し身近になり、美術とは何かを体験し考える機会になったのではないかと思います。

また、視覚に障害がある児童・生徒のために次のような三点の鑑賞ツールを作成しました。木、金属、陶による音と質感を楽しむツール、彫刻の素材を理解するキューブ、絵画を理解する立体絵画です。立体作品を中心とする素材ツールは、聴覚、嗅覚、触覚を生かして素材を体験するもので、子どもたちは全身を使って楽しみました。なおキューブのツールは、視覚に障害があるなしにかかわらず、すべての子どもたちに使ってもらっています。

愛知県美術館では、補助金で事業を計画するにあたり、県立の美術館がどのような役割を果たすべきかについて検討しました。その結果、県立美術館単独の事業で終わらせることなく、視覚に障害がある方々だけでなく、地域の美術館にも成果を還元する方針を立てて、県内各地の主要な美術館に連携を呼びかけることにしました。呼びかけに応じて参加した館は七館となり、愛知県美術館を含めて全八館の学芸員が協力して、触察本『さわるアートブック』を編集したり、またプログラムに参加・見学したりすることで体験を共有し、そこから浮かび上がってきた課題を協議しました。

2 『さわるアートブック』制作の実際と授業実践

これまで、視覚に障害がある方との鑑賞プログラムでは、制作も容易な立体コピーを大人向けのプログラム用に作成してきましたが、この機会に盲学校に通う児童・生徒を対象に、学校現場で使用できる資料を作成することにしました。これに先立ち、触察本の先行事例を調査し、ニーズに応じた制作を目指しました。

愛知県内には尾張地域と三河地域に一校ずつ盲学校があります。それぞれの盲学校の小学校から高校までの学校の様子を見学し、図工・美術の授業や教科書、子どもたちの触察方法などを調査しました。図工・美術では、平面制作の授業もある一方で、立体物や陶芸などの立体制作の授業が中心におこなわれていました。図工・美術の教科書は点訳されたものはなく、普通の学校と同じ教科書で授業していることもわかり、鑑賞学習のための資料の作成にニーズがあることも確認できました。

また、広瀬浩二郎さんを訪ねて、触察本の海外の事例や国内の先行事例も調査しました。こうした調査を経て、作成する触察本の主な対象を盲学校の児童・生徒とし、長く保管可能で丈夫なものを作ることにしました。調査した国語などの教科書の紙は、厚さも薄くて耐用性が乏しいように感じられ、別な仕様を考える必要があることがわかったためです。本の判型には、美術作品を扱うことから大判のA3やB2サイズを検討し、盲学校が所有する地図の触図なども見せてもらいました。例えば、大判サイズのシートは、リングでまとめて保管することが可能で、一枚ずつ取り出して使うなどの利点もありました。しかし、最終的に大判サイズでは触察する範囲が広いこと、シートでの保管は紛失もありうることを考慮し、授業で使いやすいA４の判型の冊子形式にすることにしました。その際、先行事例の一つとして、同様の補助金で和歌山県立博物館が地元の盲学校と協力して作成したものを参考にしました。

ここで、『さわるアートブック②』の制作プロセスをご紹介します。二〇一二年から一三年に作成した『さわるアートブック』の一覧です（表1）。

作品選定にあたっては、各館の特徴を生かした代表作品であること、彫刻作品の場合は、できれば美術館を訪問した際に実際の作品にも触れることが可能なもの、絵画作品は、構図がシンプルなものを配慮しました。先天的に視覚に障害がある子どもたちには、風景画の概念が伝わりにくいという盲学校の助言を受けて、風景画の取捨について各館と話し合った結果、排除するのではなく、絵画ジャンルの選択は冊子全体のなかでバランスを取ることで解決しました。また、作家・作品解説を記述する際には、鑑賞ポイントをQ&Aの問いと答えの形式で記述するように工夫しました。答えを明確に示さないオープンエンドのQ&Aを設定した作品もあります。その結果、作家・作品解説も簡潔にまとまり、文章の変化は点字の読み手にも謎解きの楽しみとなって、だらだらとしない、飽きさせないテンポあるものとして受け止められました。

『さわるアートブック』はA４の判型に、一作品について見開き二ページをあてました。盲学校の先生方の助言に基づき、弱視の子どもたちに見やすいように黒い背景に白い文字のデザインとしました。文章の執筆と並行して、点訳と触図の制作をおこないました。点字は通常の文字より文章量が増えるため、限られた字数に要点を絞り込んで作成する必要があり、各館とも何度も書き直しました。

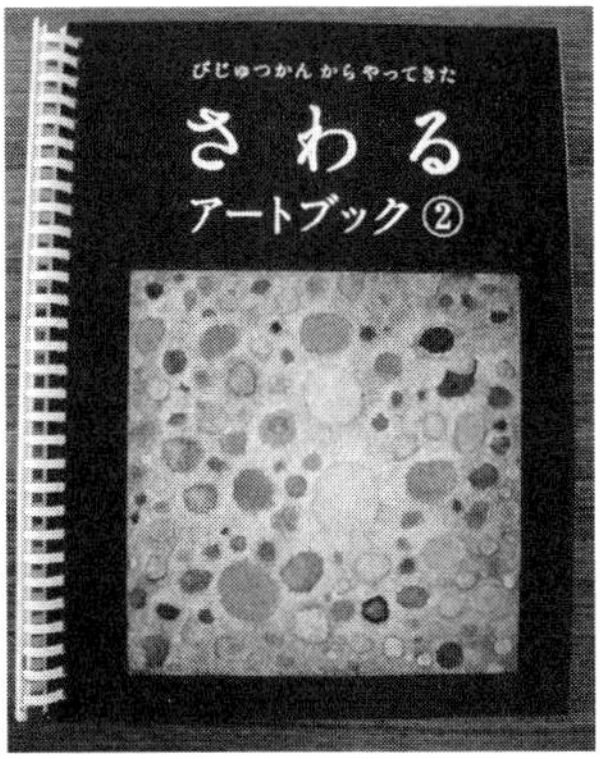

図4　『びじゅつかんからやってきた――さわるアートブック②』愛知鑑賞学習普及事業実行委員会、2014年（表紙：瑛九『黄色い花』1957―58年〔愛知県美術館蔵〕）

触図制作にあたっては、この分野で実績がある印刷会社に依頼しました。つるつる、ざらざらなど、材質やモチーフから感じられる触感を表現する点や斜線による触図は、冊子に収める全部の作品を通して、できるだけパターンが統一されるよう工夫してもらいました。モチーフで示された材質が柔らかい感じのものには細かいドット、固い感じのものには粗

表1 『さわるアートブック』所収作品一覧

2012年度

所蔵	作家名	作品名	作品制作年
愛知県美術館	グスタフ・クリムト	『人生は戦いなり(黄金の騎士)』	1903年
愛知県美術館	ピエール・ボナール	『子供と猫』	1906年頃
愛知県陶磁美術館	荒木高子	『パンドラの箱』	1984年
一宮市三岸節子記念美術館	三岸節子	『自画像』	1925年
稲沢市荻須記念美術館	荻須高徳	『金のかたつむり』	1978年
おかざき世界子ども美術博物館	アンリ・ド・トゥールーズ・ロートレック	『馬上の二人の兵士』	1881年
名古屋市美術館	フリーダ・カーロ	『死の仮面を被った少女』	1938年
ボストン美術館(協力:名古屋ボストン美術館)	ジャン=フランソワ・ミレー	『種をまく人』	1850年

2013年度

所蔵	作家名	作品名	作品制作年
愛知県美術館	瑛九	『黄色い花』	1957-58年
愛知県美術館(木村定三コレクション)	熊谷守一	『たまご』	1959年
愛知県陶磁美術館	重松あゆみ	『骨の耳 '92-11』	1992年
一宮市三岸節子記念美術館	三岸節子	『鳥と琴を弾く埴輪』	1957年
稲沢市荻須記念美術館	荻須高徳	『ヴェネツィア、大運河、カ・ダ・モスト』	1980年
おかざき世界子ども美術博物館	アントワーヌ・ブールデル	『弓を引くヘラクレス』	1909年
名古屋市美術館	三岸好太郎	『海と射光』	1934年
ボストン美術館(協力:名古屋ボストン美術館)	クロード・モネ	『ラ・ジャポネーズ(着物をまとうカミーユ・モネ)』	1876年
豊橋市美術博物館	中村正義	『薔薇』	1968年

めのドットなどとしました。例えば、水は流れるような触感の細かい均一のドット、陶や石は重みを感じられるような少し大きめのドットで、さらに凹凸の表現には空白を置いてドットを不規則にするなどしています。また、輪郭線の太さや盛り上がりの高さの希望を、各館の学芸員が印刷会社に細かく伝えて決めていきました。例えば海辺の貝殻が描かれた作品では、貝のごつごつした感じをドットで、内側でつるつるした部分を平塗りの質感で

表現してもらうように指示しました。

触図を印刷するUVシルク印刷は、紫外線によってUV樹脂インキを硬化させる印刷技術で、気温の変化に伴うインキの粘度によっても仕上がりに微妙な違いがあり、線の盛り上がりを調整したり、線が交差する部分がくっついて流れてしまわないようにしたり、線を細かい点のつらなりで表現したりするなど、印刷現場の手作業による加減に基づいて、細かく調整してもらいました。

愛知県美術館の作品、瑛九の『黄色い花』(一九五七―五八年)の触図を作成したとき、花びらの表現には、輪郭線と平塗りの二パターンの案が出ました。印刷会社の担当者は、花が画面いっぱいに咲いているところを平塗りで図示した案を示しましたが、かえってノイズになってしまうことから、輪郭線で表現した案に変更してもらいました。制作現場の意見もまたプロの意見ですが、美術館の立場からは、これまで実施してきたプログラムでの参加者の様子を思い浮かべながら調整しました。

図5 『さわるアートブック②』の見開き。上:三岸好太郎『海と射光』1934年(名古屋市美術館蔵)、下:熊谷守一『たまご』1959年(愛知県美術館蔵〔木村定三コレクション〕)

一方、花瓶に薔薇の花が生けられた豊橋市美術博物館の中村正義『薔薇』（一九六八年。図6）では、花、葉、花瓶および全体にパワーのように渦巻いている曲線を区別して表現するのに苦労しました。この作品は、花びらや各モチーフの輪郭線が絵の具で盛り上げられていて、イメージと触図がほぼ同一になるため、その線をそのまま生かしたいと考えたからです。試しの段階では花と葉と渦巻きが同じ種類の線で表現されて区別がつかなくなっています。最終的に、花、葉を同じ線にする一方で、葉と渦巻きの面の部分のドットに大きさの変化をつけることで、違いを表現しました。

こうしたプロセスを経てできあがってきた文章と触図案の最終段階で、専門家や盲学校の教員から意見を聞きました。その結果、一つの課題に直面することになりました。学芸員は作品のよさを伝えるために、作品の構成

図6　中村正義『薔薇』1968年（豊橋市美術博物館蔵）と点字本作成過程。シルク印刷パターンテスト刷り（制作：田中産業株式会社）

要素の一つである色彩について語ることは欠かせないと考え、色彩の記述を含めた作品解説を執筆しました。しかしながら、触察本に詳しい専門家が、色彩の記述は必要ないという見解を示したのです。全盲の方を対象とするならば不要ではないかという意見に、色彩の記述なしで作品を伝えることには納得できず、視覚に障害がある方々に意見をうかがって問題解決の糸口を見いだすことにしました。こうして、各館が色彩についての記述を含む文章とまったく含まない文章の両方を準備し、視覚に障害をもつ方々に聞いていただく機会を設定しました。協力していただいたのは、長年美術館のプログラムに参加してくださっている方々です。結果的には、色彩について述べた部分を含む文章のほうがイマジネーションを広げられるという意見に集約されました。結果にはほっとしましたが、触察本制作のスタンスはさまざまであり、今回の触察本が提示する方向は一つの事例にすぎないと、触察本が抱える問題の複雑さをあらためて理解した次第でした。同時に、利用者の意見に耳を傾けることの大切さを痛感する出来事となりました。

　また、触図の案を、盲学校の視覚に障害がある教員に触れていただきました。シルク印刷による点字の手の滑り具合、触図のモチーフに合わせたシルク印刷の各パターンが適切であるか、触図にわかりにくい部分がないかについて一つひとつ確かめ、不具合を印刷会社に修正してもらいました。

　横長のページに流れる点字文が長すぎるのでは、いや新聞ではこういう感じで流れている点字文もある、海の部分はこっちのドットのほうがわかりやすいなど、こうしたやりとりを積み重ねて完成したのが『さわるアートブック②』です。線の盛り上がりが不足しているなどの一冊目の制作の際の反省点が、二冊目の制作では改善されました。

　実は、一冊目を作成してから二冊目を作成するまでの一年間に、美術館でのさまざまなプログラムや盲学校の授業を通して児童・生徒の様子を観察し、『さわるアートブック』の使用対象を小学生からとしていたものを中学生以上に変更しました。その理由としては、プログラムで美術館を訪れた子どもたちが立体絵画を触れている際に、鑑賞ツールとして制作した立体絵画をイコール作品そのものとして理解しているのではないかという疑問が持ち上がり、『さわるアートブック』を小学生が使用することは慎重にするべきではないかと感じたためです。また、成長の個人差が著しい小学生では、点字を読む能力も一様ではありません。

美術館は作品のよさを子どもたちに伝えることに主眼をおいています。触図は作品について、子どもたちが自分なりのイメージをふくらませるための媒体の一つでしかなく、作品そのものではありません。作品と触図の違いを理解できる年齢を、おおむね中学生以上がふさわしいと判断しました。

盲学校では中学部と高等部で『さわるアートブック』を使った授業がおこなわれました。作家について説明を受けたあとに、生徒たちは読み取ったものを自由に述べていきます。鑑賞ポイントを絞っていることから、触図はモチーフの一部にしか付けていません。例えば、先のグスタフ・クリムトの『人生は戦いなり（黄金の騎士）』では、騎士と馬と蛇に触図を絞りました。その触図に触れた生徒の一人から、象が鼻で犬のような動物をつり上げているという発言がありました。直立不動の騎士を象の鼻に見立てたわけです。ここで指導者が象の鼻ではないと直ちに訂正するのではなく、生徒が感じたものをきっかけとして、触図から想像を広げさせることが重要であり、そのことが作品を深く理解していくための入り口となります。このプロセスを経て、実はこういう図柄だったというのちの説明に、生徒は、象の鼻と感じた直立不動の騎士の姿勢の意味が気になってくるのです。また、点字による作品の説明は、生徒の知的好奇心をかき立て、作家の制作意図への興味も抱かせることになります。『さわるアートブック』では、作家の紹介、構図、主要なモチーフを説明しています。しかしながら、このような文章と触図だけでは生徒たちの関心は持続しません。さらにどのようにしたら彼らに作品のイメージを広げてもらうことができるでしょうか。盲学校の授業では、作品に関連するものを準備して補足しました。

名古屋市美術館の三岸好太郎の『海と射光』（一九三四年）という作品の主要モチーフは浜辺の貝殻です。触図では、シャコ貝の外側と内側をシルク印刷の質感の違いで表現しました。モチーフの理解を深めるためには、実際の貝殻を用意しました。貝殻の触感やにおい、もしくは貝殻に耳を当てたときの音から、モチーフを理解するだけではなく、作品のイメージを広げることを目指しました。海へ行った経験があれば、海の音やにおいや風、もしくは太陽が照りつける様子を思い起こすことができたら、この作品のイメージにより近づけたといえるでしょう。

『さわるアートブック②』では、愛知県美術館は、熊谷守一の『たまご』（一九五九年。木村定三コレクション）という作品を選びました。盆の上にたまごが四つ、さまざまな傾き方で置かれているというシンプルなモチーフの作品です。この『たまご』の触図のしっとりと盛り上がった触感から、丸い立体的なたまごをはっきりと想像することができます。盆の縁の高さもドットによる触図でわかりやすく表現されています。たまごと盆という身近なモチーフの作品に生徒は興味津々となり、作品の世界に容易に入り込むことができました。

愛知県美術館では、この作品について、『さわるアートブック』のほかに鑑賞ツールを数種類作成しました。

写真5　鑑賞ツール　熊谷守一『たまご』1959年（愛知県美術館蔵〔木村定三コレクション〕／ツール制作：宇田もも）を使用した授業風景。レリーフと触図をさわり比べる

実物の盆、石膏で作ったたまご、レリーフ、油彩のレプリカです。これらは、最終的に油彩を理解することを目標として作ったツールです。美術館の展示室では、学芸員の立ち会いのもとで視覚に障害がある方が彫刻に触れて鑑賞することはできますが、絵に触れることはできません。誰に限らず、油彩画に触れるのはきわめて特殊な行為なので、触察を頼りとする視覚に障害がある方には、これらのツールはもってこいだと思います。

これらのツールと『さわるアートブック』を組み合わせて、盲学校で授業をおこないました。授業のなかでは『さわるアートブック』の触図は、メインの教材ではありません。盲学校で高等部の弱視の生徒におこなった一年目の授業では、三次元の立体物である実物の盆とたまごが二次元の平面に表現されるプロセスに指導のポイントを絞り、そのことを説明するうえで使用するツールの一つなのです。ほかのツールと組み合わせて総合的に使用しました。しかし、このプロセスだけでは、この作品本来の魅力を伝えることはできません。なぜたまごは盆の端に寄せられているのか、その点を掘り下げても作品に新たな見方が加わります。シンプルな線による表現でありながら、盆とたまごの位置関係には奥行きが表現されています。さらに、熊谷が亡くなった娘に供物として供えたたまごの意味を知ると、たまごと盆は単なる日常的なモチーフではなくなり、作品に対して別の感想が生まれてくるでしょう。

生徒たちがこのような授業を経験することによって、『さわるアートブック』で取り上げたほかの平面作品への理解が深まっていくことを期待しています。

二〇一四年度以降、盲学校で、地域の学芸員が参加して『さわるアートブック』を使用した授業をおこなっています。盲学校と美術館の連携授業は、事前に教員と学芸員が打ち合わせをして、指導案を作成することから始めました。

愛知県美術館の熊谷守一『たまご』を取り上げた単元の目標には次の三つを掲げました。①油彩画のよさ・美しさを感じる、②作者の心情や意図を知る、③身近なものをモチーフにした表現をおこなう。

①②③のうち学芸員が参加したのは①②の鑑賞の部分までです。そのなかの詳細な目標として、「油彩画の体験を通して油絵に親しみ、興味をもつことができる」「作家の存在を知り、生き方や、身近なモチーフへの思いを知ることができる」「美術館への興味をもつことができる」を掲げて授業を組み立てました。

授業の冒頭では学芸員が作家・熊谷守一について説明しました。熊谷の作品の特徴を聞いた生徒は、まずたまごと盆のシンプルなモチーフの作品に興味を抱き、また作家に関心を寄せて、どのような人物だったのか、作品の背景にある作家の人生を知りたいとか、そのほかの作品も鑑賞したいという発言をしています。

この生徒は弱視だったため、まず嗅覚を使って油彩独自のにおいを体験し、顔を近づけて見てモチーフを確認しました。

次に油彩画と実物ツール（実物の盆と石膏のたまご）を比較し、絵画に表現された世界を理解しようとしました。

盆には鋲が打ってあり、石膏のたまごをはめ込むことができるようになっています。

それからモチーフを半立体に表現したレリーフに触れます。盆と石膏のたまごをさわりながら、立体から平面へと表現が変化する途中段階としてのレリーフ表現を感じていきます。また、石膏で作られたたまごに線が刻まれたツール（写真6）を使い、絵に表現されたたまごの形を手で包み込むように捉えて、それがどのように平面に表現されたのかを確認してもらいました。

ここで『さわるアートブック』に触れ、レリーフの半立体的な表現からアートブックの線的な表現への移行を理解してもらいました。

このように「油彩を知る」ことを目標の一つに掲げた授業では、『さわるアートブック』に触れてから油彩を触察すると、作品を構成する線を比較的スムーズにたどることが可能となりました。『さわるアートブック』の触図が媒介して、最終的にイメージをふくらませることに成功したといえます。使用者の年齢や視力の障害の程度に応じて、アートブックの線がイメージを間接的に伝達する役割を担っていることを適切にはたらきかければ、触図としてのその機能を発揮できるはずです。

写真6　石膏のたまご　『たまご』に表現されたたまごの角度を確認するために、溝が彫られている

また、『さわるアートブック』は、美術鑑賞としての用途のほかに、作品の世界が身近なモチーフで構成されていることを知ることで生活体験を広げる教材ともなります。また、作品の時代背景を知ることで歴史的な考察を促すこともできます。一方で、美術館は、子どもたちに美術作品のよさを伝えるということを大事にしたいと考えています。鑑賞を深めるために補助資料を用いたり、作品から感じたことを話し合ってほしいのです。美術館が積極的に関わることで、子どもたちにもっと鑑賞の楽しみを深めてもらいたいと思っています。

3　さわるアートブック制作がもたらしたもの——コミュニケーションの広がり、地域の連携へ

最後に、視覚に障害がある大人は、『さわるアートブック』を使ってどのように感じたのか、感想を次に紹介します。

・相手の言葉による説明を聞いているより、自分でさわり自分で読むほうが、ずっと鑑賞している気持ちになります。

・左のページに点字の説明を、右のページに絵の盛り上げ図をという作り方はとても見やすいですね。盛り上げ図だけでは、はっきりいってさっぱりわかりません。説明を読むと、この点々の塊がそれなのかなあと理解でき、そう思ってさわってみるとイメージがふくらみます。（略）

『さわるアートブック』は弱視の者にとっても、その人なりの見え方で楽しむことができます。点字は、真夏の汗のかいた指先では少し読みにくいです。点図で絵画を表現するのは難しいですよね。

私たち当事者もこれからは、さわる力（さわって読み解く力）を身につけていくことが課題だと、何かに書かれていました。いままでは教科書でも書物でも、図のほとんどは省略されていましたから、こうして図をさわって読むことに慣れていないのですね。

・立体コピーは見えない人たちの鑑賞のための補助としてはいい方法ですが、そのほかにも、例えば蜜蠟で実物の絵を模写して描いてそれをさわるとか、絵に描かれている風景などを立体的に簡易なセットで説明するとか、いろいろな方法を組み合わせて鑑賞できるといいと思います。

このほかにも、触図をさわるだけで作品を理解するのは難しいとの意見が寄せられたのは事実です。しかし、美術作品を題材とした触図は、使う人がイメージを広げながら、自由に感想を語り合うことができるものです。これは美術がもっている大きな力の一つなのだと思います。

『さわるアートブック』は、名古屋を中心とする地域の美術館に、一つの連携と連帯感を生み出しました。地域に連携を呼びかけるまでは、視覚に障害がある方を対象としたプログラムの経験がなかった美術館とも、共通認識をもって視覚に障害がある方との美術鑑賞について話し合うことができるようになりました。何よりも、『さわるアートブック』を通じて、地域のガイドボランティアや盲学校と密接な関係を築くことができたことで、地域に人とのつながりが生じ、コミュニケーションが生まれました。

盲学校の先生と生徒たちは、美術作品を通して、知識や経験、想像が広がったことと思います。盲学校の生徒たちには、卒業したあとでも、ガイドボランティアとの鑑賞会を、人とのコミュニケーションの輪を広げる機会として、人生を楽しく過ごすための楽しみの一つとしてもらえたらと思います。美術の鑑賞を楽しむことを、盲学校の生徒たちに知ってもらえたことは大きな成果となりました。

『さわるアートブック』は単なる鑑賞補助ツールではありますが、コミュニケーションツールの一つとして、人と人とのつながりと、これからの活動にいっそうの広がりをもたせてくれたものだと感じています。これからも、このコミュニケーションから生まれてくる知力を礎に、地域で協同して活動を続けていきたいと思っています。

参考文献

愛知県鑑賞学習普及事業実行委員会編『さわるアートブック――びじゅつかんからやってきた』愛知県鑑賞学習普及事業実行委員会、二〇一三年
愛知県鑑賞学習普及事業実行委員会編『さわるアートブック②――びじゅつかんからやってきた』愛知県鑑賞学習普及事業実行委員会、二〇一四年

第3章　絵画への触覚的アプローチ
──その限界と可能性

井口智子

1　「さわれるプログラム」を始めたきっかけ

名古屋ボストン美術館では、二〇一二年から展覧会の内容に合わせた「さわれるプログラム」を実施しています。このプログラムを始めるに至った背景には、当館が「誰もが楽しめる美術館」を目指して活動していることが挙げられます。当館は、アメリカのボストン美術館の姉妹館として一九九九年に開館し、ボストン美術館の収蔵品による展覧会を企画し、開催しています。そのため、展示作品は古代から現代まで、地域も広く東西にわたります。それらの作品をできるだけ多くの方に楽しんでもらい、みなさまの好奇心に応えられるように教育普及プログラムに力を入れています。展覧会ごとに音声ガイドや解説映像、ガイドブック、ぬりえ、なりきりコーナーといったいつでも楽しんでいただける企画があり、また、日米の子どもたちがアートで交流するプログラム、レクチャーやコンサートといったイベントも多彩に実施しています。

そして、広瀬浩二郎さんとの出会いから、私は視覚に頼らずに作品を鑑賞することが、「誰もが楽しめる美術館」としての活動を発展させるのに大きな可能性があると考えました。二〇一一年十月には国立民族学博物館で開催されたシンポジウム「ユニバーサル・ミュージアムの理論と実践」に参加してさまざまな取り組みに接し、それが美術館という場所で何ができるのかを考えるきっかけとなりました。名古屋には愛知県美術館、名古屋市美術館、南山大学人類学博物館など、視覚に障害をもった方へのプログラムを企画したり、ユニバーサル・ミュージアムの考えを取り入れて活動したりしている美術館が多くあり、こうした館の方々との交流にも刺激され、当館でも何かやってみようと考えました。ちょうどそのころ、ボストン美術館が所蔵する日本美術のすぐれた作品の数々を展示する展覧会「ボストン美術館　日本美術の至宝」展を準備していました。国宝級の作品が里帰りする機会により多くの方に作品を楽しんでいただくために、新たな普及活動として「さわれるプログラム」を提案し、取り組むことにしました。

2　企画の前提

蓄積も実績もない私たちでしたが、とにかくやってみようというエネルギーだけはあり、名古屋ライトハウス名古屋盲人情報文化センター、名古屋ＹＷＣＡアートな美、そして作家らの協力を得て「さわれるプログラム」を準備していきました。その際に前提としたのが、以下の三点でした。

①視覚に障害がある方へのプログラムと限定せず、視覚を頼りに作品鑑賞する方にとっても、新たな鑑賞ツールとする（万人にとってのツールを目指す）。
②展覧会の作品を楽しむ一助となる内容とし、プログラムで完結せず、利用者が展示室で作品を見たくなる内容にする（あくまでも美術館活動の一環であり、出品作品鑑賞の一助となる内容とする）。
③継続可能な内容（規模）とする。一度で終わることなく、予算も含めて美術館の事業として継続する。

写真1　「日本画ってナンダ？」。日本画の技法や材料を説明するツール

3　「さわれるプログラム」の内容

技法や制作道具を説明するツール

この「さわれるプログラム」のメインパートは二つです。

まず、出品作品に見られる技法や作品の制作道具を説明するツールです（筆、紙、絵の具など作品制作の道具と、プログラムのために作成した道具を区別するために、ここでは、プログラムのための道具を「ツール」とします）。このツールは、作品がどのような材料や技法で作られているのかを伝えることで、作品鑑賞の一助にしようとするものです。「日本美術の至宝」展の際には、日本画に着目し、日本画の材料や道具（和紙、顔料、にかわ、筆など）、それらを使って描いた作品、そして「さわるための日本画」といったツールを準備しました（写真1）。現在までに、日本画、油絵、陶磁器、版画、七宝、ガラスのプログラムのためのツールを作成し、「日本画ってナンダ？」「油絵ってナンダ？」というタイトルをつけて実施してきました。そして、これらを館内では「ナンダシリーズ」と呼んでいます。日本画、油絵についてはのちほど紹介します。

当館は展覧会が入れ替わるごとに展示作品を一新し、ガイドや解説映像もそのつど制作しています。しかし、この「ナンダシリーズ」は、一度準備したプログラムを柱にして、展覧会に合わせた内容に組み替えることができます。特に日本画、油絵のツールはこれまでも繰り返し使用しています。ツールは「さわることでわかる」ことをポイントにして、作家に協力してもらい制作しています。例えば、陶磁器は粘土で形を作り乾燥させ、焼成していく段階で縮みます。そこで、各段階のものを作ってもらい、「縮むこと」を実感できるようにしました。

絵付けも釉薬の下になってしまう下絵付けは、表面がつるつるになってしまうためさわってもわかりませんが、上絵付けは凹凸を感じることができます。

平面作品の触図（立体コピー）

もう一つのメインパートは、展示作品から平面作品を二点ほど選び制作した触図（立体コピー）です。この制作は、名古屋盲人情報文化センターに依頼しています。制作プロセスは、美術館から展覧会の目玉作品を含めて紹介したい作品を複数選び、説明したいポイントを示して、触図にして視覚に障害がある方にわかりやすい作品となるように助言してもらいます。そして、下図を確認後、触図の制作へと進めていきます。

　次に三つの事例と、さらに葛飾北斎の事例を紹介します。まずは、「日本美術の至宝」展に出品された『馬頭観音菩薩像』です。展覧会では、仏の姿や仏教に関わる絵画「仏画」を展示しました。本作は、平安時代の名品で、ボストン美術館が所蔵する日本美術の至宝の一点です。制作時代や色合いを触図で伝えることは無理であるため、それは言葉の説明に託して、この作品の馬頭観音が名前のとおり頭に馬の冠をのせていること、三つの眼をもっていること、目を見開き、口を広げて怒った顔をしていることを伝える触図を制作しました。さらに、頭の上に馬の顔があることがわかるように、その部分の拡大図を用意しました。

　次は、二〇一三年に開催した「ドラマチック大陸――風景画で

図1　アルバート・ビアスタット『ヨセミテ渓谷』1864年（ボストン美術館蔵）Gift of Martha C. Karolik for the M. and M. Karolik Collection of American Paintings, 1815-1865　　47.1236

たどるアメリカ」展での事例です。絵画、版画、写真に捉えられたアメリカの雄大な自然の風景を、アメリカ大陸を旅するようにたどるという構成の展覧会でした。そのうち二作品を触図にしようと考えたのですが、「風景画の重要な要素となる遠近表現を伝えるのは難しい」という話もあり、作品は一つとしました。触図にした作品は、ヨセミテ渓谷を描いた作品です。画面手前から後ろへと蛇行して流れる川が中央に描かれ、その川の左右に沿うように描かれた山は奥に行くほど小さくなり、また同じく木々も奥へ行くほど小さく描かれています。比較的小さな画面に、画家が、雄大な自然の風景をどのように描き込もうとしたかを伝えようと試みました（図1・2）。この作品にはもう一つ触図を作り、アメリカの地方の名前と、作品に描かれた代表的な景勝地の名前が入った地図を用意しました。

図2　アルバート・ビアスタット『ヨセミテ渓谷』触図

一方、版画はもともと線で輪郭が表現されていて比較的触図にしやすいこともあり、「ボストン美術館浮世絵名品展第三弾北斎」展を開催したときは、三作品を触図にしました。かなり手の込んだ触図でした。また、葛飾北斎がどんな人物だったのかを伝えるために肖像も触図にしました。およそ九十年の人生を画業一筋で生きた北斎。触図では、晩年の北斎を描いた肖像をもとに、頭の毛は少なく、しわのある顔、そして特徴的な大きな耳を表しました。

最後の事例は、二〇一五年に開催した「ダブル・インパクト　明治ニッポンの美」展から小林永濯が描いた『菅原道真天拝山祈祷の図』（図3）です。学問の神さまとして知られる菅原道真ですが、この作品では、無実の罪で太宰府に流された道真が、山に登り祈禱を続ける姿が描かれています。ここでは、縦長の画面中央に道真。その背後には黒い雲に覆われた空が描かれ、そこには稲妻が光っています。嵐のなか、頭の冠は飛び、体はまるで稲妻に打たれたように硬直しています。そして手と地面の間で宙に浮いて描かれている杖が、いままさに衝撃が彼を襲ったことを伝えています。名古屋盲人情報文化センターから最初に示された下図では道真に焦点があたり、稲妻が省略されていました。しかし、この嵐のなかに立つドラマチックな場面を伝えたかったので、稲妻を含めた図にしました（図4）。葛飾北斎『神奈川沖浪裏』の触図を作成した際にも、同じようなことがありました。最初の触図では、大波のなか舟に必死につかまっている人物が省略されていました。しかし、舟に人がいることで人と波の大きさが対比でき、作品が描き出しているスケールを伝えられる個所でもあるので舟の人物を加えることにしました。

触図は、名古屋盲人情報文化センターの協力がなくては制作できません。視覚に障害がある方がさわってわかる触図の制作については、私たちでは適切な判断ができないからです。すべてを伝えることができない触図に、作品の要素から「何を残すのか」、つまり「触図で何を伝えたいのか」を絞り込み、センターに伝え、さらに相談し合うプロセスが大切だと思います。

これらの触図には、A4判で一枚ほど（三百八十字程度）の説明文とその点字訳を用意します。これらは、展覧会の期間中常設しています。誰でも利用できるようにすることで、

図3　小林永濯『菅原道真天拝山祈祷の図』明治時代（ボストン美術館蔵）William Sturgis Bigelow Collection　11.9412

新たな鑑賞のツールにしたいのですが、まだまだ有効活用ができていません。設置しているだけでは利用促進は難しいのが現状です。また視覚に障害がある方に対しても、学芸員がいつでも直接説明できればいいのですが、職員の人数にも限界があります。そこで、説明文と点字訳を使ってもらえたらと期待して設置しています。

図4　小林永濯『菅原道真天拝山祈祷の図』触図。左＝修正前、右＝修正後：稲妻を追加

4　「さわれるプログラム」の実施内容

次に「さわれるプログラム」の実施内容を具体的に説明します。「さわれるプログラム」には、常設プログラムと日時限定のイベントがあります。常設プログラムは、触図の常設展示と、「ナンダシリーズ」から道具・材料、表現を紹介するツールを設置し、自由にさわってもらえるようにしています。ただし、ツールは破損による怪我や盗難の心配があるときにはケースに入れています。日時限定イベントでは、視覚を頼りに鑑賞する方向けには、三十分ほどの内容で「ナンダシリーズ」を使って実施しています。定員は十人程度で、事前予約なしに気軽に参加していただける内容を用意しています。夏休みには親子参加のイベントとして開催します。視覚を頼りにして鑑賞する方には、触図によるプログラムは実施していません。

視覚障害者向けには、定員四人の事前予約制で、一時間ほどの内容です。四人と小人数なのは、学芸員がほぼマンツーマンで対応することが必要だと経験上わかったためです。また、説明する学芸員のほか、タイムキーパーとして進行管理役が必要です。イベントでは、通常、すべての参加者に技法・道具を説明する「ナンダ」プログラムと、触図による作品鑑賞に参加してもらいます。そして最後に、全員で展示室に行き、作品を鑑賞します。ここで絵画を対象として準備したプログラムから、三つの実施例を紹介します。これらは視覚障害者向けの内容です。

最初は、日本画への触覚的アプローチとして、「日本美術の至宝」展でおこなった「日本画ってナンダ？」のプログラムです。最初の実施だったこともあり、さわることで何を伝えられるのか、私はかなり悩み、日本画家の友人にも相談にいきました。そして、日本画の色の濃淡は、顔料の粒子の大きさによるということをわかって

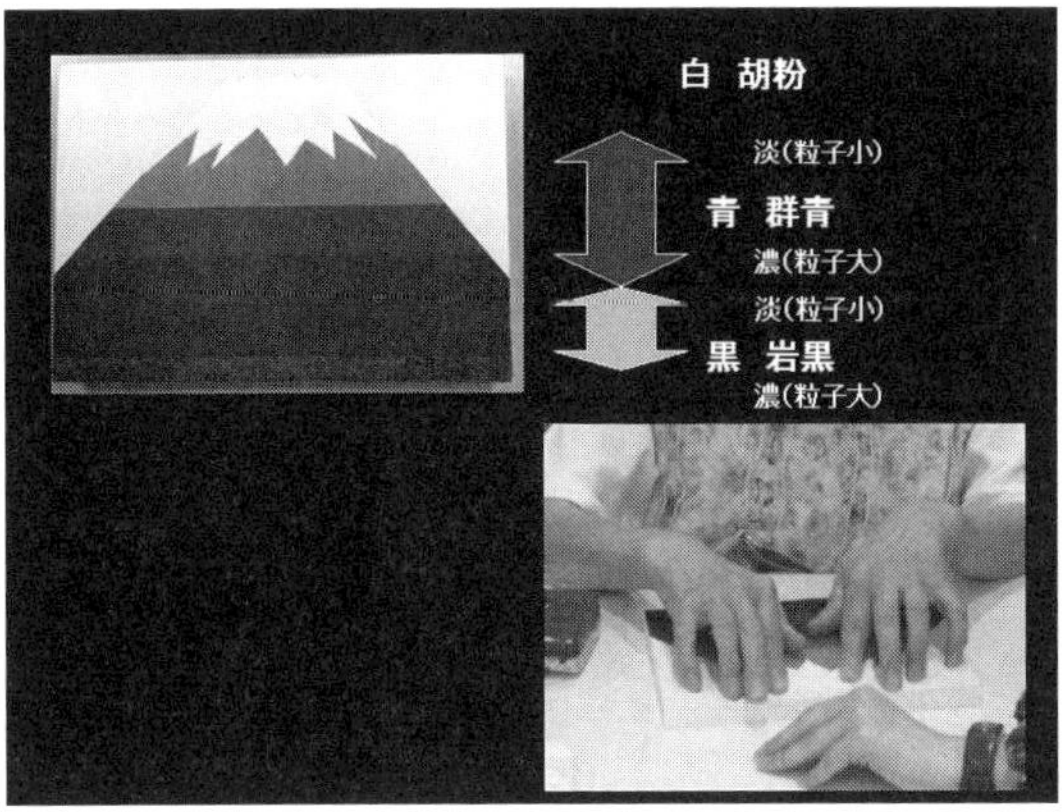

図5 「日本画ってナンダ？」。色の濃淡を説明するツールおよび使用の様子

写真2 「日本画ってナンダ？」。同じモティーフを紙と絹に描いたツール

図6　マーズデン・ハートレー『秋のカーニバル』1908年（ボストン美術館蔵）The Hayden Collection—Charles Henry Hayden Fund　68.296

もらうための道具を作りました。このアイデアは、友人に作品の表面をさわらせてもらい、絵肌のざらざら感、つるつる感を実感したときにアイデアが出てきました。日本画の表面をさわるという、普段はしないやり方によって日本画の描き方をあらためて知りました。そして、粒子の大きさの違いがわかるツールを制作しました。図柄はわかりやすく富士山にし、裾野から頂上に向かって粒が細かくなる、つまり色が薄くなるようにしてもらい、頂上の雪は、白い顔料の胡粉にしました（図5）。ほかには絹と紙に描かれた作品の違いを伝えるツールも作りました。あえて、同じモチーフを選び描いてもらいました（写真2）。そして、絹に描いた際に用いられる技法「裏彩色」について紹介しました。表側は絹の布の感触と葉脈やハイライト部に施された絵の具を感じることができ、裏側ではかなりしっかり絵の具が塗られていることが感じられます。

次は、油絵の触覚的アプローチとして「ドラマチック大陸」展でおこなった「油絵ってナンダ?」についてです。日本画と同様、さわることで伝えられることは何かを考え、油絵技法から生まれるさまざまな絵肌を取り上げることにしました。そして、ナイフや筆、そして指を使って描いた絵肌を感じることができるツールを作りました。また日本画のときよりも作品鑑賞にこだわり、展覧会開幕後に洋画家に依頼して、展示作品を実際に見てもらいながら、作品の一部を再現したツールを作成しました。選んだのは「絵の具が盛り上がっている作品」（図6・7）、「画家の絵筆の動きがわかるような、すばやいタッチで描かれている作品」「落ちていく滝の流れを、絵の具を縦に伸ばしながら表した作品」です。この展覧会では触図を一点しか作らなかったため、展示室での作品鑑賞の時間を多く設定し、絵の前でこれらの再現ツールにさわってもらいながら解説をしました。しかし、これはいまひとつ臨場感がなくて、失敗でした。音を取り入れた例としては、滝の絵の際には、現地で録音したナイアガラの滝の音を聞いてもらいました。やきものをはじいた音を聞いて焼きの具合を確かめたことがありますが、音の利用はまだ十分にできていません。

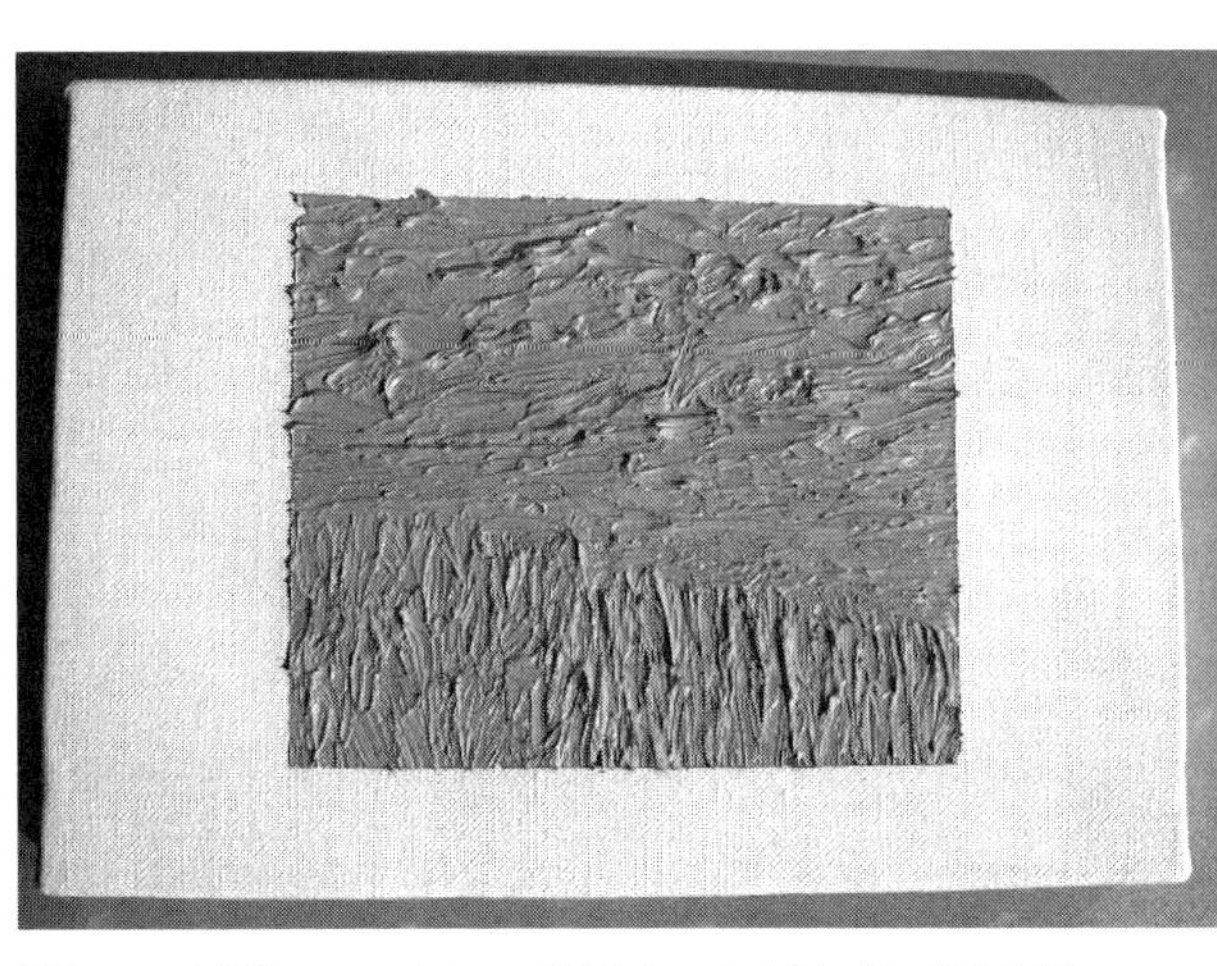

図7　マーズデン・ハートレー『秋のカーニバル』の一部を再現

美術館では展示している絵画の表面をさわることはできないので、絵の一部を再現したこのツールは視覚を頼りに鑑賞する方にも新鮮に感じられたようです。特に子どもたちは、楽しそうにどの絵を再現しているのかを探っていました。一方、視覚に障害がある方は、絵の全体がわからないとイメージがわかないというご意見でした。この「イメージがわく」というのが、視覚に障害がある方とのプログラムではいつも重要なポイントだと思って取り組んでいます。ツールを使い、会話しながら、作品のイメージを作る手助けをしていく、その積み重ねが鑑賞になっていくと思います。

三つ目は、油絵の触覚的アプローチとして、「ナンダ」のツールは使わずに展示作品鑑賞を試みた事例です。二〇一五年の初めに開催した「ボストン美術館　華麗なるジャポニスム」展では、クロード・モネが着物をまとった女性を描いた『ラ・ジャポネーズ』（図8）を展示しました。プログラムではこの作品の鑑賞に集中した内容を考え、作品に見られるうちわ、扇子、打ち掛けを再現したものを用意して、さわりながら作品のイメージを積み上げてもらおうと試みました。まずは触図を使って作品全体に何が描かれているかを説明します。また、ひもを使って、作品の大きさを実感してもらいました。そして、各部分の説明です。この作品の背景にはたくさんのうちわが飾られていますが、骨組みが異なるうちわが見られます。そこで、骨組みの異なる二種類の

図8　クロード・モネ『ラ・ジャポネーズ（着物をまとうカミーユ・モネ）』1876年（ボストン美術館蔵）1951 Purchase Fund 56.147

写真4　デッサン用の人体模型を使って、女性のポーズを確認している様子

写真3　作品に見られるうちわ、扇子にさわる様子

うちわを用意して、違いを説明しながら、描かれている絵柄や、多くのうちわがヨーロッパへ渡った時代について話をしました。また絵のなかの女性は扇子を手にしています。そこで扇子を用意し、作品の扇子には赤、青、白のフランスの国旗と同じ色が使われていることや三日月が描かれていることを話しました（写真3）。さらに、女性がまとっている打ち掛けを再現したものを使って、刺繡されている部分にさわってもらい、絵柄を説明しました。最後には女性のポーズに着目し、デッサン用の人体模型を使って、どのようなポーズをとっているのかを確認しました（写真4）。希望者には実際に自分でポーズをとってもらいました。なお、このプログラムは、愛知県立名古屋盲学校でおこなった授業をもとに、美術館で実施できる内容に再構築しました。

5　絵画への触覚的アプローチ——その限界と可能性

アンケートから見えてくること

ここでは視覚に障害がある方のアンケートを紹介します。最初は、「油絵ってナンダ？」を軸にして、油絵を鑑賞したイベントへの感想です。


「さわり、手がかりがたくさんありよかった。時間にもう少し余裕があればよかった」

「画材にさわれたことは楽しかった、筆づかいを体感できたことはよかった。模写は絵の全体を見ないと構図がわかりにくい」

「もっと回数を増やして、こうしたイベントを開催してほしい。説明の仕方（小指の関節で長さ・大きさの表現）がユニークだった」

「できることなら、自分も表現できる活動があればもっといい」（以上、「ドラマチック大陸」展）

「立体コピーの説明がよかった。頭の中に絵が浮かんだ。表情がよくわかった。帽子を復元（再現）したものも

すごく参考になった」(「アートに生きた女たち」展)

以下は、「華麗なるジャポニスム」展で、「ナンダ」のツールを使わずにうちわなどの小道具を使って作品を鑑賞したイベントへの感想です。

「学芸員さんの説明がわかりやすかった。自分の体でポーズを教えてもらったあと、触図をさわったので、形はわかりやすかった。顔の表情は自分のイメージと違うかもしれません」

「本物の打ち掛けにさわり、実感をもって鑑賞できてよかった。触図はわかりにくかった。立体プリンターにできないでしょうか」

「うちわの違い(京うちわと江戸うちわ)を知り、よかったです」

「説明していただいた学芸員の方々の声と内容がとても適切でした。今回、このような催しものをさらに理解するには、触図を理解する触覚の訓練が大切だと思いました」

アンケートには、もっと開催してほしい、時間を長くしてほしい、実際に絵を描くプログラムを実施してほしいといったあたたかくうれしい声をいただきますが、スタッフの人数や時間を考えると無理があります。また、アンケートから視覚に障害がある方にとって、触図が常に有効なツールではないことがわかります。触図については、プログラム実施中にも声をいただきます。一方、こうしたイベントに参加したことで、触図を理解する触覚の訓練が大切だと思った方もいました。当館のイベントに参加することが、世界を広げるきっかけになっている場合もあることをアンケートから知りました。

解説することから学ぶこと

次は作品解説についてです。触図やツールを使って作品を説明する際には、ポイントをまとめたものを作ります。その基本姿勢は「描かれているものを丁寧に説明する」ということです。実際にプログラムが始まると、解説は説明者と参加者との会話で進んでいきます。つまり、それぞれの場合で異なります。統一された方法がなくてもいいのだろうか、十分に説明できているのか、などと心配したこともありました。しかし、「同じではない説明が面白い」と言われたこともあります。例えば、尾形光琳の『松島図屛風』を紹介しようとするとき、「岩をも砕く勢いで波が次から次へと押し寄せ、白い波しぶきが上がっている」ともいえますし、「波はうねうねと描かれていて、岩には波がバーンと当たっている。そして白い波しぶきがばさっと飛んでいる」といえるかもしれません。同じ絵を何通りにも説明できます。その説明がどのように引き出されるかといえば、参加者と説明者のコミュニケーションから生まれてきます。参加者に問いかけられ、それに応え、説明し、一緒にイメージをふくらませていきます。すると、描かれているものを適切に言葉にできないことがあります。私たちは見えているということで、わかったつもりになっていることが多くあるのだと実感します。言葉にすることで、私たちもあらためて認識することがたくさんあります。身構えず、頭を柔らかくして、参加者の豊かな好奇心に導かれる気持ちをもって対応していくことで、私たちも楽しみ、発見し、伝わった喜びを感じ、次もやってみようという気持ちにつながるのだと思います。それが継続していくエネルギーともいえるかもしれません。

視覚障害者向けのイベントはほぼマンツーマンでおこなっています。このイベントを開催する以前は、基本的に対象は視覚を頼りに鑑賞する方であり、ガイドなどでは二十人以上の方を前にして話をしていました。その場合は、ほとんど私たちが一方的に話をしますが、このプログラムでは、会話をして、一緒にプログラムを作っているという気持ちになります。多くの来館者を迎えることが使命となっている美術館では、なかなか一人ひとりに対応することはできません。しかし、このプログラムを始めてから、作品鑑賞、作品解説のあり方や、美術館の役割を見直すきっかけになっています。

作品理解を深めること

「ナンダ」シリーズは、作品がどのようにできているのか、頑丈なのか／壊れやすいのかといったことを知り、ものへの理解を深め、ものを大切にする気持ちを生み出すことにつながっていると感じます。「壊れやすいから」「汚れるから」といったことを実感すると、大事に丁寧に扱わないといけないという気持ちが自然に表れてきます。子どもたちにも「壊れやすいから丁寧に」「これは貴重なんだよ」といった言葉を添えてツールを差し出すと、丁寧にそっとさわってくれます。一方、常設したツールは、絵肌の表面が汚れ、摩耗しています。多くの人がさわるとこれほどまでに汚れるのかと驚きました。
「さわれるプログラム」は学芸員全員で実施するプログラムの一つになり、それによって美術館の活動も広がってきました。今後も展覧会の出品作品を楽しむ方法の一つとして、作品鑑賞の一助として継続していこうと考えています。参加してくださる方や協力いただける方に感謝し、また今後も交流することで、限界を少しでも超え、新たな可能性を見つけていきたいと思います。

参考文献

「さわれるプログラム」については、次の報告書、書籍でも報告・紹介しています。
「活動報告書」二〇一一―一五年度、名古屋ボストン美術館
鏡味千佳「誰でも楽しめる美術館を目指して――視覚障害者向けプログラム　日本画ってナンダ？」「文化庁月報」二〇一三年二月号、文化庁（http://prmagazine.bunka.go.jp/pr/publish/bunkachou_geppou/2013_02/index.html）［二〇一六年七月二十八日アクセス］
井口智子「触れるプログラム「ナンダ？」シリーズから学んだこと」、愛知県鑑賞学習普及事業実行委員会編『子どもたち・教員・学生・学芸員を結ぶ――地域に根ざした美術館活動をめざして』所収、愛知県鑑賞学習普及事業実行委員会、二〇一四年、六六―六七ページ
藤村俊「身体と五感による学び」内の実例、黒沢浩編著『博物館教育論――学芸員の現場で役立つ基礎と実践』所収、講談社、二〇一五年、七二―七四ページ

［補記］掲載画像のうち図１・３・６・８はボストン美術館提供。Photographs ©2016 Museum of Fine Arts, Boston
その他の図と写真は名古屋ボストン美術館提供。

第4章　「犬」が主人公の美術鑑賞にみる「ひとが優しい博物館・社会」の可能性

大髙 幸

1　美術館とその可能性

博物館の館種や規模の大小にかかわらず、その来館者の最も基本的で主たる活動は、資料の鑑賞です。そこで本章では、美術館を含む博物館での鑑賞を深める取り組みの二要素、ハードとソフトにはどのようなものがあるかについて、触れておきましょう。

まず、モノに関わるハードには、さわれるコレクション・さわれる常設展示品などの一次資料、展示空間や、さわって読む点字解説パネル、触図やレプリカ、さわれる素材、触察本（アートブック）などの、鑑賞を支援する補助教材があります。また、人間が関わるソフトの要素には、プログラムなどでの、学芸員と参加者、参加者間の直接的コミュニケーション、とりわけ、来館者の関心・疑問に対応する学芸員などによる言語を用いた解説があります。

博物館の利用者は多様で、そのさまざまな要望に応じて、ハードとソフトをどう組み合わせるかが要であり、第1章から第3章は、この二要素の組み合わせについての三つの事例でした。

本章でも引き続き美術館に焦点を当て、「美術館での鑑賞の「深化」から「ひ、と、が優しい博物館・社会」の「深化」へ」のヒントを、より多くの方々と共有できるようにしたいと願っています。なぜならば、博物館のなかで美術館は、実体がある三次元のモノすなわち造形作品やイメージを丹念に研究する最たる場ですから、五感活用と言語によるコミュニケーションを組み合わせた認知に基づく、万人の美術作品の鑑賞法を「深めうる」と考えられるからです。そして、美術鑑賞は、一つの正解を求めるものではなく、その過程で、さまざまな考え方や感じ方、他者、文化、翻って、自己の理解を「深めうる」可能性に満ちています。

したがって、視覚に障害がある人の美術館での鑑賞を「深める」取り組みは、万人の美術鑑賞や、またほかの博物館での資料鑑賞にも有意義なヒントになるはずです。

2 美術鑑賞の大筋——海外での新しい動向例、メトロポリタン美術館の「犬」が主人公のプログラムを参照して

本章では海外での新しい動向の一例として、アメリカ・ニューヨーク市のメトロポリタン美術館(MET)の「犬」が主人公の新しい夏のプログラム(*Dog Days of Summer: A tour for guide dogs and their humans*)を紹介しましょう。メトロポリタン美術館は、毎月定例のプログラムを実施するなど、障害のある人の美術鑑賞の機会提供・支援に積極的に取り組んできました。ご存じのように、ニューヨークは北国で、時間がゆったりと流れる短い夏を、人も犬も満喫します。この、盲導犬を楽しませるちゃめっけのある新しいプログラムは、一九九〇年に公布された「障害をもつアメリカ人法」(ADA)の二十五周年記念月間の一環として、二〇一五年七月に、犬も歩けば棒に当たるほど、ニューヨーク市内のそこかしこの博物館で開催されたさまざまな行事の一つとして、同月十七日金曜日の夕べに実施されました。なお、「障害をもつアメリカ人法」は、雇用・教育などで障害を理由とした差別を禁止した法律で、世界に影響を与えています。

このプログラムは、盲導犬や、犬が描かれた美術作品に焦点をあてたものです。私が撮影した写真とともにその内容を紹介し、併せて美術鑑賞の大筋に触れていきます。美術館の館内では飲食ができませんので、このプログラムが始まる前には、入り口付近の屋外で主人公の盲導犬においしい水が提供されます。写真1では、美術館内で人間が腰かけて鑑賞する最中に、そのそばで、二匹の盲導犬が向かい合って絨毯の上に横たわり、リラックスしています。

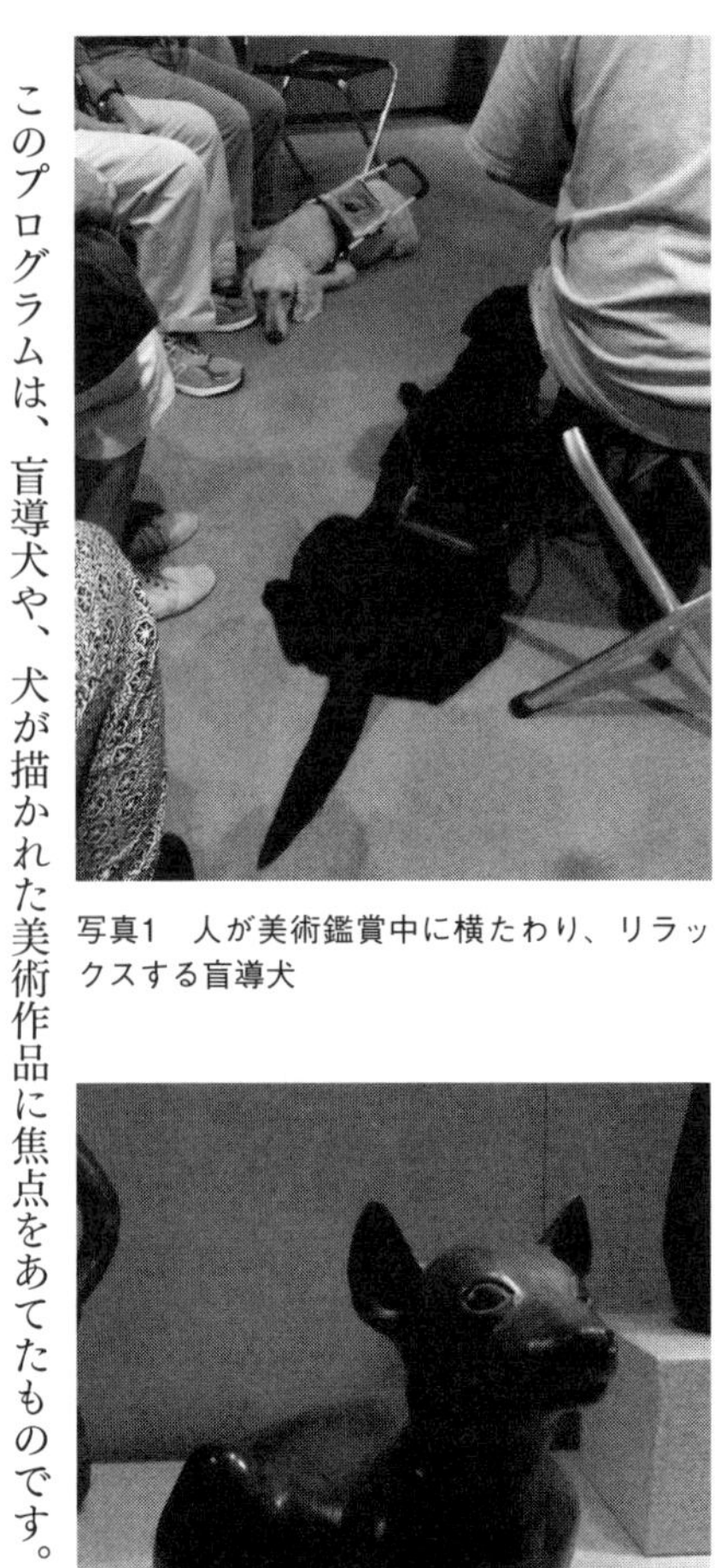

写真1　人が美術鑑賞中に横たわり、リラックスする盲導犬

館内で人間が最初に鑑賞したのは、紀元前二〇〇年から紀元後三〇〇年ごろにメキシコで制作された陶製の『横たわる犬』（写真2）で、両手で抱えられるほどのかわいらしい大きさやポーズ、埋葬品であったことなどが、二人のインストラクターから解説されるとともに、さわれるコレクションから、同様の陶製のカエルのレプリカが回覧され、各自、その形や大きさ、肌理（きめ）や重さなどを、さわって鑑賞しました。なお、メトロポリタン美術館のさわれるコレクションには、一次資料である真正の美術作品や素材もあります。

写真2　『横たわる犬』（メキシコ、紀元前200年から紀元後300年ごろ）

さらに、この陶器ができる過程についての理解を深めるため、手が汚れないようにビニール袋に包んだ生（なま）の粘

土製の器や素焼き後の器も回覧され、各自、その冷たさや温かさ、大きさや重さ、肌理の変化などを、さわって味わいました。

続いて、イギリスの彫刻家、アン・ダーナーが一七八二年に制作した、*Shock Dog* と題した大理石の犬の彫刻（写真3）を鑑賞しました。これは、実物大のマルチーズを表した、常設展示品です。写真4は、十八世紀にマルチーズが Shock Dog（shock は長い毛の意）と呼ばれていたことや、ダーナーが教養の高いイギリス初の女性彫刻家であること、彼女が自分の墓に彫刻刀とこの愛する犬の骨を一緒に埋葬するよう依頼したことなどを、全盲のインストラクターであるエミリーさんが解説し、その傍らで、彼女の相棒の盲導犬ロンドンがリラックスしている様子です。エミリーさんは両手に透明のビニール手袋をしています。人間の参加者はみな、この大理石の犬の彫刻を、手袋をはめて、一人ずつさわって鑑賞しました。さわってはじめて発見した、古代ギリシャ語で刻印されたダーナーのサインや細部の表現、随所に込められた作者の芸術と愛犬への想いについても、みんなで話し合いました。

また、フランスの画家シャルル・ル・ブランが一六六〇年ごろに描いた、『エーヴェルハルト・ヤーバッハとその家族』という、大

写真3　アン・ダーナー *Shock Dog*（イギリス、1782年）

写真4　*Shock Dog* を解説するインストラクターのエミリーさんと盲導犬ロンドン

写真5　シャルル・ル・ブラン『エーヴェルハルト・ヤーバッハとその家族』（フランス、1660年ごろ）を解説するインストラクターのデボラさん

写真6　フランス製の織物

画面の油彩画を鑑賞しました。美術作品の解説は、まず作品の大きさから始めますが、この絵画の横の長さを知るために、まず犬も人間も一緒に作品の端から端まで歩きました。大きな作品の鑑賞の場合、歩き回ってその大きさを理解すると、身体的躍動感・空間的広がりを活用した認知を促して記憶にも残りやすいことから、お勧めです。

写真5は、もう一人のインストラクターであるデボラさんが、解説をしているところです。大きな作品の場合、インストラクターはその中心に立って、作品の位置や、作品の中心の位置を知らせることから始めます。絵画の画面を動かす中心的なイメージをモチーフといいますが、画面の解説では、モチーフから説明していきます。こ

の場合は、家族の肖像画であること、豪華な室内にヤーバッハ家の六人がこちら向きに、一匹の愛犬も伴って横に並んでいることなど、全体像から説明します。そのあと、参加者からの質問や意見に対応しながら、例えば、右端からなど、順を追って部分を説明していきます。写真6は、この絵の室内を彩るテキスタイルのうち、向かって左上からかかっているドレープと関連して回覧されたフランス製の織物の生地で、その肌理や模様、どっしりとした重さやにおいなどを各自味わいました。このように、METは、美術鑑賞の際、一次資料や補助教材を各自がさわって丹念に味わい、疑問や感想を話し合う機会を提供することを重視しています。

こうして約一時間半、「犬」にまつわる三点の美術作品をゆっくり鑑賞して、金曜日の夕べを過ごしました。人間と犬との時空を超えた深い絆に思いを馳せる意義深い機会でした。終了後の調査では、参加者はみな「プログラムが面白かった・楽しかった」と述べ、その要因として、犬にまつわるテーマや話、わかりやすく詳しい解説、真正の美術作品にさわって鑑賞できたこと、通常の美術館訪問よりはるかに多くを学んだことなどを挙げました。ある参加者は、「この経験をどの程度友人に推奨したいですか」の問いに「10/10（きっと必ず）」と答え、「すべてが大いに癒されるから」と述べています。ここでの「すべて」には犬も含まれていることでしょう。参加者の声は、プログラムを振り返るうえで重要で、さらに、未来への糧として活用されます。

なお、美術鑑賞の際、作品に用いられている色については、①鑑賞者である視覚に障害がある人それぞれの色に関する興味・疑問や既存の知識と、②各作品のなかでの色の様相（色数、トーン、コントラストなど）と表現上の役割（意味を付与せず絵の具と支持体の色そのものを強調している、明暗を醸し出そうとしている、闇のなかの光などを通して崇高な思想を象徴しているなど）という両面から、対話すなわち協働探究していくことが求められると考えられます。言語による美術作品の解説は、作品が属する文化や各作品の制作意図の本質の見極めと的確な言語化、個々の鑑賞者に立脚した卓越したコミュニケーションを統合して目指していく、終わりのない探究の過程ともいえるでしょう。

3 「ひとが優しい博物館・社会」の「深化」への三提案

メトロポリタン美術館での新しいプログラムの概要を参照しながら、美術鑑賞の大枠に触れましたが、世界の動向と日本のいまをふまえて、私から「ひとが優しい博物館・社会」の「深化」に向かって、次の三提案をしたいと思います。

・各博物館（美術館を含む）の館内外の資源を点検し、活用を「深化」

・ユニバーサル・ミュージアム（UM）研究会、館種ごとの学会、博物館関連学会などで成果・課題・展望を共有し、質を「深化」

・「ひとが優しい博物館月間」など、博物館連携の年中行事を作り、万人の心を「深化」

以前、「ひとに優しい」ではなく、「ひとが優しい博物館」を目指していきたいと広瀬浩二郎さんが述べたことがありますが、私も同感です。盲導犬にとっても、自然環境にとっても、展示作品・資料にとっても「ひとが優しい博物館・社会」を目指したいと思います。美術館を含む各博物館は、館内外の資源を点検・再評価すれば、それら「資源の活用を深める」ことがすぐにでもできるでしょう。

また、二点目と三点目の提案は、博物館界全体へ向けたものです。本書のもとになったシンポジウムで明らかになったのは、各館でのさまざまな取り組みからともに学ぶ機会が不十分であるということです。そこで、UM研究会、美術教育など館種ごとの学会、博物館関連学会などで、さまざまな取り組みの成果・課題・展望を、博物館界が共有し、「質を深める」ことが今後いっそう重要になるでしょう。併せて、万人にとって意義深い博物館の取り組みを、より多くの人々が知って、賛同・協働するきっかけを博物館界が作っていくことも重要です。例えば、比較的実現しやすい時期などを選んで、「ひとが優しい博物館月間」など、博物館が連携して年中行事を作り、「万人の心を深める」機会をともに創出していくことも必要でしょう。

参考文献

大髙幸／端山聡子編著『博物館教育論　新訂版』（放送大学教材）、放送大学教育振興会、二〇一六年

［補記］本章の作成にご協力いただいたメトロポリタン美術館の方々とそのプログラム参加者の方々に、心からお礼を申し上げます。

第5章　ユニバーサル・ミュージアム論を取り入れた博物館実習

篠原 聰

はじめに

〝能動的であること〟、これはユニバーサル・ミュージアムの実現を目指す人づくりや組織のあり方だけではなく、プログラムそのもののあり方の成否を分ける非常に重要な評価基準になると思います。プログラムを提供する側とされる側がともに能動的に楽しみ参加できる〝学びの場〟を創出する――本章で紹介する東海大学の事例は、「能動的」というキーワードが、取り組みに対する自己評価の判断材料や評価軸になっています。

1　ユニバーサル・ミュージアムの小径

未来学芸員のための正課外プログラム

二〇一三年三月に国際基督教大学（ICU）で開催されたユニバーサル・ミュージアム研究会にたまたま参加

し、その縁で同年の春学期に、東海大学で公開連続講座「ユニバーサル・ミュージアムの理論と実践」を開催しました。広瀬浩二郎さん、東京国立博物館の触地図のデザインを手がけた齋藤名穂さん、本書第4章の執筆者である大髙幸さんに講演してもらいました。翌年にはこの三人と大日本印刷（DNP）の田井慎太郎さん、司会に彫刻の森美術館の小林俊樹さんを迎えて公開シンポジウム「ユニバーサル・ミュージアムの未来を語る」を開催しました（※：Ⓐ）。本章で紹介する取り組みはいずれも「キュレーターの〝たまご〟プロジェクト」と題する正課外プログラムの一環として実施したものです[1]。大学で学芸員資格の取得を目指す学生を主な対象としました。

ユニバーサル・ミュージアムの実現には、資料の保存と活用のバランスをどのように考えるかという問題や情報発信・広報展開のスキル作りも欠かせません。そのために、二〇一三年の秋学期には「メディアとミュージアム」というテーマで、NHKで「放送と女性ネットワーク賞」の受賞歴もあるディレクターの押尾由起子さん、美術展覧会だけでなく数々の文化事業の企画運営に携わってきた読売新聞事業局文化事業部の津屋式子さん、美術作品を食の観点から切り取るインディペンデント・キュレーターとして『情熱大陸[2]』にも出演した林綾野さんを招いて公開連続講座も開催しました（※）。

また前述の公開シンポジウムの前後には「文化財の保存と活用」をテーマとした連続講座も開催し、国立民族学博物館で保存科学の仕事をしている日高真吾さん、東京文化財研究所の近代文化遺産研究室長の中山俊介さんにそれぞれ講演してもらいました（※）。一般の方も含め、二年間で延べ千人以上がシンポジウムや公開連続講座に参加しました。

「資格取得」よりも大切なこと

東海大学には創立者松前重義が提唱した「現代文明論」というユニークな講義があります。いまは亡き創立者は、講義のなかで「平和」「人種」「階級」の三つの問題の解決こそが現代文明の最重要課題だとし、絶えず歴史の教訓に学び、正しいものの見方・考え方のうえに立って、自らの信念を築き上げていってほしいと学生に語りかけたといいます。自分の人生の実感や体験を教訓に、ときに大風呂敷を広げて自らの人生哲学を語るその姿に、当時の学生の多くが心揺さぶられたと聞いています。

私も前述のシンポジウムや連続講座の際には講演者に、専門的な話だけでなく体験談も織り交ぜて、自分自身のことも語ってほしいと頼みました。いい意味でも悪い意味でも素直で真面目なイマドキの学生に対して、その道のプロとしてだけでなく人生の先輩として、学生たちを感化してほしいと願ってのことです。立て続けに開催したシンポジウムや連続講座の熱気に呼応するかのように、初めは受動的だった学生たちの反応に、少しずつ変化が見え始めました。

ひとくくりに「学生」といっても、一人ひとり興味・関心も違えば、やりたいことも異なります。感じ方も違うし、資格取得に対するモチベーションも異なります。他方、自己アピールに弱く、優しさの裏返しなのか遠慮がちで、最初の一歩を踏み出す勇気にやや欠けると思われる点では共通しています。博物館の専門的職員である学芸員としてのスタートラインに立てるような基本的な知識や技術の修得は当然ですが、〝キュレたま〟は正課外のプログラムですので、さらに以下の点に配慮するよう心がけました。例えば、学芸員に求められる「現場力」や「実践力」の底上げ、すなわち、コミュニケーション能力や学芸業務全般に共通するマネジメント能力を重視し、その「育成」に力を入れること。学年も学部学科も異なる学生一人ひとりの「個人」を肯定的に受け止め、尊重すること。お定まりの画一的な教育ではなく、「遊び」の要素も重視したインフォーマルな教育のあり方を目指すこと。ミュージアムでの「学び」が人それぞれ異なるのと同様に、学生の「能動性」を重視し、一人ひとりの「よさ」を伸ばす学びの現場作りを心がけること。学生たちのモチベーションを高める「工夫」を凝らすこと。平たくいえばそれは、ミュージアム氷河期を乗り切ることができるだけの「創造力」「現場力」「実践力」「社会力」を身につけさせることです。経済優先の社会のなかで、人生をよりよく生き抜くための「人間力」を育む試みといってもいいでしょう。なお、当該プロジェクトは彫刻の森美術館との連携によるインターンシッププログラムも包括して実施しました。

2　大学博物館の扉を開く

「博物館プロジェクト」の実践

このような正課外のプログラムを実践する一方、文科省の「知／地の拠点整備事業」の一環として、大学付属の松前記念館（博物館相当施設）を中心に「大学博物館発、知／地の拠点としての新たな地域連携」のあり方を探求し、実践する試みも始めました。[3]大学には教育研究のなかで収集・蓄積してきた学術資料や実物資料、博物館資料があります。それを広く一般に公開し、東海大学が地域での知／地の拠点として社会に貢献するためのアウトリーチ・モデルの構築を目的とした「博物館プロジェクト」です。二〇一四年に開始した同プロジェクトの主眼は、そのためのプラットフォーム作りにあります（二〇一五年から大学推進プロジェクト観光イノベーション計画 文化・芸術事業として実施）。

大学博物館の収蔵品の多くは、研究者が切り刻んだり、分析したりしてきたモノです。その点、同じ「モノ」でも美術館や博物館がもっているモノとは、モノそのものに対する考え方が異なります。例えば、美術館・博物館のモノは原則、受け入れたときのそのままの状態を一義的に守り伝えるのが基本です。標本箱のなかの蝶のように、虫ピンで「時間」を止めるわけです。そして「時間」を止めたあとは、原則として触れてはいけないのです。他方、どちらかといえば、蝶がかつて野原を飛び回っていた「時間」のほうを大切にするのが大学博物館です。資料をただ眺めるのではなく、触れて感じるのであれば、それは現在時で資料と同じ時間を生きる、ということです。大学博物館の現場では、このように生きられる時間こそが対象の理解にとって重要なのです。なぜなら、大学博物館は、研究を大切にする通常の美術館・博物館以上に、人を育てるという目的が重要な施設だからです。こうして、学生や来館者、地域住民の方々と大学コレクションとを切り結び、資料と一緒に時間を生きることを通じて人材を育成するために始めたのが「ハンズ・オン（触れる）体験ワークショップ」です。

ユニバーサル・ミュージアムの第一歩

大学コレクションのなかから体験ワークショップに活用したのは構内に設置されている屋外彫刻です。公共空間に設置されることが多い屋外彫刻は、誰もが自由にアクセスできるという点で、ユニバーサル・ミュージアムの考え方につながるモチーフでもあります。

二〇一四年度に実施した「ハンズ・オン（触れる）体験ワークショップ」は、通常、さわることができない屋外彫刻の素材（ブロンズ）に着目した「①ブロンズ溶解炉＋ブロンズペンダント」と、大気汚染などの環境悪化の影響を受けやすい屋外彫刻の「②ブロンズ洗浄＋メンテナンス」の二つでした。①は、ブロンズでできたペンダント原型をワイヤーブラシやサンドペーパーでひたすら磨き上げて、世界で一つだけのオリジナルペンダントを作るというワークショップです。作業を通じてブロンズの重さや手ざわり、素材や造形の魅力を体験的に学ぶのが目的です。山岸鋳金工房の協力を得て、専門家が実際に溶解炉を用いて、型に流し込むまでのデモンストレーションも実施しました。約一二〇〇度に達した坩堝の中でブロンズが溶けていく様子を見学し、参加者がその熱を体感する機会を設け、制作に用いる蜜蠟型、石膏原型、インゴット、溶解炉などを会場に展示し、学生スタッフの解説付きで、ブロンズ作品ができあがるまでの実際を、モノに触れながら体験的に学ぶことができるように工夫しました。子どもから大人まで約九十人が参加しました（※）。

さわる展示が思考を鍛える

二〇一五年には、②のブロンズ彫刻の洗浄とメンテナンスをツアー形式に変えた「彫刻を触る☆体験ツアー」を実施し、学生を含む約二十人が参加しました（※）。メンテナンスの語源は「手で保つ」です。この作業は、実は彫刻を楽しむ絶好の機会でもあります。参加者は彫刻を直接手でさわり、作品を間近で見て、凹凸や造形の流れを体験し、いわば造形と一体となることができます。学生や市民参加型のプログラムとして屋外彫刻メンテナンスをおこなうのは、パブリックな空間にある彫刻が市民のものであり、最も身近な美術作品であるという認識を参加者が育むという目標があるからです。こうした意味で、彫刻メンテナンスは、芸術と社会のつながりのあり方を考えるきっかけにもなります。芸術や文化は、上から押し付けられるものではなく、市民が支え、育てるものです。彫刻メンテナンスに専門家や業者だけでなく、学生や市民が参加するプログラムには、作品に直接触れ、その造形を深く味わい、資料をさらによく理解するための大切な機会になるという教育的効果が期待されます。

ワークショップの実践のなかで、メンテナンスを実施した屋外彫刻の石膏原型が学内に存在することや、それが石膏第一原型（彫刻家がオリジナル塑造からおこした石膏原型）であることなどが学生の調査でわかりました。そのきっかけになったのが舟越保武『星を仰ぐ青年の像』です。この石膏原型は、鋳造する際にバラバラに切断され、その状態で保管されていたので、ブロンズスタジオの協力を得て、修復プロジェクトを立ち上げました。なお、このプロジェクトの経過については、本学卒業後、成城大学大学院に進学した野城今日子さんの協力を得て、第三十八回文化財保存修復学会（場所：東海大学）のポスターセッションで報告しました[4]（※）。

さわるマナーが他者への想像力を育む

ワークショップなどの普及イベントに並行して、ハンズ・オン展示（さわる体験型展示）を松前記念館内に設置する準備も進めました。「博物館資料に触ってみよう!!」のコーナーです。見ないでさわる（ブラックボックス）と見てさわる（露出展示）の二つを用意しました。国立民族学博物館の「世界をさわる」展示コーナーにヒントを得ました。松前記念館版では、モノにさわって想像力を目いっぱいはたらかせてもらおうと、あえてモノの名称などのデータを隠して、さわった感覚を頼りにモノに新しい名前をつけたり、そのモノの使い方を考えてみたりという展示にしました。ブラックボックスに掲げた説明文は「名づけられる前のゆたかな世界へようこ

写真1　「博物館資料を触ってみよう＋資料保存の体験学習」（テスターによる展示環境の清浄度検査の様子）

そ！」です。①優しく、ゆっくりさわって〝すがたかたち〟を想像してみよう、②さわりながら想像して、どう使うモノか自分なりに考えてみよう、③手でさわった感触を頼りに、自由に新しい名前をつけてみよう、という流れです。一方、最初からモノが見えている露出展示のほうは「名前で呼ぶ前の〝すがたかたち〟の世界へ！」と題して、①優しく、ゆっくりさわって、どう使うモノか考えてみよう、②自分なりに想像して、自由に新しい名前をつけてみよう、という流れにしました。ハンズ・オン展示の趣旨として「あたまの眼」で世界を眺め、その〝しかけ・しくみ〟がわかったと理解し、納得してしまう前に、「こころの眼」でこの世界の〝すがた・かたち〟にじかに触れてみよう」というメッセージも掲げました。さわる展示資料には、近隣の大磯町郷土資料館から借りた民俗資料や自然史資料、本学文学部が管理する鈴木八司コレクション（古代エジプトおよび中近東コレクション）、松前記念館が所蔵する理工系資料などを数回に分けてマイナーチェンジしながら展示しています。

保存と活用のバランス

ところで〝実物にさわる〟展示は、資料劣化のリスクを伴います。そのため、保存と活用のバランスの観点から、資料の予防的保存法として近年注目を集めているミュージアムＩＰＭ（総合的有害生物管理）メンテナンスも導入しました。あわせて資料の保存と活用に関する特別レクチャーなどを開催し、最新のミュージアム・リテラシーの普及も図りました。小山修三さんや広瀬さんをゲストに迎えて二〇一五年に実施した「博物館資料を触ってみよう＋資料保存の体験学習」や「触文化の可能性とユニバーサル・ミュージアムの展開」です。近隣の中学校の先生と生徒、市民ボランティア団体や視覚障害者の方々など約二十人が学生とともに参加しました（写真1）。

さわる展示による博物館体験は、楽しいだけでなく、日々の生活が視覚中心に成り立っている人間が、その豊かさを享受しているはずの感覚の多様性を呼び覚まします。新たな身体知の探求にもつながり、学術的な評価とは異なる視点から大学コレクションを活用し、その魅力を引き出す可能性をも秘めていると思います。プログラムの後半には博物館資料の生物被害対策の一環としておこなう作業にもチャレンジしました。「虫メガネを使った館内虫探し」や「実体顕微鏡による虫の観察・スケッチ・同定」「テスターによる展示環境の清浄度検査」です。これらのプログラムは、生物や理科の単元に関連する「学び」をインフォーマルな教育の場である博物館で実践するという意味で、地域の学校教育との新たな連携の視点をも生み出すのではないかと期待しています。さらにそれを地域に広く展開する試みは、広い意味で、人々の生活の科学化にもつながるのではないでしょうか。このプログラムは、小・中・高校生を対象とした日本学術振興会の「ひらめき☆ときめきサイエンス」としても実施しています（※）。

ユニバーサル・ミュージアムは「さわる展示」だけじゃない

「博物館プロジェクト」の一環として「ミュージアムのトリセツ（取扱説明書）――よりよい生き方を探し求めて」と題する公開シンポジウムも開催し、地域住民の方や他大学の学生、博物館関係者らを含め約百八十人が参加しました（※）。パネリストに鞆の津ミュージアムの櫛野展正さん、写真家の齋藤陽道さん、埼玉県立近代美術館の渋谷拓さん、コメンテーターに広瀬さんを招きました。年齢や障害の有無などにかかわらず誰もが楽しめる「ユニバーサル・ミュージアム」を目指し、利用者がより自由に博物館や美術館を活用する方法を考えるきっかけにしてもらおうという意図です。博物館が啓蒙的に押し付けるトリセツではなく、利用者が作るトリセツを目指しました。議論は多岐にわたりましたが、アートと福祉が交差する地平で繰り広げられるパネリストの実践事例を知ることは、ともすると教条的な理解に陥りがちなユニバーサル・ミュージアムの概念に対して、まったく別の角度から学生がアプローチすることを可能にしたのではないかという手応えを感じました。何よりもパネリストそれぞれが自らの課題を自覚し、強靭な意志でもって信念を貫き人生を切り開いている姿は、学生たちの未来を後押ししてくれました。私自身、あらためて自らの課題について考えさせられる機会にもなりました。

私が目指す博物館プロジェクトは、学芸員課程との連携による学生の関与を前提としています。学芸員資格の取得を目指す学生の実践的な学びの場であるだけでなく、利用者の視点からプロジェクトそのもののデザインプロセスに関与することで、市民起点の文化創造や地域社会の共生実現の学びの場として、博物館プロジェクトを機能させることで、「大学博物館の扉」をさらに市民に広く開いていく役割を学生が担うことを期待しています。

3　ユニバーサル・ミュージアムの新展開

未来のために種をまく

東海大学の取り組みを駆け足で紹介しましたが、私にとっての本当の意味での「新展開」は、大学のカリキュラムにユニバーサル・ミュージアム論を導入したことにあります。

東海大学の学芸員課程には、四年次に履修する館園実習（一単位）とは別に、三年次に履修する博物館実習1という二単位の科目があります。いわゆる学内実習（見学実習と実務実習）に相当する科目です。例年、実務実習では美術資料、民俗資料、保存修復、写真技術の四分野に関する集中実習をセッション期間中に開講してきましたが、二〇一五年度からは公開普及を加えた五分野とし、当該分野の講師を広瀬さんにお願いして、学芸員の資格取得を目指す学生の学びのフィールドを拡充しました。少人数制のグループ実習で、各分野を一日三コマずつ、二限から四限までローテーションで受講する形式です。広瀬さんが担当する「公開普及」は、「ユニバーサル・ミュージアム原論」と題する講義を二限におこない、三・四限はそれぞれ「物にさわる」「音にさわる」という主題を中心とした実習形式で実施しました。

ユニバーサル・ミュージアムの理念に基づく博物館活動は、次世代の学芸員に必須の基本的要件として挙げられます。未来のために種をまいておくことこそ、いま、まさにやっておかなければならない私の使命だと信じています。

ユニバーサル・ミュージアム論を取り入れた博物館実習

すでに一年次からシンポジウムや公開連続講座に参加している学生だけあって、実務実習の履修生の反応については、実習ノートの記述内容からも、予想以上の成果を得ることができたと実感しています。もちろん、ユニバーサル・ミュージアムがマイノリティへの配慮にとどまるものではなく、近代化や文明化のプロセスが切り捨ててきた「見えないもの＝闇」の創造的可能性を掘り起こすことにつながり、それがユニバーサル・ミュージアム運動のエッセンスであり最終目標でもあるとする広瀬さんの主張を、すべての実習生が正確に理解しているかどうか、という疑問は残ります。ただ、例えば、実習ノートに学生が次のような感想を書いているのを見つけて、思わずドキッとさせられるようなこともありました。さわる展示に関して、子どもが資料を乱暴に扱う理由として、「さわる教育、さわるマナーが身についてないことも挙げられるが、子どもの好奇心に依る部分も大きいのではないかと思った。つまり「物」がどの程度の耐久性をもち、どこまで力を加えたら壊れてしまうのかを、子どもは測りながらさわっているのではないだろうか。壊す経験をすることで、物をゆっくり、優しくさわれるようになるのだと思った」と。このことは人間が成長過程のなかで忘却のかなたに追いやってしまう「触文化」をめぐる、のっぴきならない事実の一つだと思います。学生は一人ひとり、それぞれの伸び代に応じて確実に成長しています。ユニバーサル・ミュージアム論を取り入れた博物館実習はまだ始まったばかりなのです。

写真2　アテンドとアイマスク組に分かれて事前研修を受けるミュージアム・コミュニケーター。インタープリターと一緒に

学生たちが開くユニバーサル・ミュージアムの扉

先ほど、シンポジウムや連続講座を通じて学生たちの反応に変化の兆しが見え始めたと述べましたが、くしくも、学生主体の「ミュージアム・コミュニケーター」が発足したのは、実習担当に広瀬さんを迎えた二〇一五年のことでした。東海大学チャレンジセンターのユニークプロジェクトに採用された団体で、学芸員課程でユニバーサル・ミュージアムについて学んだ学生が中心となり、年齢や性別、障害の有無を問わず、「誰もが楽しめるミュージアム・ワークショップ」の実現を目指しています。リーダー一人、サブリーダー二人、会計一人のコアメンバー四人を中心に、フリーターの卒業生一人を交えた総勢二十人程度の学生が、川崎市市民ミュージアムや神奈川県立歴史博物館など、博物館との連携を主軸に、ワークショップの企画運営の現場で実践を重ねています。学生は企画段階から学芸員や作家との打ち合わせに参加し、実際のワークショップ運営の場面では参加者とプログラムとをつなぐコミュニケーターの役割を果たしています。

市民ミュージアムでは佐藤美子さんの協力のもと、特別展「画楽六十年　渡辺豊重展」の関連イベントの企画運営に学生たちがチャレンジしました。フローリング材の加工の際に端材として切り出される木片や、近隣の中学校でいらなくなった滑石（美術教材）などを譲り受けたり、段ボールや古着などを集めたりして、捨てられる運命にあるモノを造形の素材に活用した「見て・触って・〝かたち〟を自由に表現しよう」というワークショップでした（※）。特別展の会期中に計六回開催し、保護者の方を含め約百五十人以上が参加しました。県立歴史博物館では、特別展「没後百年　五姓田義松――最後の天才」の関連イベント「鉛筆で描こう　正確に描こう」というワークショップをおこないました（※）。会期中に二回開催し、子どもから大人まで、それぞれ約百人が

図1　松永記念館チラシ（表・裏）。写真撮影は「超芸術トマソン」で知られる飯村昭彦氏

参加しました。博物館の角田拓朗さんの配慮で、学生が「パンチの守」というゆるキャラの着ぐるみを着て、歴博の宣伝部長を務める場面もありました。普段とてもシャイな学生が着ぐるみを着たとたん、生き生きと動き回っていた姿が印象に残っています。大学の建学祭では、サブリーダーを中心に上半期の活動をまとめた、さわるミニ展示会を松前記念館で開催しました（※）。

二〇一六年一月には、ミュージアムの現場からいったん離れ、葛西臨海たんけん隊の宮嶋隆行さんが主催されている「感じる公園ワークショップ＠花菜ガーデン」に学生がチャレンジしました（写真2）。イチゴの食べ比べやネギの収穫体験など、五感を研ぎ澄ませて臨むワークショップです（※）。二月には静岡市清水区にある大学付属の海洋科学博物館・自然史博物館の長谷部阿由美さんの協力を得て見学研修会を開き、「ユニバーサル・ミュージアムと水族館」をテーマに聴覚障害がある学芸員との意見交換会も実施しました。三月には小田原にある松永記念館の中村暢子さんの協力を得て「床の間を飾ろう」という子ども向け

の体験イベントも開催しました（※）。近代を代表する数寄茶人・松永耳庵が晩年を過ごした邸宅・老欅荘（国登録有形文化財）を舞台に、生け花や抹茶体験など、表現と鑑賞を通して和の文化の魅力に迫るという内容です（図1）。

4　ユニバーサル・ミュージアムの未来

過保護・過干渉は災いのもと

これまでに紹介した取り組みの最大の成果として挙げられるのは、ユニバーサル・ミュージアムの実践の積み重ねによって、学生一人ひとりの〝対話の回路〟が開かれつつある、という強い実感です。誤解を恐れずにいえば、学生にとって、学内実習での広瀬さんとの出会いは、「触文化」に初めて遭遇するという意味で、ほとんど異文化交流に近い感覚だったようです。自分とは違う他者、その他者とのコミュニケーションで、学生が〝対話の回路〟を開きつつあるという実感は、私にとってとてもうれしいことであり、非常に大きな収穫でした。

反対に、学生から学ぶこともたくさんありました。とりわけ学生主体のミュージアム・コミュニケーターの活動を通して私が学んだことは、「能動的にすぎた」のひと言に集約できます。当該活動に関する私の役割は、博物館の現場と学生とをつなぐ橋渡しのアドバイザーにすぎません。しかし、その範囲を超えて自ら能動的に学生への関与を深めてしまったことが、むしろ学生たちを受動的な立ち位置へと追いやってしまったのではないかという反省です。素直で真面目な学生たちのことです、私が関与の度合いを深めれば深めるほど、学生たちはますます受動的になり、教室での学生と先生という関係性の役割を演じ切ろうとしてしまったのではないか――このことは、一介の教員としての資質が問われているという現実を鋭く私に突き付けるものでした。と同時にそのまなざしは、これまで紹介してきたユニバーサル・ミュージアムの実践に関する取り組みのすべてにも向けられるものでした。

偶然の揺れ幅が「対話の回路」を開く

過度な「関与」が、ワークショップ参加者を受動的な立ち位置に追いやってしまう――この不幸な状況は、プログラムを提供する側とされる側のバランスを保ちさえすれば回避されるといった話ですむ問題ではないのです。そのことを最初に教えてくれたのは、美術家の渡辺豊重さんでした。

市民ミュージアムの事前打ち合わせで学芸員を交え、ワークショップ参加者に提供する素材について、学生と一緒にあれこれと考えていたときでした。フローリングの端材は台形と三角の二種類の〝かたち〟しかなかったので、事前に加工して四角も用意する方向で学生の話がまとまりかけたとき、「してあげる」よりも「こうしたい」という参加者の想いを実現する手助けが重要、そのほうが自由で創造豊かな表現が生まれるよ、と渡辺さんが優しく学生に声をかけてくれました。四角にしたいと思う人がいれば、そのとき作ってあげればいいし、自分で作れるようなら道具を貸してあげればいい、だからノコギリや工具など、現場で対応できるだけの用意をしておくのはどうか、という提案です。展覧会を観た参加者は、僕の作品からインスピレーションを受けてみんな自由に表現しだすから忙しくなるよ、と渡辺さんは付け加えました。

四角という〝かたち〟を提供するのではなく、形を自ら想像する〝選択肢〟を提供すること、参加者のその場の思い付きやアイデアを尊重する、そんな偶然の揺れ幅をプログラムにもたせ、現場で柔軟に対応するスタンスが、素材と人、そして人と人との「対話の回路」を開いていくのだと学びました。渡辺さんは「自由」が他者への想像力のうえに成り立っていることを、私と学生たちに教えてくれました。ミュージアム・コミュニケーターの記念すべき第一歩の実践のなかで渡辺さんと出会えた学生たちは、とても恵まれていると思います。

願わくは、学生が、おせっかいな私の積極的な関与・干渉などをものともせず、それを軽々と跳び越えて、能動的に振る舞えるようになってほしい、そして将来、学芸員としてユニバーサル・ミュージアムの実現を目指して、周りを巻き込みながら自由に立ち回れるようになってほしいと思います。私自身、これからも、ユニバーサル・ミュージアム論を取り入れた博物館実習を積み重ねるなかで、学生に向けて常に開いている〝対話の回路〟の編み方を変えていく努力が必要だと痛感しています。他方、学力を伸ばす美術鑑賞として注目されているヴィジュアル・シンキング・ストラテジーズ（ＶＴＳ）を応用し、感性を引き出す新たな美術鑑賞のあり方として、触感に基づくタクタイル・シンキング・ストラテジーズ（ＴＴＳ）を立ち上げ、その有効性についての研究を進める必要もあると思います。

目と手が育むユニバーサル・ミュージアムの未来

身体性認知科学の分野では、触覚が、私たちの意思決定や心のあり方に影響を及ぼしているとの実験結果が明らかになってきました。触覚（広義の体性感覚を含む）という感覚器官や皮膚感覚に関する研究が進み、触感を記録して再生する触覚メディアの開発や社会実装も始まっています。他方、視覚や聴覚などの諸感覚は系統発生的に触覚から分化したものといえ、それらはいわば触覚の「変奏」であると考えることもできます。触常者（視覚障害者）の経験は、見常者（健常者）の経験が由来する「原点」として立ち現れることで、無自覚的な視覚優位のヘゲモニーを揺るがすという利点があるのです。こうして、視覚優位の感性的経験を与える場としてのミュージアムは、感性のはたらきを変える場としてのユニバーサル・ミュージアムに置き換えられます。ユニバーサル・ミュージアムの実践が導くこの新たな気づきは、「いま、ここ」にいる一人の生活者としての人間の感性のあり方に大きな変革を迫ることになるでしょう。触常者が拓く新たな感性のはたらきは、視覚優位の生き方によって失われてしまった本来的な生を取り戻し、ひいては、一人ひとりの感性の豊かさを認め合う土壌を育む可能性を秘めているのです。

波打ち際の数メートル手前に立って目を閉じてみると、数秒後には自分が浅瀬のなかにいるような感覚を得ます。打ち寄せる波が自分を通り過ぎて背後にまで達しているような奇妙な感覚と言い換えてもいいでしょう。波打つ音が吹き抜ける風とともに身体を通り抜け、海に包み込まれていくような心地よい感触を味わうことができます。この現象は、単なる錯覚として理解するべきではなく、感性の新たなはたらきととらえるべきものです。触常者の世界を再び閉ざすのではなく、見常者の世界に持ち込むのがユニバーサル・ミュージアムです。

おわりに

「触文化」は民族を問わず、私たち人類に共通する可能性に満ちあふれた文化です。合理性、効率性、採算性、利便性を追求する近現代の、経済優先の慌ただしい時間のなかで、そのことを私たちは古い棚のどこかに置き忘れてきてしまったようです。懐中電灯の懐かしくも新しい光で、その古い棚の片隅を照らし出してくれるのは触常者（視覚障害者）ですが、見常者（健常者）は、触常者が照らし出す明るみだけを切り取って理解し、納得してわかったつもりになっているようではなりません。見常者は、触常者が照らし出そうとしない闇の部分にも、想像力でもって迫る必要があるのです。触常者が見常者に教えてくれる触文化の創造的可能性が、ある意味で、実は我慢の連続のうえに成り立っているということに、私たちはもっと目を向けるべきではないでしょうか。「触文化」が「我慢の文化」と表裏一体の関係にあることに目を配りながら、〝対話の回路〟の編み方を変えていく必要があります。

「触文化」の豊饒な世界を肉体の知性に刻み、身体化された心でもってこの世界を眺めてみると、真の意味での持続可能な社会のあるべき姿が立ち現れてくるように思います。

注

（1）篠原聰／小林俊樹「博学連携によるインターンシップの取り組み――東海大学×彫刻の森美術館 キュレーターの〝たまご〟プロジェクトの実践」「東海大学課程資格教育センター論集」第十二号、東海大学課程資格教育センター、二〇一三年、参照

（2）『情熱大陸』TBS系、二〇一一年八月二十八日放送

（3）篠原聰「博物館プロジェクト――松前記念館の新たな試み」（「研究資料集」第二十二号、東海大学、二〇一四年）および篠原聰「博物館プロジェクトの実践 大学博物館と文化・芸術による社会的包摂（ソーシャルインクルージョン）」（「研究資料集」第二十三号、東海大学教育研究所、二〇一五年）を参照。

（4）野城今日子／篠原聰「博物館プロジェクトの実践（トコラボプログラム 文化・芸術事業）3 公開修復へ 舟越保武作《星を仰ぐ青年の像》石膏原型の保存修復について」「文化財保存修復学会 第三十八回大会 於 神奈川 研究発表要旨集」文化財保存修復学会第三十八回大会実行委員会、二〇一六年

Ⓐ以下、※をつけた取り組みは、東海大学ウェブサイト掲載のニュース（湘南校舎）で詳細を報告しています。

第2部　さわる展示を作る

――誰もが楽しめる博物館とは何か

第6章　みんなでつくる博物館のカタチ

中村千恵

本章では、誰もが楽しめる博物館を目指す取り組みとして、私が勤務している三重県総合博物館での事例を紹介します。

1　三重県総合博物館（MieMu）について

三重県総合博物館は、三重の自然と歴史・文化を総合的に扱う博物館で、津市に位置しています。もともとは、一九五三年に開館した三重県立博物館が前身になっていて、二〇一四年四月に場所を移して新設開館しました。

この博物館が、地域のみなさんにとって身近な存在でありたいという想いから、愛称を名づけました。アルファベットでMieMuと書き、「みえむ」と読みます。MieMuには、「三重のミュージアム」と「三重の夢」という二つの意味が込められています。

MieMuでは、活動理念を「ともに考え、活動し、成長する博物館」とし、博物館も、地域社会の一員としてさまざまなかたちで利用者や地域の方と関わりながら、みんなで一緒に成長していきたいと考えています。

この理念のもとに、博物館として三重の豊かな自然や文化を未来へ守り伝える活動をすることや、博物館がもつ資料や人材を活用して人づくりや地域づくりに貢献していくことを、使命としています。

三重県は南北に長い土地で、海もあり山もあり、とても豊かな自然に恵まれています。多様な環境で育まれてきた歴史や文化も実にさまざまで、三重がどのようなところなのかをひと言で表すことは、なかなか難しいのです。そこで、MieMuでは、「三重がもつ多様性の力」をテーマとして活動しています。

2　ユニバーサル・ミュージアムとの出会い

私がユニバーサル・ミュージアムという考え方に出会ったのは、二〇〇九年に東京の立教大学で開催された公開講演会「バリアオーバーコミュニケーション」です。そこに広瀬浩二郎さんが登壇して、「さわる」ことについて、障害をもつ方に対する利便性の向上というバリアフリーの視点からではなく、「目で見る文化」と「手でさわる文化」という異文化交流の視点から話していたことがきっかけでした。

当時の私は大学四年生で、ちょうど博物館教育に興味を持ち始め、自分の研究テーマを模索しているころでした。博物館が、一人ひとり好きなことをやりたいように追求できる場所なのであれば、その追求の仕方や学び方にもさまざまな方法があっていいのではないかと感じ、誰もが楽しめる博物館を目指すユニバーサル・ミュージアムという考え方に興味をもちました。

その後、大学院に進み、博物館でさまざまにおこなわれている体験展示や体験学習に関心をもち、「体験」というキーワードを中心に博物館教育について研究を進めてきました。体験展示は、展示されている物事をより学びやすくする一つの手法であり、ユニバーサル・ミュージアムを考える切り口の一つだと思っています。

二〇一二年には、MieMu の開館準備をおこなっていたプロジェクトチームに採用され、現在まで博物館学の学芸員として働いています。

3 「みんなでつくる博物館会議」の事例――博物館のあり方を考える

「みんなでつくる博物館会議」は、MieMu が開館する以前の二〇〇九年から、開館後も継続して開催しています。この会議は、地域住民や博物館の利用者、大学などの連携先の方、そして私たち博物館職員が一堂に会して、MieMu の活動について議論し合うものです。これは、誰もが参加して自由に意見を言うことができる場であり、MieMu の活動理念を象徴する事業です。

表1は、二〇〇九年からおこなってきた「みんなでつくる博物館会議」の一覧表です。開館前は、本会議を年一回、そのほかに展示評価やユニバーサル・デザインなどのテーマごとの分科会を年三回ほどおこなってきました。分科会については、開館した現在では、小学校高学年から中学生を対象とした「こども会議」を継続して年一回開催しています。

写真1は、「みんなでつくる博物館会議」でのグループ討論の様子です。このときは、ボランティアや友の会など、利用者のみなさんがどのような方法で MieMu の活動に参画していくのかをテーマにしました。十人くらいのグループが五つのテーブルに分かれて座っていて、それぞれのテーマに合わせて議論しているところです。写真で手前に写っているグループでは、メガネをかけた男性学芸員と、その隣に当時の館長も議論に加わっています。「みんなでつくる博物館会議」の面白いところは、参加者だけで話し合うのではなく、主催者側である博物館職員も意見を述べる当事者として議論に加わるところです。主催者と参加者という垣根を超えて、よりいいアイデアを出し合う場なのです。

表1 「みんなでつくる博物館会議」一覧表

年度	会議名（本会議・分科会）	テーマ
2009年度	みんなでつくる博物館会議2009	博物館の概要
2010年度	みんなでつくる博物館会議2010	参加・参画
	（分科会）展示検討ワークショップ　※全2回	展示
	（分科会）ユニバーサルデザイン（UD）についての意見交換会	建築・UD
	（分科会）三重県立博物館サポートスタッフ交流会	参加・参画
2011年度	みんなでつくる博物館会議2011	調査研究
	（分科会）移動展示会場でのテーマ別意見交換会	——
	（分科会）ユニバーサルデザイン（UD）についての意見交換会	建築・UD
	（分科会）三重県立博物館サポートスタッフ交流会	参加・参画
	（分科会）こども会議	調査研究
2012年度	みんなでつくる博物館会議2012	参加・参画
	（分科会）ユニバーサルデザイン（UD）についての意見交換会	建築・UD
	（分科会）三重県立博物館サポートスタッフ全体意見交換会　※全2回	参加・参画
	（分科会）こども会議	博物館の建物
2013年度	みんなでつくる博物館会議2013	博物館の楽しみ方
	（分科会）ユニバーサルデザイン（UD）についての意見交換会	建築・展示・UD
	（分科会）サポスタ発展形に向けた検討会　※全11回	参加・参画
	（分科会）こども会議	保存
2014年度	みんなでつくる博物館会議2014	展示
	（分科会）こども会議	展示
2015年度	みんなでつくる博物館会議2015	——
	（分科会）こども会議	展示

写真1 「みんなでつくる博物館会議」のグループ討論

写真2 「みんなでつくる博物館会議」の全体討論

写真2は、グループ討論のあとにおこなう全体討論のまとめについて、当時の館長が話しているところです。マイクを持って話している背後にホワイトボードが二枚あり、一方には参加者それぞれの意見が書かれた付箋が貼られています。もう一方のボードには、付箋の意見をグループ分けして抽出した意見や、テーマについてまとめています。「みんなでつくる博物館会議」は、何か一つの結論を導き出すことを目的としていません。グループ討論のなかで生まれたさまざまな意見を全体で共有することで、この場に居合わせた者同士が博物館に対してどのような考えをもっているのかを感じ取ることができます。いろいろな意見があることや、自分と違う価値観をもつ人がいることを認識するのは、この会議を通じて学べる大事な要素の一つです。

参加者の状況によっては、要約筆記を依頼したり、「Twitter」で会場での意見交換の様子を実況中継して会場に来ることができなかった方からの意見を集めたりすることもあります。

写真3は、「みんなでつくる博物館会議」の分科会である「こども会議」の様子です。数人の子どもたちが、真っ暗な夜の展示室を懐中電灯だけを頼りに探検しています。

写真3　「こども会議」の様子

私は二〇一二年から「こども会議」を毎年担当しています。「こども会議」では、いきなり話し合いに入るのではなく、博物館という場所がどんなところなのかを学ぶプログラムをおこなったあとに、グループごとや参加者全体で意見交換することにしています。実際の体験として博物館という場について知ったうえで、MieMuを使って子どもたちがどんなことに取り組んでみたいのかを話し合いたいので、このような構成にしています。

「こども会議」で組み合わせるプログラムは、収集・保存、調査研究、展示、教育普及といった博物館がもつ機能について、楽しく学べるように考えています。例えば、収集・保存については、収蔵庫を見学したあとで、収蔵資料をモチーフにした切り絵を自分たちで選び、参加者全員で百年後の展覧会を影絵で作るプログラムをおこないました（写真4）。先述した夜の展示室探検では、いつもと違う展示の見方を試したり、参加者同士で自分が発見したことを話し合ったりすることで、「展示をみる」ことについて考えてもらうきっかけにしたいと考えました。これらは直接展示にさわる鑑賞方法ではありませんが、体験として博物館機能にふれる取り組みだといえます。

表2は、これまで開催してきたなかで出た意見をまとめたものです。例えば展示に関するものだと、アニメなどをテーマにした企画展を開催

してほしいなどの提案や、化石などの本物にさわってみたいという意見もあります。二〇一五年夏におこなった「こども会議」での夜の展示室探検は、以前の「こども会議」で提案があった意見を実験的に取り入れたものです。みなさんから出てきた意見やアイデアを、博物館の活動に取り入れていくことで、誰もがより楽しめる博物館をつくることに挑戦しているのです。

「みんなでつくる博物館会議」と「こども会議」で出た意見は館内で共有され、日常的な運営や事業の改善につ

写真4　博物館機能（保存）について考えるプログラム

表2 「みんなでつくる博物館会議」と「こども会議」で出た意見の一部

子どもが楽しんで学べるよう、展示に触れて、見て、感覚的にわかる博物館になるといい
さまざまなサークル活動を作ってほしい
アニメなどやわらかなテーマの企画展を開催してほしい
学芸員が利用者と一緒に調査するなど、博物館を身近に感じられるようにしてほしい
三重県にこだわった博物館にしてほしい
誰もが楽しめるよう、さまざまな立場の人が参画しながら、日々の声に応えてほしい
本物にさわってみたい
世代間で交流できるみんなのたまり場にしてほしい
展示してある三重の食べ物を作って食べてみたい
夜の博物館を探検してみたい

なげています。表2のなかでいくつか実現できたこともありますが、まだこれから取り組んでいきたいことがたくさんあります。

「みんなでつくる博物館会議」は、年一回の開催ですが、博物館という場がどういうものなのかを考えて、みんなで話し合うことはとても貴重な機会だと思っています。

4　誰もが楽しめる博物館を目指して

博物館は、誰のための場所でしょうか。博物館がどんな場所かを考えるとき、そこには必ず利用者のみなさんの姿があります。考えるときの切り口は、例えば年齢だったり、歴史や化石など興味をもつ対象だったりとさまざまです。さわる展示を考えるとき、「目で見る文化」と「手でさわる文化」という異文化の視点も、そうした切り口の一つになりうるのではないでしょうか。

さわる展示、つまり展示資料に直接手を触れる展示手法は、触察展示に分類されます。触察展示は、視覚に障害をもつ方が、展示資料の情報にアクセスする際の障壁を取り除く、というバリアフリーの視点から始まったものです。しかし、視覚以外の感覚を使って展示を楽しむことは、視覚を使う人にとっても有用だといわれています。さわる展示と近似した展示手法として、体験展示やハンズ・オン、参加型展示などが挙げられます。体験展示とは、利用者が視覚だけでなく、それ以外の聴覚・触覚・嗅覚・味覚など五感を使って情報を得ることができる展示です。いずれも展示されている資料に対して利用者がより積極的に関わり、学習を深めることを意図した手法であり、ユニバーサル・ミュージアムの概念を実践する有効な展示手法だといえるでしょう。

このように、展示に対して積極的に関わるいくつかの手法があるなかで、なぜ「さわる展示」が誰もが楽しめる博物館であるユニバーサル・ミュージアムを目指す手段として特に取り上げられるのでしょうか。それは、

「さわる展示」はさわることによって生まれる「じっくりと考えを深めるための時間」と、博物館での学習の本質ともいえる「発見する知的な喜び」という二つの要素を併せ持つからではないでしょうか。手で展示を鑑賞するには、目で見るときよりも時間がかかります。その時間のなかでは、不思議だと思ったことへの手がかりをつかんだり、そこから新しい疑問が生まれたりと、絶えずさまざまな考えをはたらかせることになります。その体験は、「手でさわる文化」に親しんでいる人に限らず、普段は「目で見る文化」に慣れている人にとっても、楽しい時間になるでしょう。

人が学ぶときの最も大きい原動力になるのは、「楽しい」という感情です。さわる展示は、誰もが楽しいと感じて、やってみたくなる可能性を秘めています。さわる展示は、視覚に障害をもっている方への特別の対応ではなく、一人ひとりが異なる価値観をもっているみなさんにとって、有意義なものだといえるでしょう。人それぞれの学び方を考えてみると、百人いれば百通りの学び方があることに気づきます。さまざまな人の学び方の文化という視点に立ってみると、さわる展示の可能性や、誰もが楽しめる博物館の展示とはどのようなものなのか、何か新たな「手ざわり」に気づくことができるのではないでしょうか。

第7章　触察による疱瘡絵の理解

——立体コピーを活用した移動展示の試み

寺岡茂樹

はじめに

立体コピーを活用した移動展示をおこなったきっかけは、ユニバーサル・ミュージアム研究会（以下、ＵＭ研と略記）の代表である広瀬浩二郎さんがシカゴ大学に客員研究員として二〇一三年八月から一四年三月まで留学する間、日本に残されたＵＭ研の京都在住メンバーが中心になって、ユニバーサル・ミュージアム研究を深めるために実践展示を企画したのが始まりです。

展示の目的は、障害の有無に関係なく誰もが楽しく利用できるユニバーサル・ミュージアムの実験展示を京都でおこなって、その内容や手法をさまざまな立場の人々に問いかけることでした。

展示の内容は、ＵＭ研本体でおこなう触察の対象が縄文時代や弥生時代のものを中心にしているため、それらの時代以外のもので挑戦することを決めました。そして、話し合いの結果、一回目となる京都ＵＭ研の展示のテーマを疱瘡絵という一枚の浮世絵にすることに決めました。

1　子どもを守る疱瘡絵

日本では八世紀から二十世紀にかけて、天然痘という病気が定期的に流行していました。特に江戸時代は、天然痘が猛威を振るい、たくさんの子どもたちの命を奪いました。疱瘡絵は、この恐ろしい病気から子どもたちを救うための守り絵でした。しかし、二十世紀に入り、種痘が日本に浸透して天然痘の脅威がしだいに薄れていくと、疱瘡絵の存在も知られなくなってしまいました。

疱瘡絵は、薬を買えない貧しい人たちが、天然痘にかかったわが子に回復を願って買い与えた薬のような浮世絵です。この浮世絵には、病気の苦痛を少しでも和らげてやりたいという、小さく弱い者たちへの思いやりの気持ちが込められています。さらに、疱瘡絵にはユーモアも盛り込まれていて、この絵を見て笑うことで病気を軽くしようという思いも込められています。つまり、疱瘡絵からは、たとえ困難な状況におかれても、それを受け入れて笑うことで、前向きに、したたかに生きようとする日本人の精神的な一面を垣間見ることができます。

疱瘡絵のなかには、天然痘に対して効力があると信じられていたものたちが描かれています。これを病気にかかった子どもに渡すことで、天然痘の症状が和らいだり天然痘から身を守ったりできると考えられていました。

疱瘡絵は浮世絵ですが、基本的に多くの色を使用する浮世絵に対して、疱瘡絵は濃淡がある赤一色で刷られています。そのため、疱瘡絵は別名「紅刷絵」ともいいます。とにかく赤一色、赤の濃淡を使って刷り上げるというちょっと変わった浮世絵です。なぜ赤色を使うのかというと、江戸時代を通して赤色が天然痘に対して効力がある色と考えられていたからです。その理由はさまざまですが、一説には天然痘を司る疱瘡神が赤色を大嫌いだから赤色で刷られるようになったといいます。

疱瘡絵に描かれているモチーフといえば、まず背中に日本一という旗を立てて犬にきび団子を渡している武者があります（図1）。誰もが知っている昔話のヒーロー桃太郎ですね。

鬼退治をする桃太郎は、現代の子どもたちのヒーローである仮面ライダーやウルトラマンと同じで、江戸時代の子どもたちのヒーローです。天然痘を桃太郎が退治する鬼に例えて、病気を退治してくれるヒーローというわけです。

図1　桃太郎の疱瘡絵

図2　ミミズクとだるまの疱瘡絵

図2は人間ではなく、だるまとミミズクが描かれています。だるまは別名「起き上がりこぼし」と呼ばれます。つまり、この絵柄には病気で臥せている人が病気から回復して起き上がれるようにという願いが込められています。また、だるまは赤色一色でとても縁起がいい人形だということで、天然痘にかかった子どもたちにはだるまの人形が贈られていました。

だるまの横には、大きな耳とくちばしをもち大きな目を見開いたミミズクの人形が描かれています。ミミズクの人形も、天然痘にかかった子どもたちによく贈られていました。ミミズクはフクロウの一種です。フクロウは「不苦労」と書き換えることもできるので、すごく縁起がいい動物なのです。

疱瘡絵のミミズクは大きな目を見開いています。これにも意味があります。天然痘にかかってしまうとかなりの確率で失明してしまうので、それを防ぐという意味で、暗闇でも目を見開いて獲物を取るミミズクは病気に対して縁起がいいのです。

疱瘡絵には、病気の症状を軽くする呪文の歌が必ず書かれています。例えばミミズクとだるまの疱瘡絵の上には、「さて軽し。疱瘡二つ三つの朝」という歌が書かれています。天然痘の症状が重くなってしまうと、寝たきりになったり命を落としたり、あるいは失明したりします。「なるべく軽い症状ですむようにできたらいいな」という意味を込めて、この歌を読みながら天然痘と闘っていったわけです。

桃太郎の疱瘡絵の上には、「疱瘡は日本一のきび団子。お礼参りのお供申さん」と、「いまから天然痘を倒しにいくぞ」という意気込みが歌に詠まれています。桃太郎の疱瘡絵には犬が描かれていますが、これも「天然痘が逃げ出す」という意味を込めて「犬」と「去ぬ」をかけています。

種痘がない時代、天然痘にかかった子どもたちが悲観せず楽しめるようにして病気を治そうとする親の気持ちが込められたものが、疱瘡絵なのです。

2 展示方法を考えるがお金がない!

さて、展示物を疱瘡絵と決めたあと、京都UM研では六つの展示方法を提案しました。①真っ暗な展示室と通常光の展示室を同じ内容で作成し、来館者には両方に入ってもらい、その意見を比較・検討する、②凹凸のある絵を、立体人形、アナウンス、展示などで伝える、③江戸時代の街の雰囲気をBGMで流すなど音声ガイドを使用する、④展覧会中に疱瘡絵の世界観を実感できるワークショップをおこなう、⑤疱瘡絵を数枚展示するのではなく一点に絞り、それを中心に疱瘡絵の世界観を説明する、⑥江戸時代の民家のなかのような展示室を作る——以上の六つです。

このうち、①と③の方法は費用的な問題から除外し、②④⑤⑥の方法を中心にして展示を試みることにしました。

展示の方法を決めたあと、展示のために必要な資金集めをおこないました。一回の展示をおこなうために必要な費用の見積もりをしたところ、最低でも五十万円以上かかるとわかりました。全額を京都ＵＭ研でまかなうのは不可能でしたので、足りない予算は助成金を申請しようということになりました。

展示費用は二〇一三年十二月から一四年五月の約半年間かけて集めることにしました。まず、京都ロータリークラブに相談にいきましたが、年度予算執行後のため助成金の申請ができませんでした。次にスティービー・ワンダーに助成金を申請してみようと試みましたが、展覧会までにコンタクトが取れずこの案も挫折しました。最後に試みたのは、クラウドファンディングでした。クラウドファンディングとは、インターネットを介して不特定多数の個人から資金を集めることです。京都ＵＭ研のメンバーで一級建築士の瀬尾真司さんが音頭をとり、ネット上で展示資金を集め始めました。われわれが設定した展示費用の総額は五十万円でしたが、このクラウドファンディングでたくさんの方々に支援していただき、展示期間中に目標金額を達成することができました。

3　試行錯誤から始まる展示品作り

第一回京都ＵＭ研の展示品については、二〇一三年十一月から一四年四月にかけて作成をおこないました。展示物を製作するにあたり、京都ＵＭ研で出た案をまとめると次の三つになります。①京都ＵＭ研のメンバーが各自で展示物を作成できそうなところは連携しながら担当する、②展示物は盲学校の生徒や視覚障害者の方の意見を取り入れながら作成する、③展示物として使えそうなものを骨董市などで収集する――以上の三つの案を軸にしながら展示物の製作は始まりました。

疱瘡絵のレプリカは、東映京都撮影所で時代劇やテレビドラマの美術を担当している絵師の諫山恵実さんが中心になって作成してくださいました。諫山さんが最初に試作品として作成したのは、カッティングシート三層（下地→ツヤありベタ張り＋絵→ツヤ消しで二層）で作成したミミズクの疱瘡絵（歌川国芳筆）でした（写真１）。こ

写真1　カッティングシートで作成した疱瘡絵

の疱瘡絵に、青森県立盲学校のみなさんが京都に修学旅行に来たときにさわってもらい意見をいただきました。以下がその意見の一部です（◎：全盲の方、□：弱視の方）。

◎凹凸が二倍（それぞれのレイヤー×2の厚さ）だともっとよさそう。

◎情報量が多いので、細かいところまで伝えようとするなら二倍くらいの大きさがあったほうが伝わりやすい（ただし、面積が大きくなることによって全体像の把握のしにくさが個人差で生じる可能性もある）。

◎絵の内容を伝えるためのレイヤー分けの試みはわかりやすくてよかった。

◎線の細かいところをもう少しだけ太めにしてみるとよさそう。

□下地のツヤありのカッティングシートの部分がハレーションを起こし、把握しづらい。下地と絵の部分の材質を反転させるとよさそう（下地→ツヤ消し／絵→ツヤあり）。

また、このときの意見交換の場で、青森県立盲学校の増子正さんから立体コピーという存在を教わりました。立体コピーは、立体的に表現したい絵をカプセルペーパーという特殊な紙に模写し、それを専用の現像機に通して熱を加えると、黒で印刷した部分がふくれ上がり立体的に表現できるというものです。この方法を利用すれば地図やグラフといった図形を触図できるようになります。

立体コピーの情報をもらってから諫山さんにミミズクの疱瘡絵の模写を依頼し、模写から立体コピーを製作しました。そして、立体コピー版のミミズクの疱瘡絵を、視覚障害者施設の点字製作部門で点字のデータ修正や点訳ボランティアの相談・指導をしている視覚障害者（全盲）の小原二三夫さん、京都府立盲学校の生徒のみなさん、全盲のアーティストの光島貴之さんに触察してもらい感想を聞きました。

このときは、カッティングシート版のミミズクの疱瘡絵と、立体コピー版のミミズクの疱瘡絵を比較しながら触察してもらいました。その結果、カッティングシート版の疱瘡絵については、触察中に指が絵の角に引っかかって情報にノイズが入り把握しづらい、情報が細かいところは触察しにくいので理解するのは難しい、といった意見が出ましたが、立体コピー版の疱瘡絵については、疱瘡絵の各パーツ部分を拡大でき、なおかつ、指が絵に引っかかることなく触察できて、情報を理解しやすいという意見をもらいました。また、製作側の立場としても原画を立体コピー機にかければいつでも簡単に触察するための絵が作成できる利点があったため、展示品の疱瘡絵は立体コピーで作成することにしました。

4　一難去ってまた一難、模写の許可が下りない

二〇一三年八月からテーマを決め、費用集め、製作と進んできました。そして、計画開始から二カ月ほどたったころ、疱瘡絵の模写の許可を得るために、疱瘡絵を保管している日本国内の博物館数カ所と交渉を始めました。ですが、教育のためとはいえ、博物館に著作権や所有権があることから許可が下りず、日本国内にある疱瘡絵を模写することはあきらめざるをえませんでした。しかし、疱瘡絵は日本国内の博物館だけにあるわけではありません。そこで、海外の博物館に目を向けた結果、ハーバード美術館から教育のためなら模写してもいいという許可が下りたので、ハーバード美術館所蔵の疱瘡絵を使用して製作を開始しました。

5　広報活動はコツコツと

さて、広報活動は二〇一三年十二月から一四年四月の間におこないました。主な広報活動は次の三つです。一つ目はイベントでの広報、二つ目は「Facebook」や「Twitter」といったSNSを利用した広報、三つ目はハガキやポスター、名刺などによる広報です。広報をおこなったイベントは「ペチャクチャナイト」というものです。このイベントは一人二十枚のスライドを二十秒ずつ合計四百秒で、プレゼンテーションをおこないます。イベント当日は、百人以上の観客が来ていました。京都UM研の瀬尾さんにプレゼンターになってもらい、四百秒間の間に、第一回京都UM研のメンバー構成と展示会の内容、そして、クラウドファンディングへの支援を呼びかけてもらいました(写真2)。SNSでの広報では、研究会での様子や展示品の準備、ユニバーサル・ミュージアムに関する情報などを定期的に記事にして掲載しました。ハガキなどによる広報では、広告デザイナーである森下和真さん作成の展示会用のハガキやポスターを関連施設に送付し、また京都UM研の活動を記載した名刺を作成して、とにかく新しい出会いがあれば名刺交換をおこないました。

写真2　ペチャクチャナイトでのプレゼンの様子

6　実践展示の幕開け

第一回京都ユニバーサル・ミュージアム「触る学ぶ展覧会――子供を護る守り紙」展は、二〇一四年四月二十六日から五月五日まで開催されました。開館時間は十三時から十九時三十分。開催場所は京都市内の「3F PROJECTROOM」というギャラリーでした。

　展示品の設置方法を説明しましょう。まず、展示室中央にアイランド展示を設置し（写真3）、江戸時代の疱瘡感染者の病室を再現しています。そして、展示室には反時計回りに右から左に回るように順路を設定して展示品を設置しました。展示品としては展示室の右側に九点の資料、展示室の左側に七点の資料を設置してあります。展示品の説明方法にも工夫をこらしました。まず、天然痘の死亡率と感染率を表現するために円グラフを作成し、それに色と段差をつけることで、視覚だけでなく触察しても割合が理解できるようにしました。疱瘡絵は立体コピーで作成してあります。立体コピー版疱瘡絵では一枚の疱瘡絵を分割して、疱瘡絵に描かれているキャ

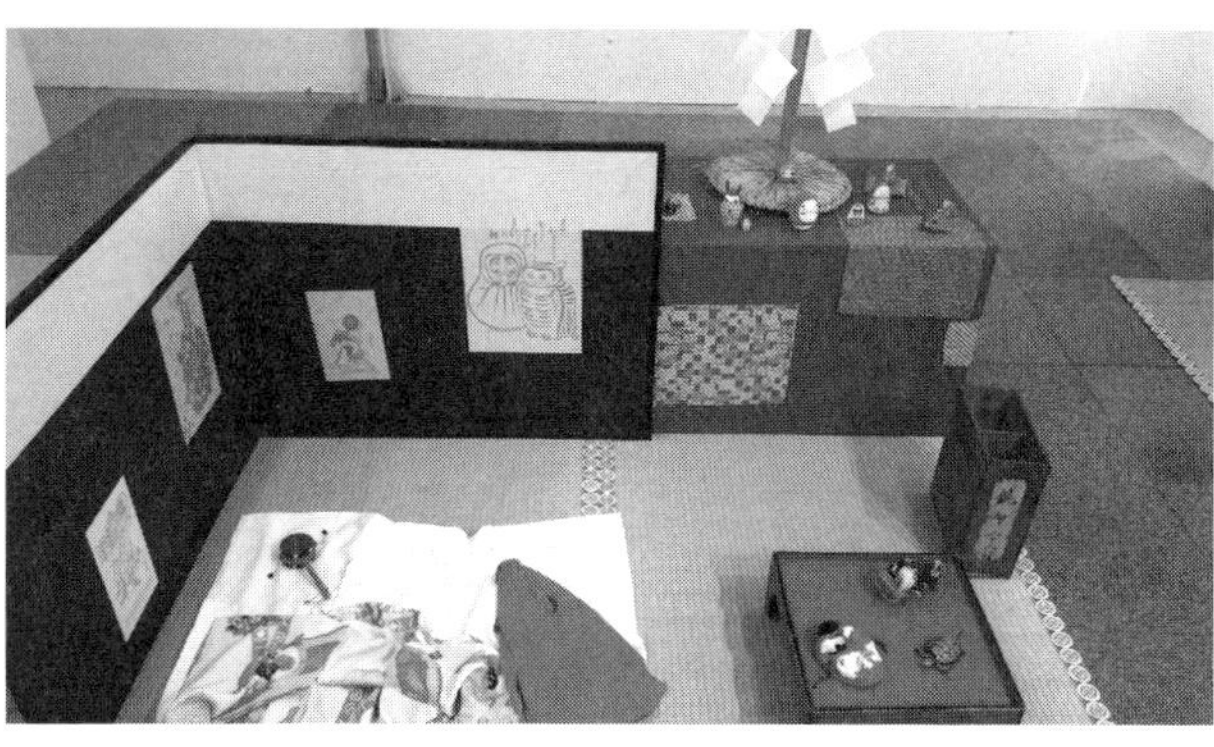

写真3　アイランド展示

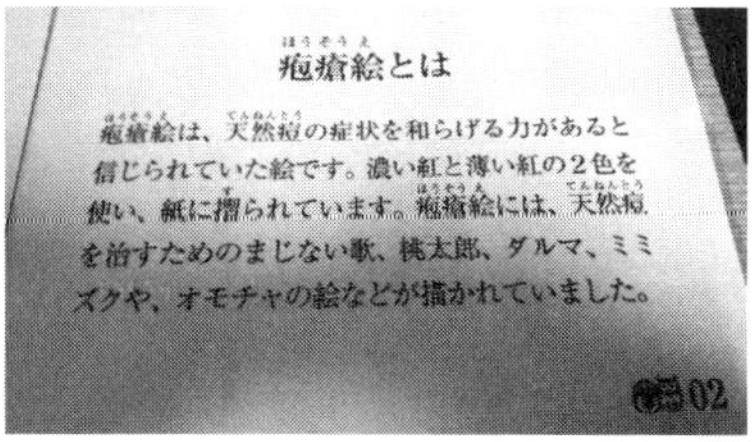

疱瘡絵とは

疱瘡絵は、天然痘の症状を和らげる力があると信じられていた絵です。濃い紅と薄い紅の2色を使い、紙に摺られています。疱瘡絵には、天然痘を治すためのまじない歌、桃太郎、ダルマ、ミミズクや、オモチャの絵などが描かれていました。

写真4　ラミネート加工を施した点字キャプション

ラクターの目や顔といったパーツを拡大したものを触察できるようにしました。展示品のキャプションとして、劣化防止のためラミネート加工を施した点字で作成しました（写真4）。これは京都ライトハウスで作成したものです。また、説明は墨字と点字の説明ボードを作成し、弱視の方でもわかるように工夫しました。

そして、展示品をただ触察してもらうだけでは疱瘡絵の世界観を理解することは難しいため、展示期間中は疱瘡絵の専門家が来場者と一緒に移動して展示品を説明しました（写真5）。

関連イベントもおこないました。まず四月二十六日・二十七日・二十九日の三日間はギャラリートークをおこなっています。このギャラリートークでは、視覚障害者と晴眼者が輪になり、専門家の説明を聞きながら展示品

写真5　来場者に展示品を説明する様子

写真6　ギャラリートークの様子

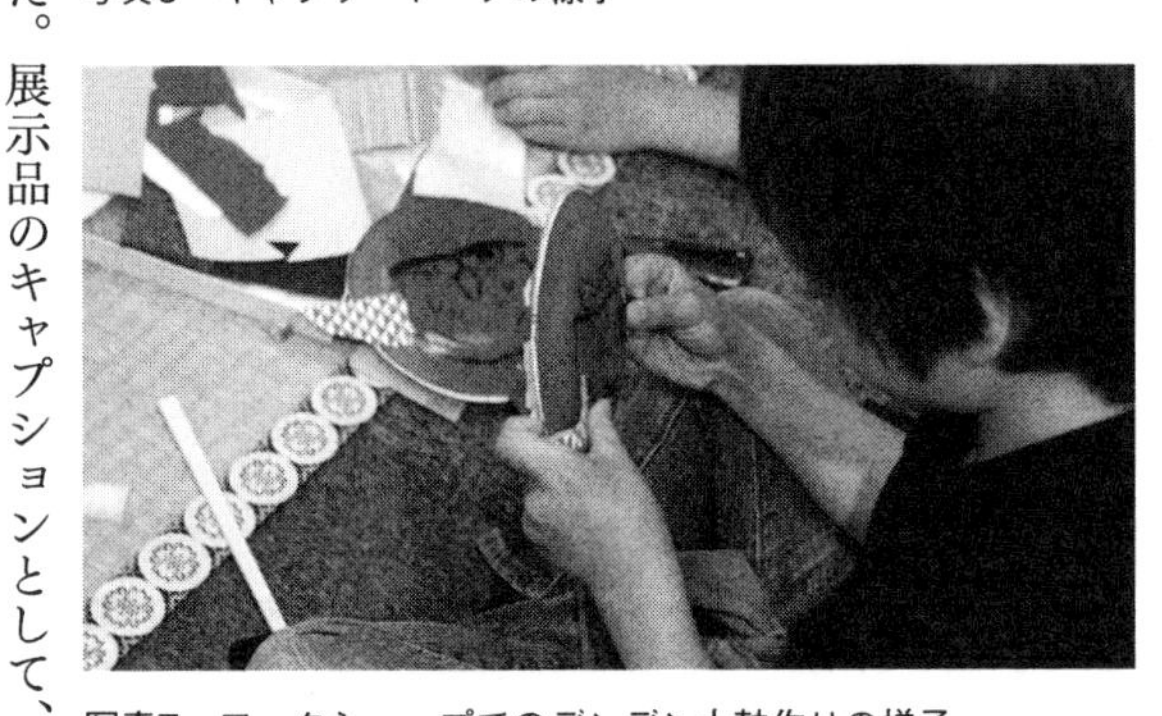

写真7　ワークショップでのデンデン太鼓作りの様子

を手に取って鑑賞する方法をとりました（写真６）。五月三日には大谷大学名誉教授の沙加戸弘さんによる講演「文学に見る疱瘡」をおこないました。また、五月四日・五日には歴史復元イラストレーターの安芸早穂子さんと京都造形芸術大学博士課程の小野塚佳代さんとで、来場した子どもたちと一緒に、江戸時代の天然痘患者への見舞品だったデンデン太鼓を作るワークショップをおこないました（写真７）。

7　実践展示を終えて

第一回京都ユニバーサル・ミュージアム展では来場者全員からアンケートをとりました。

合計来場者数は百五十一人、その内訳は晴眼者の大人は百三十一人、子どもは十三人、視覚障害者の大人七人です。「疱瘡絵の世界に興味がわきましたか」という問いに対しては、「はい」は七九パーセント、「いいえ」は一七パーセント、「無記入」は四パーセントでした。「鑑賞を終えていちばん印象に残ったものはなんですか」という問いに対しては、「ミミズクの扱い」「アイランド展示から情景が浮かびやすい」「実際にさわって展示物を鑑賞できるので、天然痘を身近に感じることができた」「神さまのかわいい顔の描き方」といった感想がありました。次に立体コピーを利用したことに関しては、「浮き出しの高さが高いのでわかりやすかったが、細かいところはわかりづらかったので、そこはもう少し低くてもいいのでは」という意見や、「説明を受ければよくわかりました」といった意見、そのほかには「本のようにたくさん絵が描かれているとわかりにくい」という意見もありました。

学芸員による展示説明に関しては、「ひと通り見たあとにもう一度見たいものがある場合、学芸員と一緒だと気を使うことがある」「日本文化を紹介する場合は反時計回りで回るほうがいい」「説明があったのであまりさわっていない」という声もありました。

立体コピーはユニバーサル・ミュージアム展示には便利な技術です。複雑な図案を展示する場合には、うまく加工することでより触察に適したものになります。われわれの今回の展示では、来場者数は百五十人と非常に少なく、視覚障害者の来場者数も全体の来場者の割合からみると非常に少ない結果になりました。これは広報がうまく機能していなかったためかもしれません。ユニバーサル・ミュージアムの考えが多くの方に浸透していくためには展示品をもって巡回し宣伝していくという方法をとることも必要なのかもしれません。また、来場者からは、展覧会を終えて自宅に帰ったあとに展示内容が反芻できるように企画書や図録といった冊子の作成をしてほしいという意見もありました。

8　次のユニバーサル・ミュージアムへ

私たちがおこなったユニバーサル・ミュージアムの実践展示でいちばん伝えたかったことは、「不治の病と向き合う日本人のしたたかさ」でした。昔は天然痘に罹患し、苦しんでいた人が大勢いました。その病気に打ち勝つために疱瘡絵というユニークな絵を作り、天然痘に打ち勝とうと病気に挑んでいく日本人のしたたかさを、実践展示で来場者に伝えていきたかったのです。

今回の来場者数は百五十人でしたが、そのうちの多くが疱瘡絵に興味をもってくれました。立体コピーを通して疱瘡絵にさわったことで新しい日本の文化を知ることができたと言ってもらえたので、やってよかったと私は思います。

今後、私たちが実践展示をやっていくうえで抱えている課題を挙げるとすれば、展示物が容易に作成できないという点です。これがいちばん問題です。疱瘡絵にしても日本国内には数枚しか残っていません。そういったものを模写させてください、あるいは立体コピーさせてくださいと依頼した場合、博物館側は難色を示しやすいのが実情です。これは保存する役目を担う博物館側からすると当然のことです。それに、模写の展示品を作ったあと、製作した展示品は博物館に所有権があるのか、それとも製作者に所有権があるのか、という課題が出てきます。京都ＵＭ研は民間団体であることもあって、博物館に所属していない団体が博物館に所蔵しているものを模写する、あるいは使用するとなった場合に、すごくバリアがあるなと感じました。

京都ＵＭ研の活動基盤は京都市内なので、今後、京都文化を触察で伝えていきたいと思っています。京都は寺が多く、住職のなかには、寺をただ単に葬式の場所にしたくないと考えている方がたくさんいます。寺を一般開放したり、寺にある宝物や仏像などを展示したりして、寺のあり方を変えていこうとしている方々もいます。そういう活動をしている住職たちと連携して、京都ならではの寺の文化や宗教の思想を、ユニバーサル・ミュージアム化したら楽しいのではないかと考えています。

しかし、３Ｄプリンターで仏像を作ろうとすると、難色を示した住職もいましたし、製作したあとのその仏像は誰が所有するのかという問題も出てくると思います。そのあたりの課題を解決していき、今後の展示活動を発展させたいと思っています。

第8章　実物をさわる体験
――来館者の思いとその表現

藤村　俊

美濃加茂市民ミュージアムは、人口五万人ほどの小さな街の市立博物館です。分野としては、歴史、考古、民俗、自然、美術があり、総合博物館として活動しています。

私は考古学担当ですので、本章では発掘された出土品、いわゆる土器や石器といった考古資料をさわってみる活動について紹介します。当館は、森のなかに建った博物館ですが、その森は旧石器時代から中世まで断続的に続く尾崎遺跡です。敷地内の森を歩いてみると、古墳時代に生きた人々の竪穴住居跡や当時使われていた土器片などを見つけられます。

みなさんが歴史系の博物館で出合う土器などの考古資料といえば、遺跡からの出土品がガラスケースに収められているか、露出展示されていても展示品との距離を感じられる場合が多いでしょう。そしてそれらの土器はおおむね、全体の形がわかるように復元・補修されていることでしょう。

しかしながら、遺跡を発掘調査するときに発見される出土品の大半は、手のひらに収まるほどの小さな破片です。土のなかから採集された膨大な量の破片を丹念に整理し接合していくことで、ようやく形がわかる土器に復元できるのです。

これまでユニバーサル・ミュージアム研究会の活動に参加するなかで、さまざまな場所で、さまざまなモノを、さまざまな人々と一緒にさわる体験をしました。そのことによって、体験の広がり・深まりがあり、モノやヒトから刺激・触発される場面が多かったことがとても印象に残っています。そのような経験を生かして、当館で何かプログラムを企画したいと思ったのが、この活動の出発点でした。

以下、次の三つについて述べていきます。第一点として、博物館での「さわる体験」によって、どのようなもの（コト）が醸成されてくるのかを報告します。第二点としては、当館で開催された二つの展覧会で設営した、「歴史にさわる」というコーナーの事例を紹介します。第三点は、そのコーナーで、来館者が、遺跡からの出土品をできるだけ自由にさわったことによって生じたさまざまな思いが、率直に表現されることになりました。その中身や意味するところについて、「モノとの対話」ということを意識しながら、考察します。

１　実物をさわる

「さわる体験」について、私は、次の三点のことを考えています。

まず、「モノを体で捉える」ということ。その場合、自分のペースで、ゆっくりと確かめながら捉えられればいいと思います。そのときに得られた身体的感覚や刺激は、あくまで個人的・主観的なものといえるでしょう。

そして、「モノから思いを馳せる」ということ、そして「思いを表現する」ということ。自分が抱いた思いを表現することは、まだあいまいだった印象やイメージに、はっきりした形を与えることになります。それは自身の新たな気づきであったり、個人的にすぎなかった刺激や思いを、ほかの人々と互いに持ち寄ったりすることができるようになることです。それは、私たち一人ひとりがもつ多様な価値観に気づく機会になるかもしれません。

私は、以前別のシンポジウムに参加したときに、一点目と、次に挙げる三点目について、重点的に考える機会があったので、今回は、特にこの二点目に重きをおいて考察します。

三点目は、「モノを介してヒトとつながる」ということ。モノとヒト、ヒトとヒトが対等に関わり合うこと、それを「優しい関係」と捉えておきます。

いままでにも、「さわる体験」を通じて、来館者のなかにさまざまなものが醸成され、蓄積されていくということが、博物館学の研究で指摘されてきました。

それは、楽しさ、驚き、感動、好奇心、想像力、創造性、知的欲求の高まりであり、強烈な事実認識や視野の拡大、専門的な知識の深まりがあり、また落ち着いた時間や「間（ま）」を得ること、モノに対する親和感や親密さを感じること、モノやヒトに対する敬意や敬愛です。それらを博物館で得たことで、来館者は次の行動に至るのです。

2　歴史にさわる

私は二〇一三年と一四年に考古学系の展覧会を担当することになり、「歴史にさわるⅠ」「歴史にさわるⅡ」と題したコーナーをそれぞれ設営しました。

「歴史にさわるⅠ」は、美濃加茂市の遺跡から出土した縄文土器、弥生土器、古墳時代の須恵器を自由にさわることができるコーナーです。それらの土器は、バラバラの破片になって地中から発見されたものですが、接合・修復することで、全体の形がわかるようになりました。ここでは、復元されたものをさわります。

「歴史にさわるⅡ」は、破片そのものをさわります。

二つのコーナーでは、大人や子ども、晴眼者や視覚障害者が一人で、あるいは誰かと一緒になって、本物の土器をさわっています。来館者は、指先や手のひらを使って優しく、ゆっくりと、持ち上げたりひっくり返したりすることで、土器の裏も表も、すべての方向から確かめています。

写真1の長机は縦〇・六メートル×横一・八メートルです。「歴史にさわるⅡ」では、この場所で破片に触れてもらうのです。机上には、縦六センチ×横八センチの長方形の付箋と筆記具が置かれています。机の中央には、さまざまな時代、種類の土器や石器の破片約三百点が、山積みになっています。これらの破片の出土地は美濃加茂市内と思われますが、細かに特定できないものです。縄文土器、弥生土器、須恵器、土師器、山茶碗、施釉陶器、無釉陶器、打製石斧の実物破片であり、時代は、縄文、弥生、古墳、奈良、中世、近世、近代に及んでいます。それぞれは、大きくても縦十センチ×横十センチ、小さいもので縦三センチ×横三センチ程度のサイズでした。これらの土器が製作され、使用されていた当時は、両手でようやく抱えられるほどの大きさのものもあったはずです。

写真1　歴史にさわる

この机には、いくつかの付箋が貼られています。付箋には、破片をさわるときのマナーである「優しく」「ゆっくり」「指先で」「手のひらで」「両手で」と書いておきました。またほかの付箋に、「さわったときの印象や感動」「見つけたこと」「思い付いたこと」を「自由に書いてください」と記しました。

山積みになった破片から、数人が一つひとつを自由に選び、手に取って確かめています。ここでは、何人かが立ったままでも座った状態でも活動できるように配慮しました。また、一人の小学校高学年の男子児童は、いろいろな破片を取り出したあと、それぞれを付箋の上に載せて何かを書き込んでいました。

このような活動の痕跡が会場に残され、蓄積していきます（写真2）。当初、二台だった机は、会期が進むにつれて増えていくことになりました。二回開かれた展覧会を通じて残された付箋と破片のセットは、合計二百十件を数えることになりました。会場の様子を見ていますと、参加者の世代内訳は、大人二〇パーセントから三〇パーセント、子ども七〇パーセントから八〇パーセント程度と推定され、一人、二人から五人、親子で取り組む姿が見られました。

付箋には、山積みになった多量の破片のなかから参加者が発見した「一点」だけ、あるいは「数点を一括」して載せられ、一語あるいは一文とともに、イラストなどが書き添えられていました。

写真2　破片と付箋の記録

3　思いとその表現

破片と付箋に記載された内容やその表現方法は、参加者に関して実に多くのことを物語っているように思われます。

それらを大きく四つに分類・整理しておくことにします。第一群は、参加者の「感覚」的な内容が示されているもの。第二群として、参加者がさまざまに「思考」する姿を示すもの。第三群は、参加者が特に「発見」と捉えたもの。そして第四群は、参加者が他者である誰かに伝えようとする「メッセージ」が込められているもの、です。

例えば第一群の「感覚」の場合は、「ざらざら」「つるつる」「キラキラ」「ピカピカ」「茶色」「黒」「白」「さんかく」「ひらべったい」「長い」「ほそすぎる」など、参加者は、破片をさわってみたことで自身の内面に視覚や触覚を通じていろいろな言葉が生まれ、それを付箋に書き込んだようです。

第二群の「思考」では、驚き、疑問、見立て・連想といったものが見られます。参加者がさわっているものは、まぎれもなく地中からの出土品であり、このコーナーは考古学に関する展示なのですが、「サメのきば」「ナイフ」「ハンバーグ」「焼き肉」「カステラ」「クッキー」「ピザ」「しじみ」などといった言葉で、参加者の自由な思いが表されることになりました。これらの付箋に記載された内容と参加者によって置かれた破片をじっくりと観察し、比較してみると、私自身なるほどと思わされるものばかりで驚きました。実物の色調や胎土から印象づけられる質感、破片そのものの形状や厚みなどから得られた情報が、参加者なりの言葉で捉えられているように感じられたのです。

また第三群の「発見」は、いわゆる考古学的な知見に関する内容です。文様、調整といわれるような土器製作者による痕跡、土器の種類、器形などが挙げられます。第四群については、のちに紹介します。

4　感覚

例えば、九枚の付箋とそれぞれに置かれた破片には、「つるつる！＋（イラスト）」「スーパー ツルツル かっこいい」「つるつるです。ぜひみてね。」「もちみたい さわっていいよ」「さわれ するする」「サラサラしてきもちいい＋←」「チョークさわってるみたい＋←」と書き込まれています。そこに置かれた破片は、上薬をかけて焼成された施釉陶器、均質な胎土で硬く焼き締まった土器、器表面の摩耗や風化が進んでしまった土器片などでした。これらの質感は、たしかにつるつるしたものが多く、滑らかな印象をもつものといえそうです。

また一枚の付箋に「質感」「重量」「形」など、複数の内容が書き込まれているものもありました。例えば、折損した打製石斧も置いてあったのですが、本来の六〇パーセントから七〇パーセントしか残っていない状態でした。そこには「おおき〜い おもたいよ〜 長いよ」と書かれていて、机上にある多くの土器破片と比べてみて、大きな差異のあることに気づきます。また「大きいのに かるーい すごっ＋（イラスト）」は、比較的大きな土器片一点とともに、「重いのと軽いのがある!! どっちかな？」は、二点の破片とともに机上に残されていました。

また「質感」「形」に関して「形が全部、ちがっていて、手ざわりがちがう。」というものがありました。このような感想を記入するためには、三百点を超える山積みの破片を一つひとつ丁寧にさわり比べていく過程が必要となるでしょう。積極的に取り組んだ参加者による活動の成果ともいえそうです。

次の付箋は、「な、なんということじゃ！ さらさらしてる。」というものです。先に挙げた「感覚」である「質感」に対するものだけでなく、「思考」の結果の「驚き」が含まれていることから、四つの類型が重なり合う場合もあることを示しています。特に後者では、黒字で大きく強調された、崩れんばかりの迫力ある字で書かれていました。文字内容ばかりでなく、文字の色・書体・大きさへのこだわり、矢印や記号、イラストなどといったさまざまな表現方法も貴重な情報として、参加者の心の内を推し量るための手がかりとなりそうです。

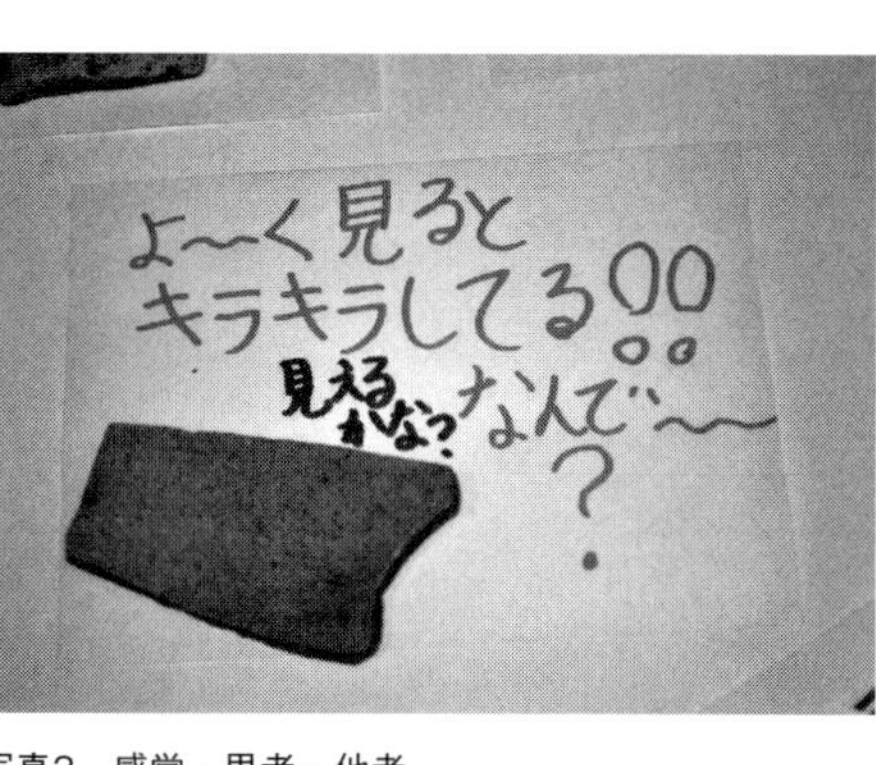

写真3　感覚・思考・他者

次は、「よ〜く見ると キラキラしてる!! なんで〜？ 見えるかな？」（写真3）です。置かれていた土器は、中世後期の山茶碗でした。製品の焼成時に窯内で自然釉が降りかかることもあるため、光沢したように見える場合があります。この土器の器表面にはその残滓がわずかに残っていたことを、参加者は気づいたのかもしれません。またここでは、「感覚」の「色調」、「思考」の「疑問」に関することが赤字で、「見えるかな？」という「他者」への問いかけの言葉が緑字で書かれています。記載内容が明確に色分けされていることから、参加者自身の、気づいたことを誰かに伝えたいという意図が感じられます。

5　思考

付箋には、「見立て」「連想」に位置づけられるものも多くありました。折損した打製石斧について、「しんかんせんみたい」とあります。もともと細長い形状だった石器でしたが、破片は、台形に近い四角形となっていて、特に左辺が斜めに傾いています。ちょうど新幹線の先頭車両をイラストにすると、このような形状といえるかもしれません。このことから、付箋に対する破片の位置や「置き方」にも注目する必要があるようです。

次の付箋には「つのみたい」という五文字だけが書き残されていました。置かれていたのは、山茶碗です。山茶碗は、縄文土器や弥生土器に比べ、硬質な焼き物といえます。そのため破片の割れ口がとても鋭くなったり、尖ったような形になったりすることが多く、ガラス製品が割れたときのような状態になります。この破片の形状は、おおむね細長い二等辺三角形でした。ここでは鋭角になった頂点が左に四五度ほど傾けて置かれています。この参加者は、山茶碗の硬質で鋭さをもつ破片の「質感」や「形状」、灰白色の「色調」に注目したうえで、「置き方」にもこだわりがあったのではないかと私は考えています。この方は観察・触察・行為の結果をふまえて、土器破片をサイなどの動物の角として見立て・連想していたように思われるのです。

ほかには、須恵器と付箋「「スイカみたい。」と娘が言いました。」という組み合わせもありました。須恵器破片は、外面側が向けられていて、全面にびっしりと施された格子目状のタタキ痕跡が文様のように見られます。おそらくこのタタキ痕跡から、見立て・連想された言葉が「スイカ」になったと思われ、娘の発した言葉や発見そのものを母親が「他者」に対して伝えようとしているのだろうと推測されます。

ここでは、机上で山積みになった多量の遺物のなかから見つけ出したたった一つの五センチ大の小さな実物破片を介して、母と娘の対話や交流までが想像される点について、強調しておきたいのです。

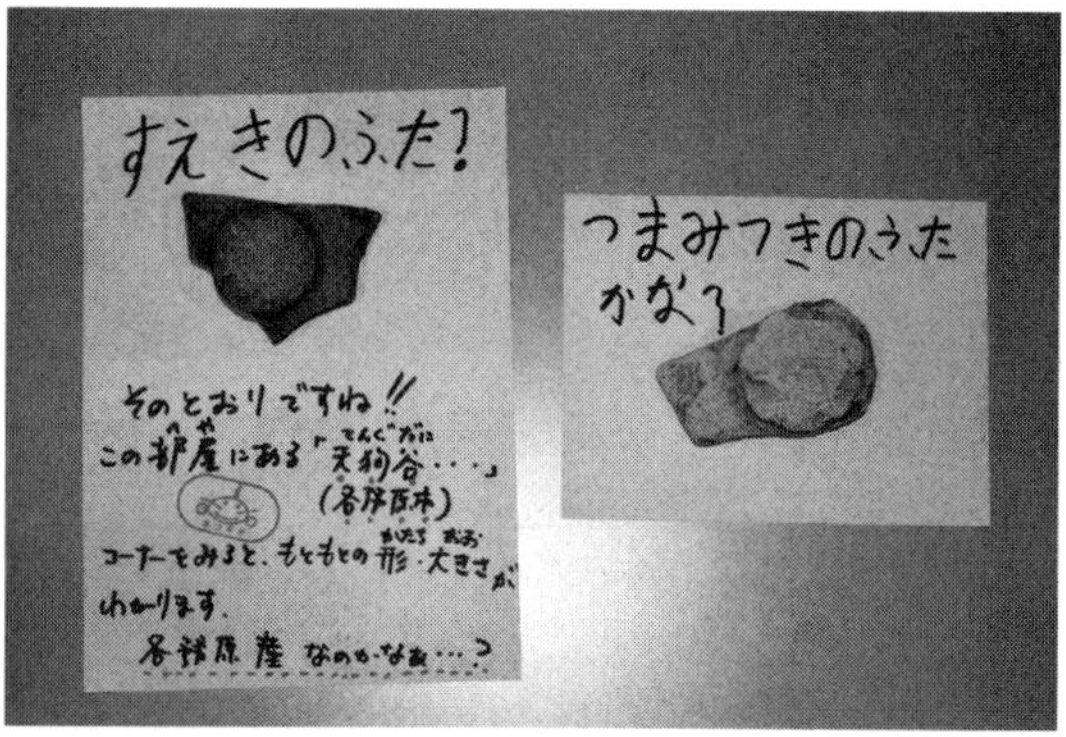

写真4　資料の同定

6　発見

「発見」は、いわゆる考古学的な知見に関して書かれています。文様、調整といわれるような土器製作者による痕跡、土器の種類、器形などについての記載が見られました。

例えば、「つながった！」「つながりそう!!」「ぴたっ！＋（イラスト）」などといった付箋に、数点の破片がまとまって置かれています。これらの痕跡からは、参加者が破片のなかから、まるで考古学者が資料整理をおこなうように、同じ種類のものや接合できそうなものを探し出す姿が思い浮かびます。集められた土器片をあらためて注意して見ると、「質感」や「色調」「文様」などの特徴を手がかりとして、自分なりに丹念に探ったことがわかります。

さらに参加者のなかには、それぞれの破片がどのような種類の焼き物であるかを考えながら、「資料の同定」をおこなう方もいます。写真4は、「すえきのふた？」「つまみつきのふたかな？」という記載とともに、平坦なボタン状の粘土がついた須恵器が置かれていました。破片を確認してみると、まちがいなく奈良時代の須恵器であり、坏のフタの一部であることがわかります。この器種は、ほぼ完全な形の出土品が、会場内の別コーナーのガラスケース内に展示されていて、この参加者は資料名も正しく使用していることなどから、破片と展示品を比較・検討しながら「資料を同定する」活動に取り組んだ可能性が十分に考えられます。また、このような活動痕跡としては「おちゃわんのそこ？」「石ぞくのチャートせいみたいなかんじの化石」という付箋も挙げられます。

7　他者——伝える

第四群の、誰かに伝えたい「メッセージ」としては、「サラサラしています。ぜひさわってみてください！＋(イラスト)」「どうですか?」「このしゅるいがなーい＋(イラスト)」「これのかけらぜんぶ探して＋(イラスト)」「形をそろえて」などの付箋があり、それぞれ数点から十点ほどの破片が置かれていました。抽出した破片について、参加者が気づいたことや、自分が見つけたものに誰かが追加してほしいといった思いがこもっているようです。

写真5　見立て・他者

写真5では、一枚の付箋の上部に正三角形の破片（底辺二センチ×高さ一センチ）が置かれていて、その下におさげのかわいらしい女の子の顔のイラストが描かれていました。さらに「誰でしょー!?＋←」と書き込まれています。たいへん小さな土器破片の下に女の子のイラストを書き、彼女がかぶっている帽子のように見立てたのかもしれません。破片の選び出し方、配置の工夫、描画、強調記号を加えた言葉からは、他者への意識や、自分で作り上げたモノを誰かに伝えたいと発信するさまが強く感じられます。そして、先に挙げた「つのみたい」と同様、参加者自身が「さわる体験」を通じて得られたさまざまな情報や経験をもとに考古資料を再構築し、その結果を自分なりに表現した作品といえるものであるかもしれません。

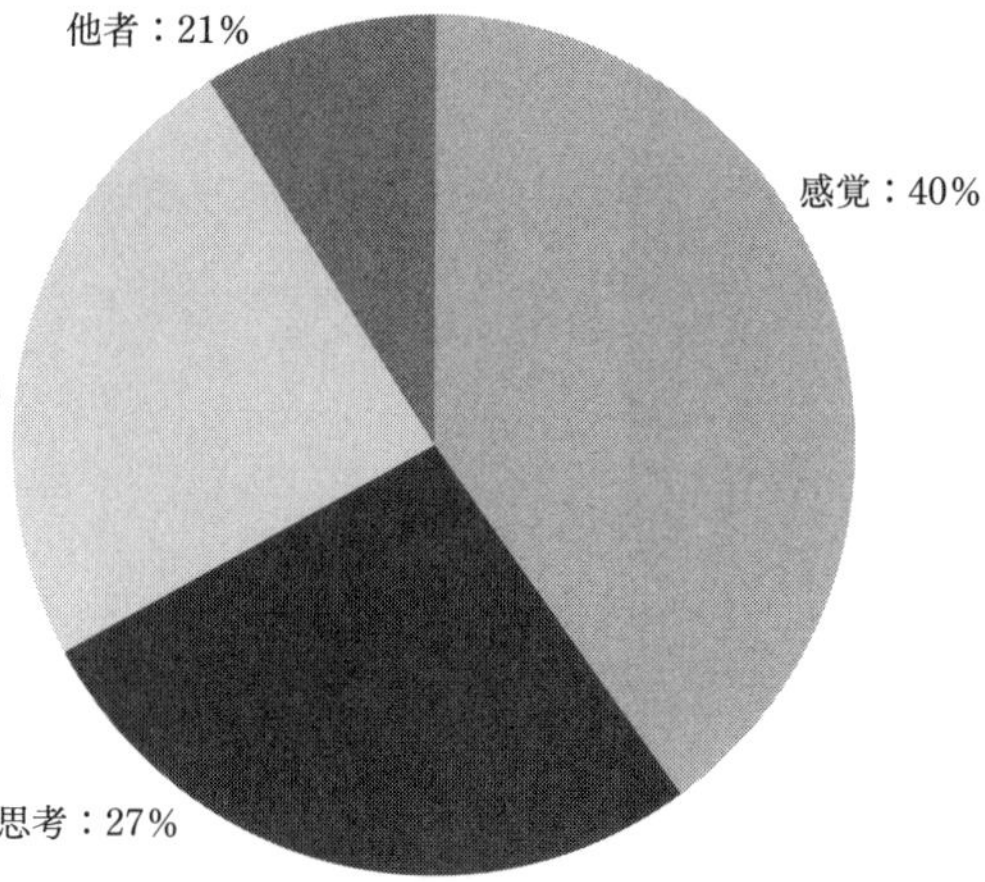

8　事例を振り返って

二百十件の残された付箋を、四つに類型化したものがこの円グラフです（図1）。最も多かったのは、「感覚」に関するものが四〇パーセント、以下、「思考」二七パーセント、「発見」二四パーセント、「他者」二一パーセントとなりました。分類・計測の方法によって、多少の差異は出るでしょうが、おおむねの傾向は捉えられているでしょう。

やはり、実物を自由にさわることで得られた「感覚」が最も表現しやすいのでしょう。そこから、それをきっかけに自身で考えを深めていった姿も確かに認められるでしょう。また、考古学的な知見に基づく点についても、一定程度の気づきがもたらされたといえそうです。

前述のように一枚の付箋には、いくつかの内容が複合的に表現されている状況も認められました。それは、「感覚」群の「質感」―「重量」―「色調」などのように、同一群内の複数属性がまとまっているケース、一方で、「感覚」―「思考」―「発見」や「感覚」―「思考」―「他者」のように群を超えたつながりとしてまとまっているケースもありました。点数としては前者が多いのですが、後者も少なくない数があることから、「さわる体験」の四つの類型はそれぞれが独立した存在であるばかりでなく、連関し合うもの、ないしは連関し合うことができるものとして捉えておく必要があるでしょう。

図1　「歴史にさわる」参加者の思いと表現内容（出典：「企画展2013」「2014」から。n=253／210〔＊回答内容は複数群の記載がある〕）

表1　4つの類型

類型	属性		事例	写真
感覚	質感	色調	おおき〜い　おもたいよ〜　長いよ	
	重量	形	形が全部、ちがっていて、手ざわりがちがう。	
思考	驚き	疑問	な、なんということじゃ！　さらさらしてる。	
	見立て・連想		つのみたい	
発見	文様	—	ぴたっ！＋（イラスト）	
	資料の同定	—	おちゃわんのそこ？	
他者	伝える	問いかけ	サラサラしています。ぜひさわってみてください！＋（イラスト）	
			これのかけらぜんぶ探して＋（イラスト）	

9　まとめにかえて

会場では、小さな破片をたっぷりと自由に選び取りながらさわることができ、しかもそれを自身のペースでできるような環境を整えました。それはあくまでも限定的に「さわることが許可されている」といった状況とは正反対な環境にしようと考えたためです。可能なかぎり主体を来館者におき、その比重を高めたかったといえます。そこで「実物」にさわってみたことで得られた感覚・思い・考察など、さまざまに刺激された自分自身に向き合ったり、気づいてほしいと考えました。

そして、ほかの参加者が選び出し、思いを書き残した付箋とその「実物」を確かめたり、記載内容に触発されたりすることで、博物館で出会う別の「誰か」のことに思いを馳せてほしいと考えました。そのような過程を通じて、自分で見つけた大切な「一品」として小さな破片を捉え直すことが、博物館資料と丁寧に向き合い、モノと対話する楽しさに自然と気づき、やがてほかの展示品にも思いを馳せる展開になることを願いました。

ところで本章冒頭では、「モノを体で捉える」際に得られた身体的感覚や刺激は、あくまで、個人的・主観的なものだと述べました。しかし今回の実物破片と付箋というツールを用いることで、「実物をさわる体験」活動に参加した人々の「思い」は、自己開示として明らかな形を伴って、他者に向けて表現されることになりました。それは自分自身の感じたぼんやりとした印象やイメージを明瞭なものとして捉え直し、他者と共有する機会になったことでしょう。また自分以外の「表現」からも刺激されたり、触発されたりすることで、他者の存在を感じ取ることができたと考えられます。また会場では、「さわる体験」に直接参加することがなかった方のなかにも、これらの「記録」を展示物として観覧している姿が見られたことは、申し添えておきたいと思います。

最後に、国立民族学博物館の設立に尽力し、その初代館長に就任された梅棹忠夫さんが、民族資料の展示を通じて、モノとヒトの間で起きているコトについて述べた言葉を紹介します。

まず「もの」にふれていただきたい。そしてそれに接した人が、自由に知的な想像力をはたらかせてほしい。[1]

世界中の人間がそれぞれにつくりだした手づくりの道具が生命をもつもののようにわれわれにかたりかけてくる。みる人はそれをうけとめ、対決しなければならない。異文化との対決は、かなり「きびしい体験」であるかもしれないが、そのかわりにそこにひじょうな「たのしさ」がうまれてくるのである。[2]

ああいうきわめて具体的で人間的なもの、いわゆるアーティファクト（人工物）と人間とがパッと直面したときには、ある種の、むしろシンパシー（共感）のようなものがおこるわけですね。

それにある種のこわさがあるんですよ。宗教的なものとはいわないまでも、「マナ」（呪力）みたいなもの、いかずちのごとくビリビリとくるものがあるとおもいます。市民道徳という以上の、ものと人間の心とを直接むすぶ電流のようなものがあるんです。[3]

博物館でモノと出合うこと、それがたとえ小さな破片であっても、実物を「さわる」ことは、人々の体験を深め、豊かに広げていくのだろうと考えています。

注

(1) 梅棹忠夫「はじめに」『ものとの対話——日本文化のデザイン』立風書房、一九八一年

(2) 梅棹忠夫「たのしい国立民族学博物館」「毎日新聞」一九七七年十一月十七日付夕刊

(3) 川添登／湯浅叡子／七田基弘／梅棹忠夫述「民博と市民の期待」、梅棹忠夫『梅棹忠夫対談集——知的市民と博物館』所収、平凡社、一九九一年

第9章　さわる展示の未来
――南山大学人類学博物館の挑戦

黒澤　浩

1　南山大学人類学博物館のリニューアルとユニバーサル化

私は、南山大学人類学博物館の常設展示をほぼ全面的にさわる展示にしてしまった張本人です。

南山大学は、一九四九年にできたカトリックの大学です。南山大学ができたその同じ年に、大学の付属機関として人類学民族学研究所が設置され、博物館はその陳列室としてスタートしました。その後、名前をいくたびか変更し、場所も転々として、私が南山に赴任した二〇〇四年当時には、校舎の一角に置かれていました。このときの人類学博物館はケースも木製で、あまり整理されることもなく資料が展示されているという状況でした（写真1）。私自身はこの展示をなかなか趣があっていいなと思ったのですが、何しろ生態系がとても豊かで、ムカデ、ゲジゲジ、ゴキブリが出現し、さらには、タヌキまで出るという環境だったのです。

博物館をリニューアルしようという計画は何度か出たのですが、さまざまな事情から、出ては立ち消えになっていました。本格的にリニューアル計画がスタートしたのは、二〇〇九年のことです。新しい校舎を作るので、その地下に博物館を入れたらどうかという案が大学から提示されました。もちろん地下に博物館を作ることのデメリットはよく承知しているのですが、いまこのチャンスを逃したらリニューアルする機会はほぼ失われるのではないかと思い、地下に博物館を作る決断をしました。

リニューアルの方向性としては、大学博物館としての役割を十分果たしながら、展示も楽しめるものにしたいとは考えていました。けれども、その時点ではあくまでも普通の博物館を作ろうとしていたのです。それが大きく方向転換するきっかけとなったのは、広瀬浩二郎さんとの出会いでした。

写真１　旧人類学博物館展示室

広瀬さんのことを知ったのは、美濃加茂市民ミュージアムで二〇一一年に開かれた講演会でのことでした。そのときに広瀬さんの話を聞いて、目からうろこが落ちるとはこのことか、というくらい頭の中がガラッと切り替わりました。そしてそれこそが、人類学博物館のリニューアルの方向性をユニバーサル・ミュージアムへと大きく舵を切った瞬間でした。この方向転換は私の独断といってもいいわけですが、なぜそんなことが可能だったかといえば、大学からは博物館のことは黒澤に一任すると全権委任されていたからです。

実際の展示制作の作業とリニューアルオープンは、二〇一三年になされました。その作業は、南山大学学芸員養成課程の博物館実習でおこないました。博物館実習は三クラスあるのですが、その三クラスをすべて夏の集中講義にして、学生たちに夏の間中手伝ってもらったわけです。もちろん学生たちには難しい部分は専門の業者にやってもらいましたが、学生たちでできる部分は学生たちの手で制作していきました。

2　人類学博物館のなか

ここからは人類学博物館をご案内します。博物館の入り口は階段を下りていくようになっています。実は南山大学は、まったくバリアフリーでありません。校舎には階段はあるし、地上階の入り口から入るためには坂道を上らないといけないのですが、この坂道が車イスでは登れないぐらいの勾配なのです。

写真2　入り口

写真3　オープン・レファレンス・パス

写真2が入り口です。「南山大学人類学博物館」という看板があります。その前の階段を下りていくと、博物館のエントランスに出ます。エントランスには人類学博物館の歩みを示したパネルと、「この博物館を活用するために」というパネルがあり、さわる展示についての注意を記しています。ここには広瀬さんがいう「や・ゆ・よ」――優しく、ゆっくり、洋々と――の説明があります。これを作ったあと、広瀬さんがこの言葉の語呂合わせを変えてしまい、若干時代遅れ感が出てしまいました。これらのパネルの前には、岐阜県の可児で見つかった家形石棺があります。エントランスに入ると、事務室があります。来館者は、ここでオリジナル・クリアファイルに入った展示物にさわる際の諸注意を受け取って展示室に入っていきます。

展示室の中央は木の床で、われわれはオープン・レファレンス・パスと呼んでいます（写真3）。それに対して展示スペースのほうはカーペットになっています。アドバイスをもらい、足の感触でコーナーが変わったこと

写真4　壁面の展示

写真5　平置きのケース

がわかるようにしました。それから、展示室の反対側にはガラス張りのところがあります。これは収蔵庫で、見せる収蔵を意図しています。

展示はほぼ全面的にさわる展示になっていて、壁面全面を使っています（写真4）。いちばん下のテーブル部分は床からの高さが七十センチなので、通常のテーブルの高さに資料が置いてあるわけです。また、ユニバーサルという観点から、日本語の理解が十分でない外国の方にも見てもらえるように、多言語表記を採用しています。

解説を多言語で表示するのはなかなか難しいのですが、人類学博物館では冊子にして表示しました。アナログなやり方かもしれませんが、いちばんスペースを取らない方法だと思います。現在、日本語、英語、中国語、スペイン語、アラビア語、フランス語、ポルトガル語の解説があります。ただ、あまり言語が多くなると訂正があったときに修正しきれないので、いまはこのくらいにしておこうかと考えています。

縄文土器や弥生土器の展示は、壁面全体が最下段のテーブルを入れて五段の棚になっていて、いちばん上まで展示があります。民族誌資料の場合は、壁面に取り付けてあります。これでは上のほうの土器が見えないじゃないかと言われますが、これはたくさんあることを見せたいというのが大きな理由ですので、見えなくてもいいということです。実際にさわることができるのは下から三段目までなので、それより上の展示物は五徳とテグスで固定してあります。

平置きのケースもあり、そこにはガラス張りのフタがしてあります(写真5)。ただし、これも鍵をかけてはいません。積極的には宣伝していないのですが、博物館のスタッフが一緒にいるときは開けて、見て、さわることができます。

3　さまざまな工夫

人類学博物館の展示は「信仰と研究」「南山大学の人類学・考古学研究」「南山に託す」「昭和のカタログ」という四つのコーナーで構成されています。各コーナーは日本語の墨字と英文、そして点字という三種類の言葉で解説されています(写真6)。また、コーナーのなかのコレクションに関する説明は、点字・外国語を含めて冊子で提示しています。普通は、点訳のほうの情報量を落としながら解説を作っていくのですが、人類学博物館の場合は、墨字と点字の情報がまったく同じものになっています。

写真7　ポップ

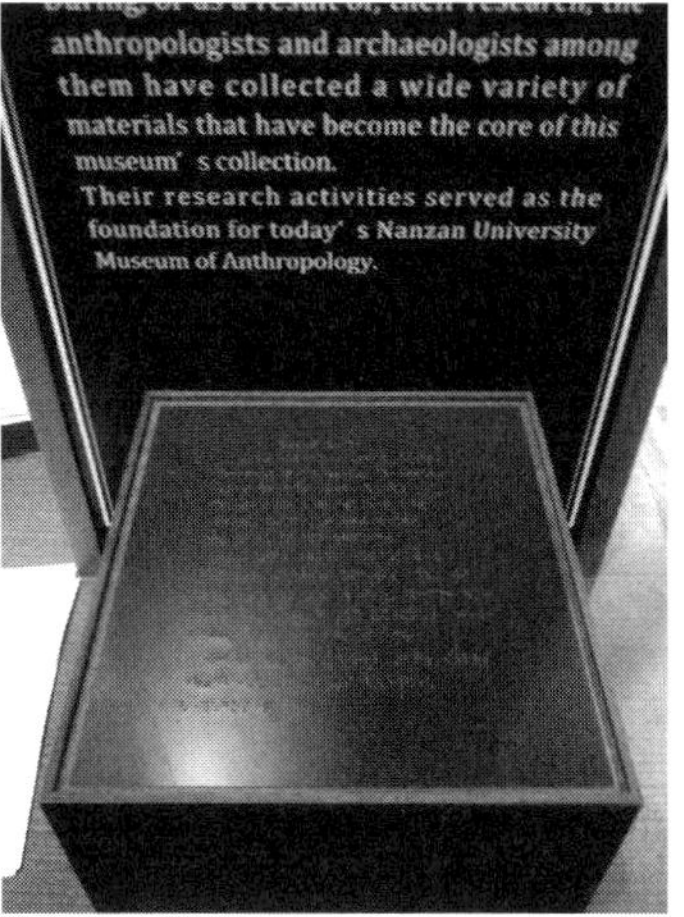

写真6　コーナーの点字解説

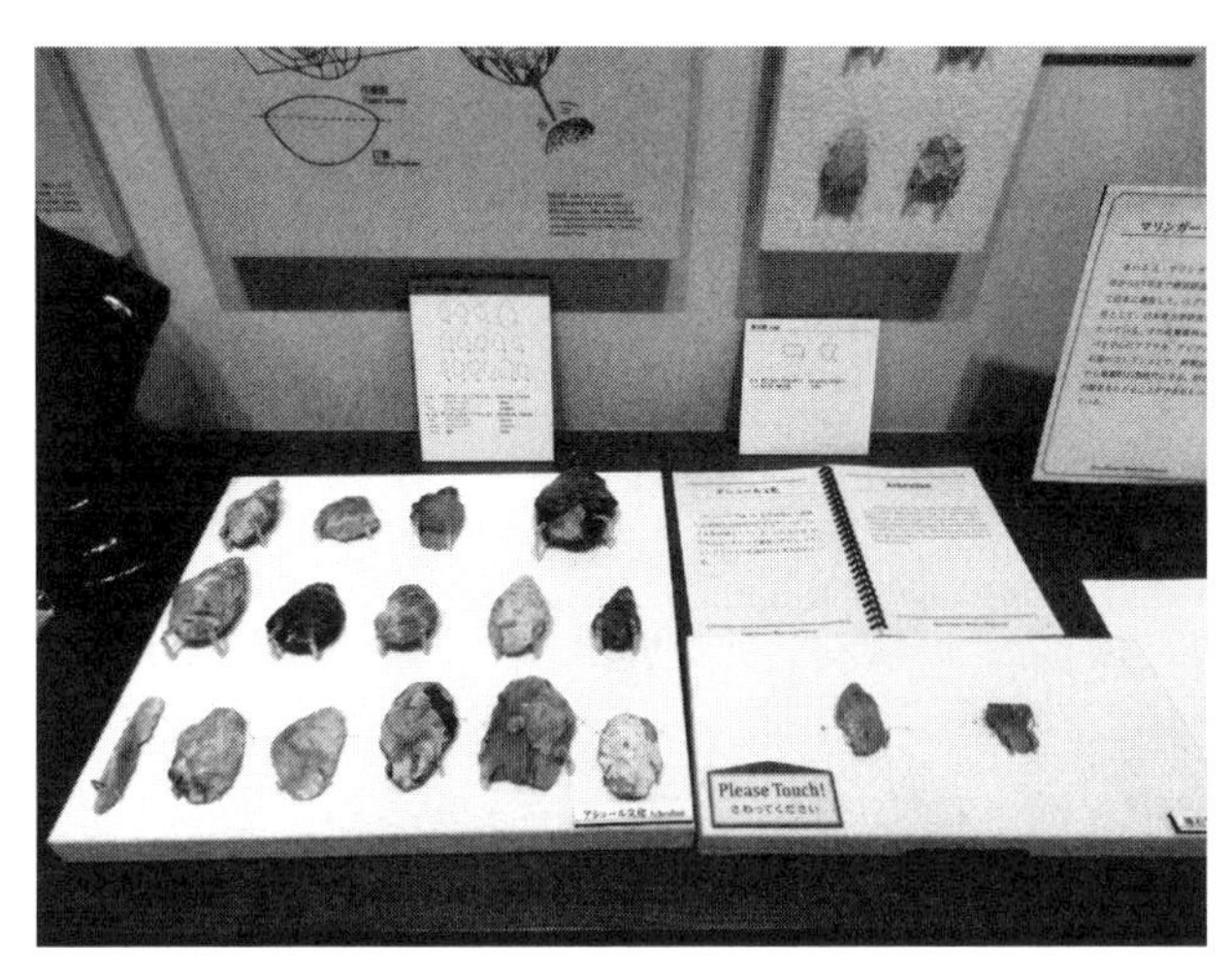

写真8　“Please touch!”

写真７はポップです。みなさんも書店やＣＤショップで、店員が付けたポップに引かれて思わず買ってしまうという「ポップ買い」をした経験があると思います。それと同様に、展示物のなかで学芸員イチ押しの資料を全力で推薦しよう、という試みです。学芸員の気合いを見せよ！ということですが、できあ

がってみたらずいぶんと地味なものになってしまいました。

展示のところどころには“Please touch!”というサインが入っています（写真8）。“Don't touch.”の誤植ではありません。実は私は、これは必要ないだろうと主張したのですが、どうしてもということで入れました。ところが、あとになってある人からこれは罠ではないのかと言われてしまいました。この言葉に誘われてさわっていると、どこかから「コラー！」と怒られるのではないかと勘繰られたのです。決してそんなことはありませんから、

写真9　見せる収蔵庫

写真10　柱を使った展示

安心してください。

写真9は見せる収蔵庫です。最初は収蔵庫の一部だけを見せるものと思っていたのですが、できてみたらガラス面がとても大きく、ほぼ全部見えてしまうのでびっくりしました。でも、収蔵庫の照明が消えているときにガラスの前にあるベンチに座っていますと、自分の姿が映って、なかなかの癒しの空間になっている感じがします。

さて、この博物館は地下にあるわけですが、展示室の真ん中に軀体の柱が四本立っています。一辺が一メートルもある大きな柱なので、邪魔だから撤去してくれと頼んだら、建物がつぶれると言われてしまいました。撤去できないとなればなんとか活用しなければいけないので、まずは展示スペースとしてパプアニューギニアの精霊像や火踊り仮面を展示しました（写真10）。それから、廊下側の面にはビューボードという黒板を取り付け、そこにキットパスという粉が出ないチョークを使って書き込みできる落書きコーナーを作りました（写真11）。こういうことをすると、なにか変ないたずら書きをする人がいるのではないか、と心配されるかもしれませんが、いまのところそのような書き込みはありません。ただ、なぜか「名古屋大学に合格しますように」という書き込みはありましたが……。

写真11　ビューボード

ところで、博物館を作るにあたり、この博物館でやろうと思っていたのが、ユニバーサル化以外にあと二つありました。その一つは展示から時系列をはずすことです。人類学博物館は歴史系の博物館ですので、通常であれば展示は時代順に進んでいくわけです。しかし、大学博物館の資料というのは、研究者が調査研究の過程で集めてきたものなので、その調査研究を一つの単位として示すことを基本的なコンセプトにしようと考えました。もう一つは、展示替えを容易にするということです。何のためかというと、博物館で資料研究を進めていけば、その説明の内容は変わっていくはずです。しかし、あまりにも作り込みすぎた展示だと新たな研究成果をなかなか展示に反映できないので、できるだけ簡単に展示替えができるようにしたかったのです。

4　名古屋ライトハウスの協力

実際にさわる展示を実現するにあたってどのようにしたらいいのか、いろいろ考えました。もちろん、ユニバーサル・ミュージアムですから、広瀬さんを中心としたユニバーサル・ミュージアム研究会の活動ははずせないわけです。しかし、われわれはこの当時、その活動のなかにはいませんでした。また、視覚障害者をはじめとする障害者の方に対するケアなどの、いわば福祉的な面に関しては、われわれはほとんど考えていなかったのです。つまりは素人（しろうと）だったのです。そこで、さわる展示を実現する、ユニバーサル・ミュージアム化することを決めたときに、ぜひとも協力者が必要となったのです。広瀬さんに相談したところ、名古屋ライトハウス（名古屋盲人情報文化センター）の小川真美子さんを紹介してもらいまして、小川さんを通じて名古屋ライトハウスの方々に全面的な協力をお願いすることになりました。

写真12　触察実験

われわれは、さわる展示を作るといいながら、視覚障害者の人たちがどのように資料にさわるのかさえ具体的には知りませんでした。そこで、どのようにさわるのか、ぜひ実際に見せてもらおうと、名古屋ライトハウスに資料を持ち込んだり、あるいは博物館に来てもらったりしながら、どのような状況でさわるのがいちばん楽なのか、あるいは、どのようにしたらわかりやすいのかを実験しました（写真12）。南山大学に来てもらったときには、実際の展示棚のモックアップ（模型）を作り、そこでライトハウスのみなさんに触察実験をお願いしました。

このようにして、いろいろアドバイスをもらうことができました。例えば博物館の展示室では、展示棚に向けてイスを入れています（写真13）。これは高さ七十センチのテーブルに資料を置いて触察していると、腰が痛くなるというアドバイスをもらったからです。実はこのイスを入れることにしたときには、棚はすでにできあがっていました。イスがすっぽり収まるように変更しましたが、かなり無茶な変更だったことは確かです。

もう一つは、展示資料の一点一点に点字のタグを付けてあります（写真14）。これは墨字のキャプションと同

写真13　展示室のイス

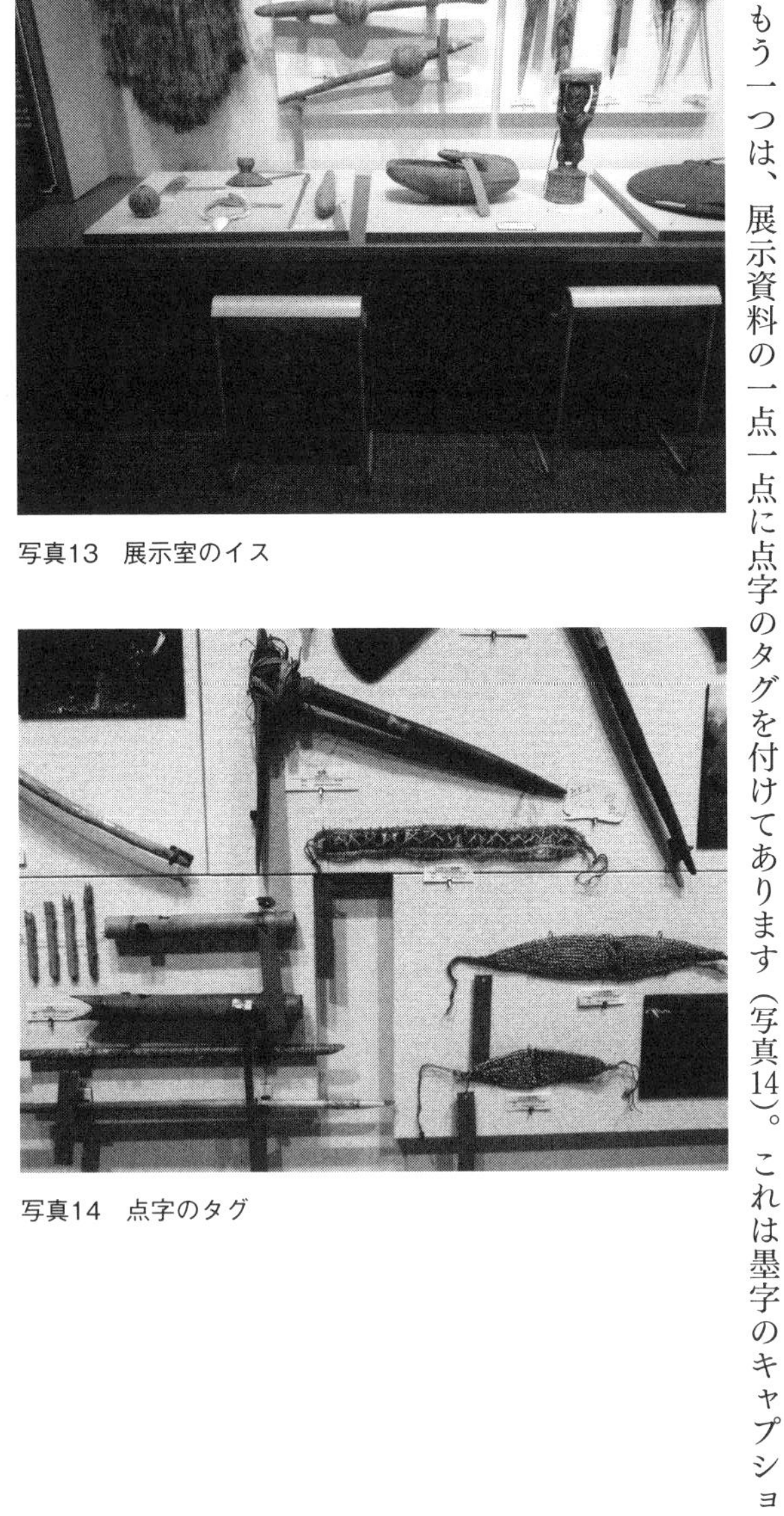

写真14　点字のタグ

じ内容のものです。一人で来館されても、タグによって展示物が何であるかがわかるようにしてほしいとのアドバイスから、このようなタグを作りました。ただ、われわれは点字が読めないため、うっかりすると、どの資料がどのタグかわからなくなってしまうので、そこには細心の注意を払う必要がありました。ちなみに、先ほど紹介した足の感触でコーナーの変化がわかるという工夫も小川さんたちのアイデアです。

展示づくりの基本的な考え方としては、「わからないことは当事者に聞け」をモットーにして、何かあるとすぐにライトハウスのみなさんに確認していました。あとで小川さんから、黒澤はいい意味でも悪い意味でもしつこかったと言われましたが、私はそれをお褒めの言葉と前向きに受け取っています。

5 さわる展示の可能性と課題

最初に、広瀬さんの話を聞いて、目からうろこが落ちるようだったと言いましたが、そのとき、自分のなかでひらめいたのは、視覚障害者にとって楽しい博物館は、晴眼者にとっても必ず楽しいにちがいない、ということでした。それが「すべての人のために」というコンセプトにつながっていったのです。

さわる展示を作ったので、これまでは人類学博物館に来られなかったいろいろな方たちに博物館を利用してもらえるようになりました。名古屋の〝アートな美〟の方たちも何回か訪れています（写真15）。人類学博物館は零細企業なので、たくさんの方が見えるとスタッフだけでは対応しきれなくなります。そこで、ボランティア制度を作り、その人たちに来館者のサポートをお願いしているのです。ただ、みなさん、視覚障害者の方たちとは接した経験がないので、年に二回、名古屋ライトハウスの森幸久さんにお願いして研修をしています。

さわる展示を作ってみて、自分でいちばんびっくりしたことは、ガラスがないことによって来館者と展示物との距離が驚くほど近くなったということです。人類学博物館の展示には説明が非常に少ないので、説明が足りな

写真15　“アートな美”の見学

いとか、わかりにくいというクレームは、ある程度予想していました。しかし、実際には、そういうクレームはほとんどありません。来館者は説明を読むのではなくて、むしろ物にじっくり向き合っているように見えます。さわる展示の効用として、そういう時間と空間を作り出せているのかな、という感じがしています。

ただ、いろいろな課題があることも確かです。全面的なさわる展示の実現には、資料の破損や劣化、セキュリティ、あるいは防災面という課題がついて回ります。三回ほど土器のつなぎ目がはずれたこと以外には、幸いなことに、いままで破損事故はありません。これらの事故は、さわった結果というよりは、接着剤が劣化していたことに原因があったわけです。いまのところ、新しい割れが生じる事故は起きていません。

それから、名古屋では地震がいちばん心配なのですが、できるかぎり耐震対策はとっていくつもりです。具体的には、五徳とテグスでの固定を強化していくことと、収蔵庫ではあくまでも見せる収蔵を維持するため、透明のアクリルボックスに資料を収納し、その箱を収蔵棚に備え付けの落下防止バーで抑えるという方法をとる予定です。それによって耐震性を向上させることができるでしょう。ただ、テグスでガッチリ固定することは、さわりやすく、展示替えをしやすくするという先のコンセプトと矛盾します。テグスに十分なテンションをかけながら、その着脱が容易になる方法についてこれまでいくつかアイデアを出しましたが、現在まで実現に至っていません。いまでもなお、試行錯誤している状況です。

6　すべての人の好奇心のための博物館へ

このような展示を作った背景には、もちろん視覚障害者の方たちに利用してもらいたいという気持ちがありましたが、実際のところ、視覚障害者の方たちを含めて、すべての人が利用できる博物館を作りたい、というのが大きな目標でした。博物館学の教科書的にいえば、博物館はすべての人に開かれているはずですが、実はすべての人とは誰かと考えたときに、博物館は決してすべての人に開かれているわけじゃない、使えない人がいっぱいいるじゃないか、と気づかされたわけです。そのなかで、最も博物館を利用しにくかった人たちが、視覚障害者でした。もちろん、さまざまな障害の方がいることは承知していますが、広瀬さんからは、やはりユニバーサル化の出発点としては視覚障害者をまず戦略的に最初のターゲットにしたらどうかというアドバイスをもらいました。そして、こういう展示を作るに至ったわけであります。

すべての人の好奇心のための博物館を作る。これが私たちのスローガンになったのです。

ところで、われわれはおそらく類を見ないようなさわる展示を作ってしまったわけですが、その過程で自分のなかである疑問が生じました。それは、どのような条件を満たせばユニバーサル・ミュージアムになるのか、ということです。つまり、これまで広瀬さんたちを中心にユニバーサル・ミュージアムが議論されてきたわけですが、全面的なさわる展示の実現は、逆説的にその基準をあいまいにしてしまったのです。ですから、われわれはいま、南山大学人類学博物館はユニバーサル・ミュージアムであるという言い方はしていません。われわれは、あくまでもユニバーサル・ミュージアムを目指す博物館なのです。ある博物館の学芸員からユニバーサル・ミュージアムは運動なんだ、と言われました。だとしたら、われわれは何か大きな勘違いをして、さわる展示を作ってしまったのかもしれません。しかし、そのことが間違っていると私は思っていませんし、少し自慢していえば、ユニバーサル・ミュージアムに関する議論の次のステップが、この博物館に関することから始まってほしいと思っています。

第10章　学生のアイデアが博物館を変える!?

——さわる展示の実践にむけて

原　礼子

はじめに

広瀬浩二郎さんの熱心な活動によって、ユニバーサル・ミュージアムという言葉は市民権を得るようになりました。しかし、まだ十分に理解されてはいません。私は国際基督教大学の博物館にいますので、博物館学の授業も教えています。そこで博物館が変わっていくためにも、明日の博物館を担う学生たちにユニバーサル・ミュージアムのことを伝えていかなければならないと強く感じ、授業に取り入れています。

1　ユニバーサル・ミュージアム研究の歩み

二〇一二年度に学芸員課程のカリキュラムが大幅に変わり、必修科目が増えました。新たに加わった科目は展示論、資料保存論、情報メディア論、経営論です。一四年には、黒沢浩編著『博物館展示論』も出版され、その

表1　ユニバーサル・ミュージアムへのあゆみ

開催年／月	イベント・出来事	主催者・開催地
1985	The Principles of Universal Design　ユニバーサルデザイン7原則	NC State University
1998.3	フォーラム「アクセシブル・ミュージアムを考える」	日本障害者芸術文化協会
1998.3	シンポジウム「ユニバーサル・ミュージアムをめざして」*1	神奈川県立生命の星・地球博物館
1999.11	Dialog in the Dark　開催　→　継続中	
2004	宮崎県立西都原考古博物館　開館	
2005.2	シンポジウム「誰にもやさしい博物館事業」2004-6	日本博物館協会
2006.3-9	企画展「さわる文字、さわる世界――触文化が創りだすユニバーサル・ミュージアム」	国立民族学博物館
2006.9	シンポジウム「ユニバーサル・ミュージアムを考える」*2	国立民族学博物館
2006.12	Convention on the Rights of Persons with Disabilities	国連総会で採択

科研費プロジェクト「誰もが楽しめる博物館を創造する実践的研究」2009-11		国立民族学博物館
2009.7	2009-1　兵庫　「縄文の森塾」	兵庫県丹波の森公苑
2009.9-10	2009-2　大阪　「さわる　五感の挑戦　Part 4」ワークショップ	吹田市立博物館
2010.1	2009-3　青森　ワークショップ	青森県立三内丸山遺跡
2010.3	2009-4　東京　公開講座・討論会「ともに愕く展示を創るために」	国際基督教大学博物館
2010.6	2010-1　大阪　企画展「さわる五感の挑戦」	吹田市立博物館・滋賀県立陶芸の森
2011.3	2010-2　岐阜　「人が優しいミュージアム」	美濃加茂市民ミュージアム
2011.7	2011-1　滋賀　「さわって創る vs 創ってさわる」	滋賀県立陶芸の森・安土城考古博物館
2011.10	公開シンポジウム「ユニバーサル・ミュージアムの理論と実践」*3	国立民族学博物館
2012.3	2011-2　大阪　「世界をさわる」展示の触学	国立民族学博物館・大原美術館

共同研究プロジェクト「触文化に関する人類学的研究」 2012-14		国立民族学博物館
2012.11	2012-1　大阪　「色にさわる、色を創る、色で伝える」	国立民族学博物館

開催年／月	イベント・出来事	主催者・開催地
2013.3	2012-2　東京　「博物館を活用した“手学問”理論の構築」 ワークショップ　1	国際基督教大学博物館
2013.7	2013-1　大阪　「観光・まちづくりのユニバーサル・デザイン化」	国立民族学博物館
2014.7	2014-1　大阪　「縄文文化にさわる」	国立民族学博物館
2014.11	2014-2　大阪　「視覚障害者の美術鑑賞」	国立民族学博物館
2015.2	2014-3　東京　「博物館を活用した“手学問”理論の構築」 ワークショップ　2	国際基督教大学博物館
2015.11	公開シンポジウム「ユニバーサル・ミュージアム論の新展開」*	国立民族学博物館

参考文献	
1996.11.20	染川香澄／吹田恭子『ハンズ・オンは楽しい――見て、さわって、遊べるこどもの博物館』工作舎
1999.3.20	『ユニバーサル・ミュージアムをめざして――視覚障害者と博物館』神奈川県立生命の星・地球博物館 *1
2007.4.8	広瀬浩二郎編著『だれもが楽しめるユニバーサル・ミュージアム――“つくる”と“ひらく”の現場から』読書工房 *2
2009.5.10	広瀬浩二郎著『さわる文化への招待――触覚でみる手学問のすすめ』世界思想社
2012.5.23	広瀬浩二郎編著『さわって楽しむ博物館――ユニバーサル・ミュージアムの可能性』青弓社 *3
2014.9.20	広瀬浩二郎編著『世界をさわる――新たな身体知の探求』文理閣
2014.12.3	広瀬浩二郎／嶺重慎編著『知のバリアフリー――「障害」で学びを拡げる』京都大学学術出版会

第四章では広瀬さんがユニバーサル・ミュージアムというタイトルで、いままでの活動などを非常にわかりやすく解説しています。博物館学の文献で、ユニバーサル・ミュージアムが大きく取り上げられたのは、たぶんこれが初めてだと思います。

私も学芸員課程の学生には、単なるユニバーサル・デザインやバリアフリーではなく、「ユニバーサル・ミュージアムとは何か」を伝えたいと考えました。そのために「ユニバーサル・ミュージアムへのあゆみ」（表1）という資料を作成しました。

一九八五年にアメリカ・ノースカロライナ州立大学のロナルド・メイスによって、ユニバーサル・デザインの七原則が提唱されました。これは、道具や建物などをデザインする際、誰にでも使いやすい形にするために配慮すべき点をわかりやすく示したもので、工業デザインを考えるうえでの指標になっています。

博物館でもこの概念を取り入れ、「誰にも楽しめる博物館」という意味を込めて「ユニバーサル・ミュージアム」という言葉が使われるようになりました。この言葉が公の場で初めて使われたのは、一九九八年に神奈川県立生命の星・地球博物館で開催されたシンポジウムだといわれています。このシンポジウムの成果は、報告書として刊行されました（平田大二／奥野花代子／田口公則編『ユニバーサル・ミュージアムをめざして』）。日本でユニバーサル・ミュージアムという言葉が出版物に使われたのも、これが最初ではないかと思います。

写真1　住居址の触学

そののち、日本博物館協会でも文部科学省の委託を受けて「誰にもやさしい博物館事業」が始まりました。二〇〇四年から〇六年にかけてバリアフリーのほか、外国人対応や高齢者対応についてなどさまざまな調査がおこなわれ、調査結果は報告書として刊行されています。こうした動きのなかで、「誰にでもやさしい」、つまり「ユニバーサルなミュージアム」が脚光を浴びるようになりました。国立民族学博物館で〇六年に広瀬さんが中心になって、「さわる文字、さわる世界——触文化が創りだすユニバーサル・ミュージアム」と題した展示が企画され、シンポジウムも開催されました。この内容も『だれもが楽しめるユニバーサル・ミュージアム』として出版されました。このころまでのユニバーサル・ミュージアムの動きについては、新潟県立歴史博物館の山本哲也さんが〇八年に論文「博物館学におけるバリアフリー研究の現状について」でたいへん詳しく述べています。

そして二〇〇九年度から一一年度にかけて、広瀬浩二郎さんによる科学研究費プロジェクト「誰もが楽しめる博物館を創造する実践的研究」が始まりました。私はこのときから参加しています。研究会を東京でおこなう場合には、国際基督教大学が会場となりました。所蔵品にさわってもらうことは、博物館で働く私たちにとっても初めての経験でした。どういうモノをどのようにさわってもらったら私たちの思いが伝わるか、またみなさんにも楽しんでいただけるのか、ということをスタッフ全員で考えました。

2　堀江武史さんのワークショップ

次に、二〇一三年三月に東京でおこなわれたワークショップですが、このワークショップは堀江武史さんによって「縄文と現代美術の協同」というテーマで企画され、①ミュージアムで「さわる」鑑賞機会を増やす、②「視覚に頼らない作品制作」の場を提供する、③文化財の修復に触れる、という目的でおこなわれました。

これはストーリー仕立てのたいへんすばらしいワークショップでした。まず参加者は考古学資料や、堀江さんの作品にさわって、縄文のイメージを作りました。次に、石膏で作られた手の模型（実際にはバラバラにされているため何だかわからないもの）が渡されました。目の見える人も目の不自由な方も、その断面を観察・触察しながらジグソーパズルのように組み立てて修復するのです。そして接合してみると、実はそれが「手」であることが判明しました。一人一点ずつ修復した「手」を螺旋状に重ね、最後に黒曜石を一つひとつの手のひらに載せました。こうして全員が力を合わせ、一つの作品が完成したのです（写真2・3）。

この作業には視覚障害者六人を含む二十二人が参加しましたが、どのような形になるかわからないものを、手でさわって推理しながら組み合わせる作業を通じて、発見の喜びと修復する楽しみを体験することができました。

写真2　手の模型の修復

写真3　手を螺旋状に重ねた作品

3　博物館展示論での学生への課題

さて、私は展示論を履修する学生に対して、授業のなかでユニバーサル・ミュージアムの考え方や研究会の活動について講義をしてきました。

学生には前述の手の作品を用いた特別展の企画をもとに、作品の①タイトル、②解説文、③展示方法について質問をしたのです。この作品には実は堀江さんによって『感じる手』というタイトルがつけられていたのですが、学生たちはたいへん興味深いタイトルをつけました。「二十二手に重なる思い」「未来へ――手が紡ぐ物語」「手のひらの記憶」「つながりをうむ手」などです。またこの作品を生かした特別展の企画についても「さわること」や「手」から得られるイメージを発展させたユニークなアイデアが生まれました。ところが私自身も驚いたのですが、いざ展示方法について聞いてみると、「さわる」という発想が出てこないのです。「この作品にさわらずに」とはひと言も言っていないのですが、二十六人の学生は全員「さわってはいけない」と考えて、この作品にはさわらずに「さわることの意義や楽しさ」を伝える展示方法を考えました。陶磁器のようにさわっても壊れない素材でレプリカを作るとか、さまざまな人の手を石膏でかたどるなど、数々の興味深い展示方法が提出されました。

学芸員課程で学ぶ学生にとって、博物館に展示されている実物に「さわる」ということは考えられないことなのです。なぜならば、博物館資料論や保存論を通じて、資料を守り保存することがどれほど重要かを頭に叩き込まれているからです。ワークショップで作られたこの作品は、国宝でも文化財でもありません。けれども作られた経緯を知っていた学生にとっては、この世に一つしかない宝物なのです。

貴重な資料を大事に保存すること、そのすばらしさを展示によって紹介すること、どちらも博物館の大切な使命です。この相反する目的を達成するためには、学生たちも「落としどころ」を探していかなければなりませんでした。

4　さわる展示の可能性

国際基督教大学湯浅八郎記念館では、特別な場合に限り、縄文土器や日本の工芸品に、さわることを許可しています。美濃加茂市民ミュージアムや南山大学では、一般の方々を対象に「さわる展示」を実践しています。美術品ではなく工芸品ならさわってもいいのかというと、もちろんそういうわけではありません。ではさわれるものとさわれないものの違いは何なのでしょう。学生たちもこの点についてずいぶん考えたようです。しかし実際にさわってみなければわからないこともあるのです。重さ、質感、手ざわり――。

ですから、さわることは実は誰にとっても大切です。しかし実際には、由来や色などさわっただけではわからないこともあります。ほかにもさまざまな情報が作品には込められています。それを補うためには、モノだけでなく、人の力が大きな役割を果たすことでしょう。

美術館での触図の開発にしても、博物館での実物をさわる展示にしても、「何のために、どうしてさわるのか」「さわることで何を伝えるのか」という点が重要だとあらためて感じました。「なんでもさわればいい」というわけではもちろんありません。これらの点に留意しながら、さわる展示の実践に向けて、今後もさまざまな可能性を探っていきたいと思います。

参考文献

黒沢浩編著『博物館展示論――学芸員の現場で役立つ基礎と実践』講談社、二〇一四年
平田大二／奥野花代子／田口公則編『ユニバーサル・ミュージアムをめざして――視覚障害者と博物館』(「博物館検討シリーズ」第二巻)、神奈川県立生命の星・地球博物館、一九九九年
国立民族学博物館監修、広瀬浩二郎編著『だれもが楽しめるユニバーサル・ミュージアム――〝つくる〟と〝ひらく〟の現場から』(UDライブラリー)、読書工房、二〇〇七年
山本哲也「博物館学におけるバリアフリー研究の現状について」「新潟県立歴史博物館研究紀要」第九号、新潟県立歴史博物館、二〇〇八年

コラム１　盲人文化と視覚障害者支援

広瀬浩二郎

音を書く＝点字の危機

「てんじわ　ひょーおん　もじで　ある」（点字は表音文字である）。目で見て読み書きする視覚文字（墨字）では、一般に漢字仮名交じり文が用いられる。一方、触覚文字である点字は、六個の点の組み合わせで日本語の仮名、数字、アルファベット、種々の記号を書き表す。漢字を点字で表現する「六点漢字」「漢点字」も体系化されているが、ルールが複雑なため、あまり普及していない。僕は大学生時代に、六点漢字や漢点字を使って古文書を解読しようと試みたが、漢字の世界で見常者と勝負する難しさを痛感し、一年足らずで潔く（？）あきらめた経験をもつ。

そんな僕はいま、仮名文字だけで構成される点字で本コラムの下書きをしながら、「表音文字」の意味についてあらためて考えている。日本点字の考案者・石川倉次（一八五九―一九四四）は仮名文字論者であり、読みよく、書きよく、わかりよい点字の定着に尽力した。石川とともに初期盲教育をリードした東京盲唖学校（現・筑波大学附属視覚特別支援学校）の校長・小西信八（一八五四―一九三八）は、次のように述べている。「せいよおの□ものごと□みるに□つけ□きくに□つけ□うらやましく□ない□ものわ□ない、□しかしながら、□もじの□かず□すくなく□つづりが□きまりて□おり、□くちで□はなす□ことばと□ふでで□かく□ことばとが□おなじで□ある□ことほど□うらやましい□ものわ□ない」(1)

日本点字の制定（一八九〇年）から百二十五年が経過した現在、多少の表記法の変遷はあったものの、「点字は発音どおりに書く」という石川・小西以来の大原則が継承されている。視力低下によって、僕自身は小学六年生のときに初めて点字に触れた。点字では自分の名前「浩二郎」を「こうじろう」ではなく、「こーじろー」と書くのだと知り、違和感を抱くと同時に、ある種の合理性を感じたことを記憶している。

拙稿の執筆方法に話を戻そう。論文やエッセーを書く場合、まず僕は頭に浮かんだ文章を点字で紙に打ち込む。点字は文字なので「書く」というほうが適切なのだが、実際に点字器で点字を書くときは、点筆で一つずつ白紙に凸点を打ち出していく。点字を打つとは、素直な思い、なにげないアイデアなど、「心の声」を体にしっかり刻み付ける触覚運動だと定義できる。とりあえず漢字の表記や文字数のことは気にせず、自由に下書きをする段階では点字が適している。

次に、その下書き原稿にじっくりさわり、内容を確かめながらパソコン入力する。ここから先はスクリーンリーダー（画面読み上げソフト）の音声を頼りに墨字原稿を書き進めることになる。中学生時代から三十年以上も点字を愛用する僕は、原稿を点字で打つのが快適だが、最近の若い視覚障害者は点字を使わず、ダイレクトにパソコンで墨字文書を作成している。おじさん世代に属する僕自身も、Eメールなどでは点字の下書きを介さずに、ごく自然に漢字仮名交じり文を仕上げることができる。

僕が高校生だった一九八〇年代前半には、点字使用者が独力で墨字を読み書きすることは夢のまた夢であり、僕たちが墨字を書くためのツールはカナタイプだけだった。このカナタイプも、自分が書いた文章を読み返すことができないという致命的な弱点を有していた。ところが、八〇年代後半から音声ワープロソフトの開発が進み、今日では視覚障害者がスクリーンリーダーを使ってインターネットにアクセスし、墨字データを送受信することが日常化している。僕の日々の職場業務でも、会議資料や同僚の論文を電子ファイルで受け取り、パソコンの音声で確認する作業が当たり前になった。この二十年ほどの技術革新は目覚ましく、パソコンの活用によって視覚障害者の就労の可能性が拡大したのはまちがいないだろう。

一方、テクノロジーの進歩に対応して、視覚障害者間で点字の相対的地位が下がっている現状も看過できない。中高年の中途失明者が点字の触読をマスターする困難さは以前から指摘されているが、従来は「情報を得るためには点字しかない」という苦境のなかで、否応なく点字学習に取り組む人が多かった。しかし、音声パソコンやデジタル録音図書が普及し、点字を知らなくても困らない状況が現出した昨今、点字離れが急速に進展している。先述したように、若い世代の視覚障害者は自身のメモで点字を使うくらいで、それ以外はパソコンや携帯電話など、「見えない墨字」の世界で情報収集・発信をする人が大多数である。「点字大好き」を自認する僕でさえ、点字による読書時間は十年前よりも確実に減少している。

二十二世紀にも点字は生き残っているのか。来年のことも予想できない僕には、点字の未来を展望するのは難しい。点字文化（マイノリティ）が墨字文化（マジョリティ）に近づき、吸収されてしまうのは大きな時代の潮流、歴史の必然なのかもしれない。だが、僕はあえて点字が表音文字だという原点に立ち返りたい。

一九七〇年代まで、点字の文章では句読点がほとんど使われず、アルファベットの大文字・小文字の区別も重視されなかった。カナタイプと同様に、仮名文字体系の日本点字では文節ごとに分かち書きがなされるので、基本的に句読点は必要ない。また、耳で捉えた聴覚情報をそのまま文字として記録する際、大文字・小文字の違いは重要ではないだろう。点字では「一人」「二日」を「ひとり」「ふつか」と表記するのも、「読みよく、書きよく」の一例である。

乱暴な要約をすると、この表音文字の伝統が一九八〇年代以降、少しずつ墨字の規則に接近、同化しているといえる。点字が墨字化する要因としては、パソコンという新たな生活用具を入手した視覚障害者が墨字と点字の「文化の相違」に気づき、その隔たりを縮める努力を始めたことが挙げられる。パソコンの登場以前、視覚障害者は点字だけを読み書きすればよかった。点字文化は視覚障害者間で自己完結していた。見常者が視覚障害者と円滑にコミュニケーションしたいと願うなら、点字文化を学ぶことが必須だった。しかし、墨字を自力で書ける（書かなければならない）今日の視覚障害者は、幸か不幸か墨字文化を意識せざるをえなくなったのである。

音で読む＝聴き語りの復権

僕が文章を書くとき、常に「耳で聴いて理解しやすいかどうか」という点に注意している。比較的短い文を並べ、なるべく直線的に文意が伝わるように工夫する。こういった作文術は、僕自身が音声パソコンや録音図書を通じて、大量の「見えない墨字」を読んでいる実体験から生まれたものだろう。論文にしてもエッセーにしても、パソコンで入力後、何度もスクリーンリーダーの音声で読み直し（聴き直し）、スムーズな流れになるように推敲を重ねる。本コラムのキーワードである「健常者→見常者」など、拙稿では音の響き、同音異義語を生かす語呂合わせ（または、おやじギャグ）を多用している。これも文章を「音で読む」習慣に由来しているのかもしれない。まだまだ力不足だが、「心の声」が聴こえるような文章を書きたいと願っている。

前述したように、点字に内在する「音を書く」伝統文化は、二十一世紀の高度情報化社会にあって危機に瀕しているといえる。他方、音声パソコンユーザーの増加は、「音で読む」視覚障害者の特性を呼び覚まし、新たな文化の開拓につながるのではないかと僕は考える。もともと、前近代の盲人たちは〝音〟と〝声〟の領域で個性を発揮していた。イタコ（盲巫女）は、目に見えない死者の霊魂に〝声〟を与え、霊界との「バリアフリー」を実現した職能者だった。瞽女は全国各地を旅し、山川草木の〝音〟に耳を傾け、ユニークな語り物を育んだ。彼女たちの人生からわき出る「心の声」が、瞽女唄として現在まで伝承されている。

琵琶法師が語り伝えた『平家物語』は、視覚に依拠しない盲人芸能の代表である。そのなかでも有名な那須与一の「扇の的」の説話には、女房の紅の袴、若武者・与一の出で立ち、黒い馬、金の鞍、夕陽、白波など、鮮やかな色彩描写が頻出する。盲目の琵琶法師が〝色〟を持ち出すといささか奇異な印象を受けるが、実はこの〝色〟は、彼らの語りにリアリティを付与するための演出だった。

テレビやインターネットが存在しない時代に、琵琶法師は自身の〝声〟と琵琶の〝音〟を駆使して、聴衆の耳から体へと「物語の響き」を刻み付けた。平曲を聴いた見常者たちは、琵琶法師が発する聴覚情報を全身に取り込み、源平の合戦の場面など、自らが見たことのない視覚的な情景、動画を鮮明に想像・創造していた。琵琶法師とは、聴覚情報を視覚情報に変換するアーティストだったといえるだろう。

僕は「音を聴き、声で語る」前近代の盲人たちの芸能を「聴き語り」と名づけている。近代以降、「聴く＝受信」「語る＝発信」は別々の行為と認識されるようになった。しかし、琵琶法師や瞽女は「聴く」と「語る」を同時におこなっていた。平曲や瞽女唄が幅広い民衆に支持された背景には、盲人たちの「聴き語り」が見常者の情感を揺さぶり、死者の霊、歴史的な事件、遠隔地の出来事など、「目に見えないもの」を人々が時空を超えて共有する文化が息づいていたのである。日本点字の成立を後押ししたのは、盲人たちの「聴き語り」の遺伝子だったのではないだろうか。そして百二十五年間、表音文字の大原則を堅持し続けた視覚障害者の先人たちのなかにも、「聴き語り」の精神が脈々と受け継がれていた。

ここで私論を少し整理しておこう。前近代の「聴き語り」の文化に裏打ちされた日本点字は、〝音〟と〝声〟を文字化する独自の表記法を採用した。点字は元来、漢字仮名交じりの墨字とは別体系の文字文化だった。点字の二つの特徴として、「音を書く」「音で読む」を挙げることができる。近代化の過程で人間の受信機能と発信機能が分断され、本来は表裏一体だったこの二要素も乖離していく。「音を書く」は、近年の視覚障害者の点字離れによって希薄化する傾向にある。「音で読む」は、音声パソコンの汎用化に伴い、点字とは異質の非視覚型リテラシーの核となる潜在力を獲得した。

これまでの視覚障害者支援では、どちらかというと目の「不自由」な者が墨字を読み書きできる方法を探究することが最優先課題とされてきた。支援の充実は、当事者が盲人文化の「音を書く」持ち味を忘却してしまう皮肉な結果をもたらした。僕は二十一世紀の盲学校教育の現場で、「聴き語り」の蓄積に立脚する点字学習の意義や「音を書く」魅力が再評価されることを期待したい。

他方、音声パソコンやデジタル録音図書による情報収集は、平曲や瞽女唄など、書き言葉を媒介としない語り物の伝授・習得方法とも共通する側面をもっている。残念ながらスクリーンリーダーの機械的な音声は、琵琶法師や瞽女の鍛え抜かれた〝声〟とは異なる。また、聴き手のニーズに応じて柔軟に演奏スタイルを変化させる盲人芸能者のテクニックは、デジタル録音図書の操作とは一線を画するものだろう。「聴き語り」の復権は前途多難といわざるをえない。だからこそ、僕は「琵琶を持たない琵琶法師」になり、点字とパソコンを併用して「心の声」が聴こえるような文章を書いてみたいと熱望するのである。目で見る墨字文化のなかにあって、「見えない墨字」を「音で読む」視覚障害者は、きっと何らかの貢献ができるのではないかと信じている。

音にさわる＝触図の響き

最後に、盲人文化の再生を目指す僕のささやかな実践を紹介しよう。ここ数年、僕は拙著の「さわる表紙」について試行錯誤を繰り返している。墨字の本は目で読むものなので、僕の出版目的は、マイノリティの「心の声」を見常者たちに届けることである。「さわる表紙」は、点字使用者である僕からのメッセージを伝える一つの手段と位置づけることができる。

これまでの拙著では、書名・著者名を点字で入れたり、簡単なイラストや墨字のタイトルをUV印刷で触図化するなど、あれこれ試してきた。近ごろは各方面で電子書籍への関心が高まっていて、「紙媒体の書籍の流通が存続するために、何かをしなければ」という危機感をもつ出版関係者が増えている。出版社にとって「さわる表紙」の製作は余計な費用がかかるものだが、編集者とデザイナーが僕のわがままな提案に少なからぬ興味を示してくれるのはうれしい。まさに、ピンチはチャンスなりというべきだろう。

過去の拙著の「さわる表紙」企画に協力してくださった方々に感謝する一方、僕には不満もあった。「さわる表紙」を作る場合、デザイナーは最初に「見る表紙」を完成させる。本の表紙とは見た目のインパクトが第一なのだから、これは当然のプロセスだろう。「見る表紙」の作製にあたって、点字が入るスペースを確保するなど、多少の準備・配慮がなされる。とはいえ、概して「さわる表紙」のデザインは「見る表紙」のあと付けとなる。つまり、「見る表紙」に描かれた内容をどうやって、どこまで「さわってわかる」形にできるのかという発想である。実は、これは見常者中心の社会にあって、目の「不自由」なマイノリティが暮らしやすい環境を整える視覚障害者支援の図式に類似している。

やや現実離れした願望ではあるが、琵琶法師や瞽女が「聴き語り」の磁場に見常者を引き込んでいたように、盲人文化の現代的な新展開を構想することはできないものか。まず、「さわって楽しい」触図を先にデザインし、そのあとにいわば「おまけ」として視覚情報を付加する。真の意味で触図が主役の「さわる表紙」こそが僕の理想である。こんな僕の無謀なる野望に付き合ってくれる賛同者が現れ、二〇一五年三月末に拙著『身体でみる異文化』[2]を刊行することができた。

この書籍の表紙には二種類の触図（点図）が印刷されている。表面では地球儀の南北アメリカ大陸を凸点で表し、裏面には北アメリカ大陸（アメリカとカナダ）の輪郭を点線で囲む白地図を掲載した。いずれも海のエリアは凹点で埋めている。表紙の袖（折り返し部分）に、僕は以下のような解説文を書いた。「アメリカの地図にさわると、僕の中でアメリカ滞在の記憶が鮮やかに蘇る。触覚には〝体〟と〝頭〟を結び付けるはたらきがある。触図とは、世界の成り立ちを凹凸の点の組み合わせで示すアートといえる。陸の盛り上がりや海の広がりなど、地図に触れる指先が捉える点の連続は、地球と人類の歴史にリンクする。見る地図からさわる地図へ。本書のページをめくる読者の〝手〟が、二十世紀の視覚文化を超克する二十一世紀の触文化を切り開く！」

白い紙に凸点と凹点が配列された「さわる表紙」はきわめてシンプルで、おそらく「触図が主役」というコンセプトは一般受けしないだろう。また、そもそもマイナーな拙著は書店で平積みされることがほとんどないのだから、触図が販売促進戦略として有効なのかどうか、はなはだ疑問である。だが、この「さわる表紙」の具体化が、「ユニバーサル・ミュージアム」のあり方を模索する僕の十年余の活動の集大成なのではないかと、勝手に自己満足している。

拙著を読了し、著者の「心の声」に触発された見常者が、あらためて二度三度と表紙にさわり、「目に見えないアメリカの響き」を体に刻み付ける。そんな「触感を味わう」読書法があってもいいだろう。「聴き語り」に根ざす盲人文化の厚みには比べるべくもないが、これからも「音を書き、音で読み、音にさわる」視覚障害者ならではの研究を継続し、マイノリティの身体知を積極的に社会に発信したい。

注

(1) 自治館編輯局編『明治文豪硯海録』文明堂、一九〇二年

(2) 広瀬浩二郎『身体でみる異文化――目に見えないアメリカを描く』(臨川選書)、臨川書店、二〇一五年

第3部　博物館と社会をつなぐワークショップ

——「見えない世界をみる」感性を育むために

第11章　縄文人の暮らしと現代アート
――歴史を再発見・再創造する

堀江武史

はじめに

私は考古学領域を経て出土品の保存修復や複製をなりわいとしています。また、考古学と社会を取り結ぶために体験実習を実践してきました。

もう一方で「縄文文化の伝え方」を課題に、ワークショップの企画や美術作品の発表をおこなっています。私の場合、科学的な見方で考古学や修復に臨み、歴史の「再発見」に挑みます。そして発見したものを一般に伝えるために、活動の場をワークショップや美術展示へと移します。作品制作は考古学領域を活用した、いわば「再創造」といえるでしょう。

博物館の展示だけでは伝えきれない縄文文化へのアプローチ――裏づけがある歴史を学ぶことに加えて、「見えない縄文人の暮らし」を各々の感性で補うことも一つの方法だと考えます。これによって参加者、鑑賞者自身の再発見・再創造へとつながっていくのではないか、そんなことを期待しています。

1　体験型考古学講座とワークショップ

現代人が縄文人の暮らしという「見えない世界」をみるためには、遺されたモノを通じて脳内で世界を再構築しなければなりません。手がかりとなる、そのモノが「何なのか」ということは博物館が答えを提示しています。しかしそこでは、モノから「何を感じるか」というような、人々の感性へのはたらきかけは重要とされません。それでは感性を使わないで縄文人の暮らしを見ることができるのでしょうか。

実は考古学者が明らかにできる縄文人の暮らしぶりはほんの一部です。言い換えると、縄文人の暮らしはほとんどわからない。しかし、私たちの先祖を、わからない、見えないままですませるというのは面白くありません。ここは同じ人類としてもつ感性に頼って、それぞれが想像で補っていくしかないのではないでしょうか。

例えば深鉢型土器を持ち上げてみる。肉を煮た模造土器を洗ってみる。洗わないでひと晩放置してみる。ドングリ団子を煮て食べてみる。底に残った汁をすくってみる。重い、軽い、洗いづらい、くさい、うまい、まずい、すくえない。感じたこと、思ったこと、しぐさ、姿勢が、知らぬ間に往時とつながっていくはずです。私はこれを、個々のレベルで縄文人の暮らしがみえてくる体験、と捉えます。感性を刺激するという意味で体験講座やワークショップはこの絶好の機会ともいえます。

ここからは私がこれまでおこなってきた事例を二つ紹介します。

体験型考古学講座

「糸で石を切る」（長野県飯島町教育委員会・二〇一一年　大人十六人参加）

縄文遺物である玦飾（けつかざり）、いわゆる玦状耳飾は、環状にした石の一カ所に切れ目を入れた遺物で、古いものでは九

写真1　糸で石を切る体験のなかで、環状にした滑石をトクサで仕上げている様子

千年前から日本に存在しています。同じころの中国にも同様のものがあります。中国の出土品に、切れ目を糸で切った痕跡があることを知った長野県埋蔵文化財センターの川崎保さんが、私を誘って日本での事例を探りました。私は長野県内の最古級のものも含めて観察し、糸切り技法を確認しました。その際に別の思いがけない発見もありました。ヤスリがけの用具として植物のトクサが使われていたようなのです。技法についても考察を試み、私は二〇〇九年に仮説としてその結果を発表しました。

これを聞いた最古級玦飾を所蔵する長野県飯島町教育委員会の丸山浩隆さんから製作体験の要請があり、二〇一一年に体験型考古学講座として実施しました。前半は本物の玦飾を提示しながらの考古学的な解説、後半は実際に石を切る体験です（写真1）。

あくまでも仮説の技法ではありますが、糸と砂で石を切るという体験はとても面白いものです。参加者は九千年前の人を急に近くに感じ、その知恵に驚かされたことでしょう。

ワークショップ

「Archaeology × Art――さがす、さわる、つくる、かざる」（岐阜県美濃加茂市民ミュージアム・二〇一四年　大人十四人、子ども一人参加）

美濃加茂市民ミュージアムでの考古学企画展に合わせて、学芸員の藤村俊さんからワークショップの企画を依頼されました。現地を視察して藤村さんと議論し、博物館の立地、特徴的な出土品、収蔵品を生かしながら、参加者がそれを積極的に「さわる」「感じる」ことを主体とするワークショップを目指すことにしました。そして副次的に作り上げられる参加者の作品は、本物の遺物と併置して博物館内に展示することにしました。モノを作って終わりにするのではなく、展示室にしばらく飾る。これにはもう一度誰かを誘って博物館に来てほしい、作品と遺物について語ってほしいという思いも込めました。

ワークショップは次のように進んでいきます。

写真2　美濃加茂市民ミュージアムの展示室に飾ったワークショップによる作品

①〈さがすワクワク〉（博物館の立地を生かし、この地に特徴的な遺物を探す）

博物館は遺跡を包含した森のなかに立地しています。ここからはこの地域に特徴的な石英安山岩、通称・下呂石で作られた石鏃などが出土します。いまでも石鏃を見つけることができますが、簡単ではありません。そこでワークショップでは本物を探してもらう一方、あらかじめまいておいた大ぶりに割った下呂石の剥片を、宝探しの要領で拾ってもらうことにしました。遺跡のなかで石器剥片を探す、つまり考古学領域でいう「表面採集」であり、心躍る疑似体験ともいえます。下呂石はもともと黒に近い色ですが、まいたものは金色に塗装してあります。これは単に「金の宝物」のような錯覚を与えるためだけに施したものではありません。まず、暗い森のなかで見つけやすいのが理由の一つです。また、本来あってはならないことですが、ばらまいておいて仮に回収しきれなかったとき、遺物との見分けが容易になります。そして最も重要なのは、拾ったあとでおこなう剥離加工の痕跡を明瞭にするためです。

②〈さわるワクワク〉(石器にさわる)

事前に収蔵庫を見学した折にたくさんの寄贈資料を目にしました。残念なことですが個人の情熱によって集められた資料は、出所の明確な優品でなければ研究・展示に至ることはありません。そこでこのような資料をワークショップで生かすことにしました。美濃加茂市内で個人によって採集された下呂石製石鏃を用意して、参加者一人あたり二十点のお気に入りを選んでもらいました。手のひらの上の一点ものです。「いったいこれはどうやって作るのだろう」。いっぺんに数千年前の製作者に想いを馳せることになります。

③〈つくるワクワク〉(石器を作る)

実物の石鏃の観察と解説をおこなったあとは、森で拾ってきた下呂石を使って石器製作の原理を体感してもらいます。未経験者が加工原理の理解に時間を要するのは、力を加えた「見える」部分とは反対側の「見えない」部分で剥離現象が起こること、剥離した部分とそうでない部分との見分けがつかないことに原因があります。ここで金色に塗装した下呂石が本領を発揮します。参加者が剥片に工具の鹿角を押し当てると、石が小さく剥離して金色の下から下呂石の地の色、黒色が出てきます。これによって早い段階で石器製作のメカニズムがはっきりと自覚できます。ここでは石鏃、ナイフを作りたい人へのアドバイスはしますが、加工の面白さ、原理の体感を目的とし、全員が特定の石器を作ることは目指しません。拾った剥片は形も大きさもまちまちなので、それに合わせて思い思いに加工してもらいます。結果は刃部をもつ不定形な石器となりますが、金と黒の彫刻作品ともいえます。成功の基準がないので失敗もありません。加工原理を理解したときに、少しだけ縄文人の暮らしがみえてきたのではないでしょうか。

④〈かざるワクワク〉（考古学展示室に展示する）

次に各人には自作の石器二点と実物の石鏃二十点を赤いボード（八・三センチ×六十七センチ。個別番号付き）の上にレイアウトしてもらいます。ボードに二カ所、少し高く段差をつけてあり、そこに自作二点を必ず載せるという以外は自由に石鏃を配置してもらいます。各自レイアウトが終わったらボードの番号順に二つのガラスケースの中に並べていくと、六十七センチ×六十七センチの作品が二つできあがります。一枚のボードの上では自由で個性的な石鏃の配置が展開されていますが、八枚のボードが組み合わさると、高く据えられた自作の石器が十六個で一つの円を描くような仕掛けになっているので、大きな一つの作品のように生まれ変わります。

最後に用意しておいた下呂石の塊を提示しました。いったんバラバラにした剝片をつなぎ合わせて塊に戻した形の、そのレプリカです。これは参加者が手にする前のいくつもの剝片の集合体、過去の姿なのです。石膏製なので軽いものですが（実物の重量は七百十グラム。石膏製レプリカは三百二十グラム）、手に取って観察してもらい、自分の使った剝片がどこに組み合わさっていたのかを見てもらいました。ここでは、人の手が石にどう作用してきたか、ということをもう一度振り返ってほしいのです。このようにして剝片の接合関係を明らかにするのは考古学ではよくおこなわれていることです。このオブジェを作品の中心に据えて完成となります。

タイトルはこちらで決めていました。石鏃は狩りの道具です。下呂石の塊をつぼみに、剝片を花びらに見立てて『花びらはやがて狩りをする』と名づけました。視覚障害がある参加者から、タイトルを知る前に花をイメージしていた、と聞いたときはとてもうれしくなりました。キャプションを参加者につけてもらって、ワークショップは終了となりました（写真2）。

2　美術展示

私がおこなっているもう一つの取り組みは、縄文時代の技術を現代の美術作品として見せる、というものです。現代のモノよりは劣って見られる縄文遺物。その背後にある高度な技法、適切な材料選択、すぐれた造形力を見せるための作品を作って挽回しよう、そう考えたのです。制作では文献を手がかりに、私自身が技法を推測して追体験することもあります。触覚、視覚、嗅覚、聴覚を伴う感性世界を通して、縄文時代の技術を使った現代のカタチが生まれます。少し体裁を整えたものを提示することで、まったく関心がなかった人に縄文文化のすばらしさ、面白さが伝わるのではないか、と思いました。

『もうひとつの縄の使い方――石を切る』[1]（二〇一三年制作。写真3）

滑石、麻ひも、砂、ガラス板、LEDのテープライトなどでできていて、全体の大きさは四十三センチ×七十・五センチ×高さ十九センチ。先に述べた「糸切り技法」と同じ方法で一つの滑石のブロック（十二センチ×七センチ×七センチ）を麻ひもと砂を使って四つに挽き切りました。そしてブロックの角をトクサで模様づけしました。滑石を載せたガラス板の下から光を当てて、砂を輝かせ、滑石に残る糸切り特有の波状文様の陰影を際立たせます。仮説ですが縄文人の技法による作品です。

これは二〇一五年、東京・表参道スパイラルガーデンでの「ARTs of JOMON」展に出品しました。私が在廊するときは来場者にさわってもらいました。

『火の力に石は応える――石棒材料大山石の魅力』[2]（二〇一三年制作。写真4）

地質学でいう柱状節理によって自然に形成された直方体の花崗斑岩を使っています。大きさは三十センチ×八センチ×八センチくらいで、実際にはこれを六つ、横にして展示します。五つは半分から上が壊れています。

約五千年前の縄文時代中期に盛んに作られた石の彫刻に「大形石棒」があります。石材の種類にはいろいろあります。男性器のカタチをしていて、東京都国立市の緑川東遺跡からは長さ一メートル、重さ二十六キロ前後の完形品が四本、建物の跡から出土しました。石材を観察したところ、群馬県松井田町の大山から産出する花崗斑岩と同質のものと思われました。この通称大山石は各地に供給され、遠くは二百キロ先まで運ばれていたという説もあります。いったいこの石の、どこに魅力があるのでしょうか。柱状節理という形状が男根製作に向いてい

写真3『もうひとつの縄の使い方――石を切る』

写真4『火の力に石は応える――石棒材料大山石の魅力』

写真5　『ダイダラボッチの首飾り』

るのは確かでしょう。私が着目するのは完成した石棒がのちに加熱され、壊されるケースが多い、という点です。大山石を加熱することで、ほかの石には見られない現象が起こるのではないか、という予察がありました。そこで、大山石を焼いて作品化し、一般の人や考古学研究者に見てもらおうと考えました。プロセスと結果はこうなります。

被熱前後の色、質的変化が比較できるように大山石を縦半分に切り、一方を野焼きしました。これを六点でおこなうと、一点を除き、長軸に対して直角方向に分割されました。石棒なら複数の「輪切り」ができあがります。破片のいくつかはピューンという風切り音を立てながら弾け飛びました。五、六メートルも飛んだものもあります。人間の手ではなく、火の力でこの石特有の割れ方をするのです。おそらく柱状節理の成り立ちがそうさせるのでしょう。私はこれまで海、山、川の石を組んで焚火をしてきましたが、こういう現象を見るのは初めてでした。ここに何らかの魅力を感じたのが縄文の人々ではなかったでしょうか。焼かないでおいたもう片方の石を土台にして、ほかの破片とゆるく接合して元のカタチに戻したのが本作品となります。

これは二〇一四年、岡山県新見市にある猪風来美術館が企画した「縄文人ののこした十六のカタチ——堀江武史」展に出品しました。

『ダイダラボッチの首飾り』（二〇一三年制作。写真5）

三十五センチ×二十五センチのボードに、四角くカットした二十五個の土器破片を、横に二段の弧を描くように並べました。

畑に落ちている土器の破片は手に取ってよく見ると面白いものです。しかし一般の人は泥が付いた破片など、拾おうとは思わないでしょう。私は拾った破片をきれいに洗って形を整え、縄文時代から使われているベンガラの赤のほかに黄色、白、緑などの石の粉に、鹿膠を混ぜた絵の具を塗りました。土器を拾った場所が、巨人伝説のある地域でしたので「ダイダラボッチの首飾り」と名づけました。

これは二〇一五年、東京・上野桜木町の平櫛田中アトリエでおこなわれた「修復のお仕事展」で展示されました。この展示は修復家の石原道知さんの、「作品を視覚障害者にさわってもらいたい」という要望を受けて実現しました。

写真6　『ウルトラ・スカルプチャー』

『ウルトラ・スカルプチャー』[3]（二〇一五年制作。写真6）

十五センチ前後の焼き物の人形と、合成樹脂製の人形です。

秋田県漆下遺跡の土偶を、いったん文様がない状態まで模造しました。もう一方はそのままツヤがある合成樹脂のように文様をつけて複製して野焼きしました。その同じ雌型から、一方は粘土で実物いわば施文前と施文後の人形を同時に提示したわけです。

多くの土偶は、まだら焼け、汚れ、欠けに加えて大胆な文様が先に目に入ってきてしまい、フォルムの秀逸さが見逃されがちなのです。素材を変え、施文しないことで現代にも通じる縄文人の造形能力の高さを見てもらおうと思っています。焼き物のほうは出土品と同じように右手右足を欠いています。樹脂製のものは欠けている部分もそろっていますが、ウルトラ怪獣ソフトビニール人形のように関節が動き、もぎ取ることができます。全体は白色ですが、右手右足は金色です。

焼き物の一点と樹脂製のもの八点をセットにして、アメリカ・デンバー国際空港の展示エリアで展示されました。縄文の魅力を世界に伝えたいという思いが、さまざまな人たちのおかげで実現しています。

3　持ち運べる縄文遺構

新潟県阿賀町郷土資料館（二〇一四年）

五千年ほど前の東北を中心とした文化圏で、「複式炉」（火を焚く場所が二つ以上ある炉）という縄文時代の遺構が建物跡から出土しています。バリエーションは豊かで研究者によって考察はなされていますが、機能についてはよくわかっていません。

新潟県阿賀町の原遺跡から出土したものは大小百三十個あまりの石と、埋められた二つの土器で築いてあり、真上からその部分だけを見ると一辺が約二メートルのほぼ正三角形をしています。底辺には三角形の外側に向かって半円形に掘りくぼめられた土だけの部分が付設されています（写真7）。

遺構そのものは道路工事に伴って消滅してしまいましたが、代わりに石組みの部分だけ型を取って樹脂製のレプリカを作ることになりました。通常、大きな遺構のレプリカは一度設置するとやすやすとは移動できません。今回はよそへの移動を想定して軽量化につとめ、業者を介さなくても分割して持ち運べるようにしました。

工房へ持ち帰った型には合成樹脂を塗り重ねますが、その際の補強材として、軽量化のためにガラスマットの四分の一の重さのビニール繊維のマットを積層しました。これに最小限度の骨材、木製の脚を接続します。そして型を取りはずすと二分割できるレプリカが現れます（写真8）。

次に写真を参考に、百三十個の石一点一点に色をつけていきます。この着色作業をしていて発見がありました。

石組みに使われているのは縄文人が張り付けるように並べた大き目の石ですが、複数の石の、同じ高さから下に、被熱によると思われる劣化が見えてきたのです。どうやら発掘現場では表面を薄く覆っていた土の「色」が、微妙なマチエールを見えなくしていたようです。レプリカになったものに刷毛でこするように色をつけていくと、フロッタージュと同じ原理で、出っ張ったところに濃く色がついていき、現場では見えなかった「境界線」が現れたのです。推測の域を出ませんが、この部分は灰で構成される囲炉裏のようなものではなく、炭で構成された火力が強い「火床（ほど）」のような使い方をしていたかもしれません。

「複式炉」という呼ばれ方ですっかり周知されてはいる遺構ですが、それにしてもよくわからない構築物です。

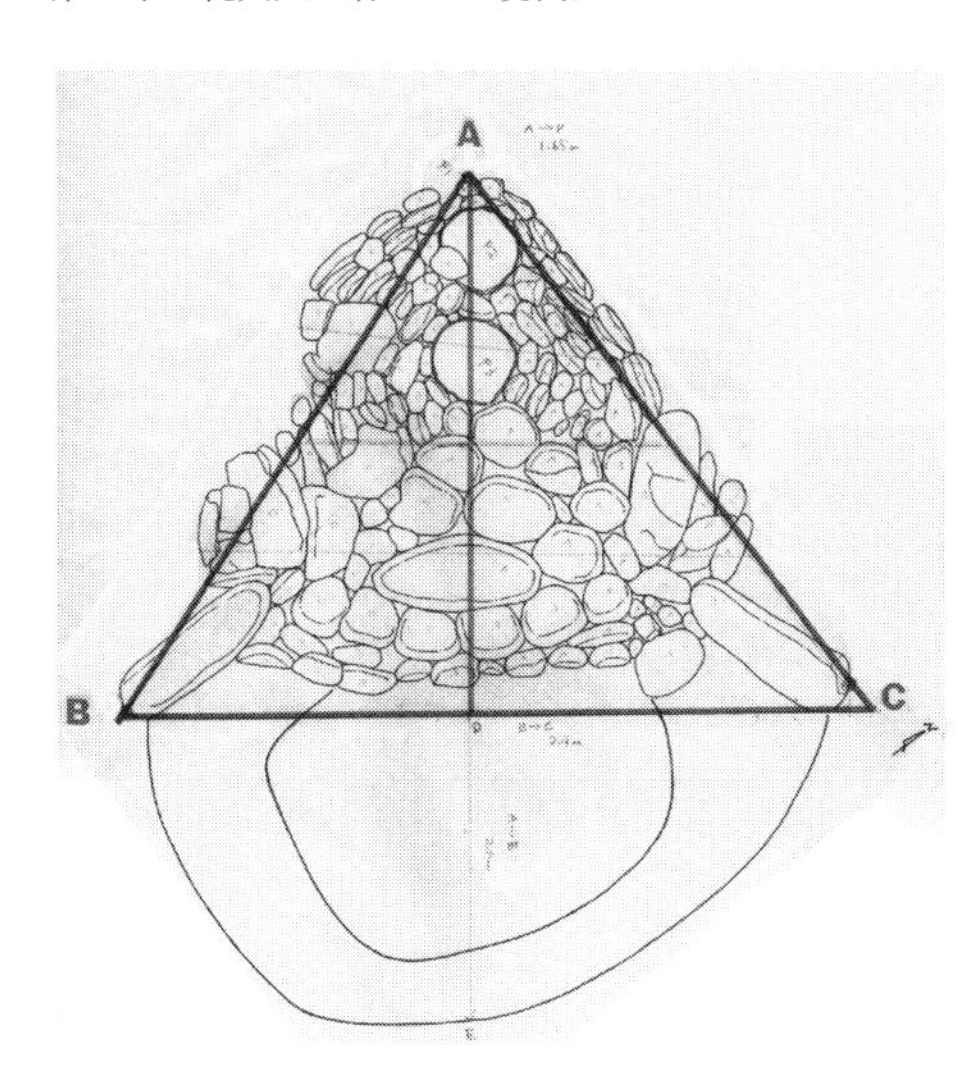

写真7　複式炉の平面図

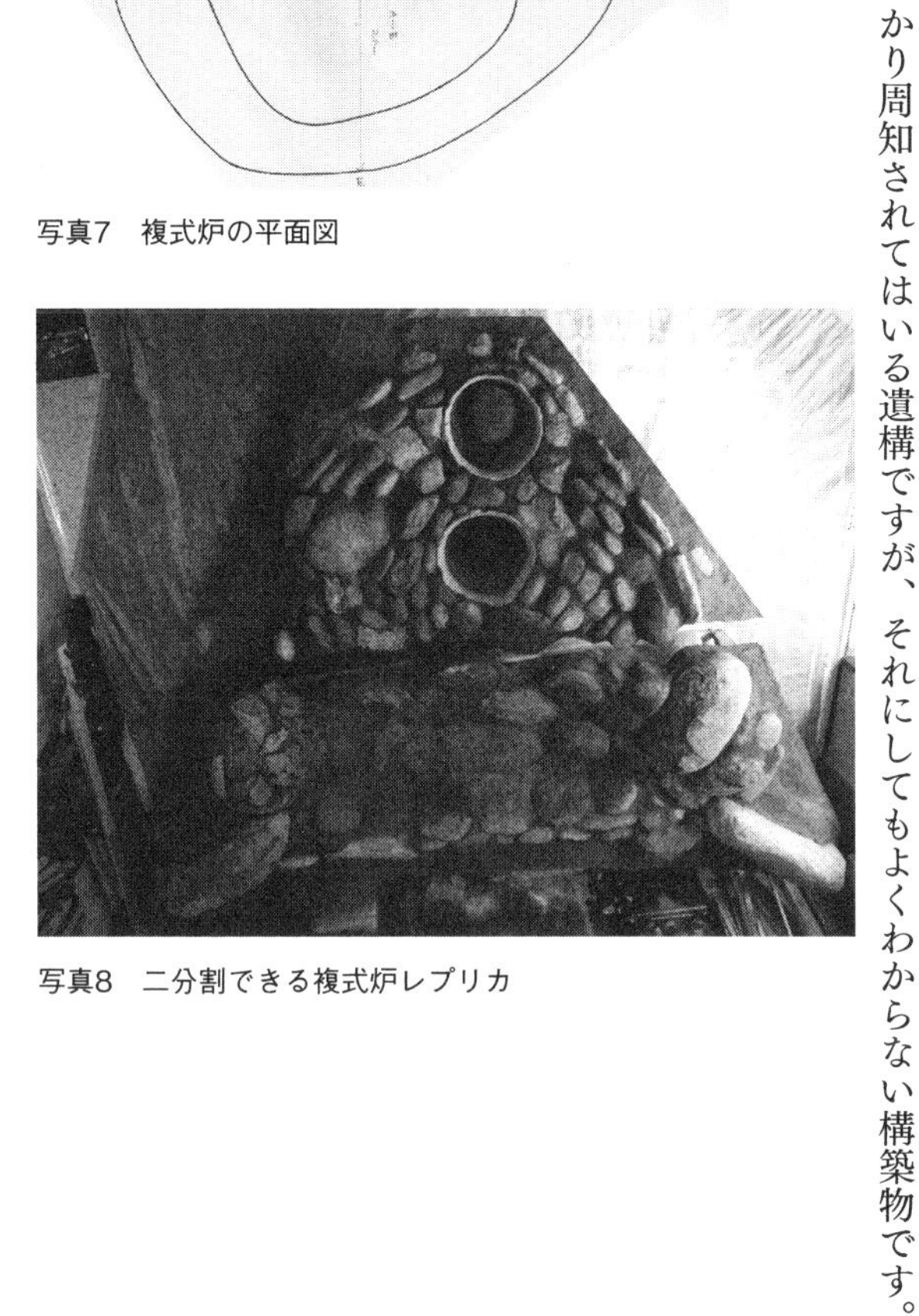
写真8　二分割できる複式炉レプリカ

写真9　複式炉の展示風景

こういうものが考古学領域だけにとどまっているのは惜しいと思います。博物館、考古学領域以外の場所、イベントでレプリカを公開すれば、一般の人からの予想外の反応や、窯業、科学、技術、工芸、美術、宗教、人類史などの側面から、多様な見方が出てくるかもしれません。おそらくさまざまな人が、見えない縄文人の暮らしを自身の知識と感性でみようとするでしょう。ミュージアムが、モノを持ち出して「別の場所」で見せることで、きっと多様な感性に迎えられ、さらなる感性が育まれるにちがいありません。

おわりに

私はユニバーサル・ミュージアム研究会に参加して四年がたちます。視覚障害者やユニバーサルな事柄に関わる人たちとの付き合いで気づいたことは「目が見える者と違う楽しみ方を求める必要はないのではないか」ということです。提供者はそれに応えるための配慮は必要ですが、ユニバーサルの思考が特別なものを求めていくと、楽しめないもの、バリアのあるものが出てくるような気がします。例えば障害がない人が「障害者を理解していない自分は、彼らと一緒に楽しめないのでは」とか「障害者にとって危険なエリアは制限しよう」と考えます。こういう「優しい」気持ちも大事ですが、これでは楽しみを共有するきっかけさえゼロになります。プランナー自身もどこか身構えてしまって、楽しむどころではなくなるでしょう。提供者も最小限の配慮やマナーを確保しながら、もっとシンプルに、まずは自分が体感して面白いものをそのまま一緒にやるような感覚でものを考える。「誰もが楽しめるもの」とはそういうところから生まれてくるのではないでしょうか。その意味でも体験講座やワークショップが、ミュージアムの将来を方向づけるテストケースになるのではないかと思います。

注

（1）川崎保「中国東北・沿海州から見た縄文玉製品」、小林達雄／藤本強／杉山林継／吉田恵二監修、伊藤慎二／山添奈苗編『東アジアにおける新石器文化と日本――國學院大學二十一世紀COEプログラム二〇〇五年度考古学調査研究報告』第三巻（「21COE考古学シリーズ」第六巻）所収、國學院大學二十一世紀COEプログラム研究センター、二〇〇六年、鄧聰「以柔克剛――玉器線切割來龍去脈」『玉器起源探索』中国考古芸術研究中心（香港中文大学）、二〇〇七年

（2）谷口康浩編『縄文人の石神――大形石棒にみる祭儀行為』（考古学リーダー）、六一書房、二〇一二年

（3）秋田県埋蔵文化財センター『漆下遺跡』（「森吉山ダム建設事業に係る埋蔵文化財発掘調査報告書」第二十三巻）、秋田県教育委員会、二〇一一年

第12章　遺跡を感じる
――さわって楽しむ考古学の魅力

さかいひろこ

1　遺跡をイメージする

私は遺跡を描くイラストレーターをしています。いわゆる復元画です。遺跡のイラストを描くには、実際に遺跡に行って体感することがとても大切です。どんな人がいたのか、どんなことがおこなわれていたのか、それらがイメージできないと、絵は描けません。見えないものを、想像して、描く。つまり、絵を描くために私がしている行為そのものが遺跡を感じるワークショップになるのです。

本章で報告するのは、二〇一五年二月に実施した縄文時代の貝塚・陸平（おかだいら）貝塚へのユニバーサル・ミュージアム研究会（以下、UM研と略記）の遠足です。これをもとに遺跡を感じるワークショップを考えていきます。

2　何をいちばん伝えたいか

　この遠足を企画する際、最初に大切だと考えたことは、まず私のなかで何を伝えたいかを絞ることでした。それは、シンプルに「縄文貝塚」そのもの。貝塚とは、どんなものか――それだけに絞りました。

　そのためにぜひやってみたいと思ったことは、貝塚の貝層の剝ぎ取り断面をさわることでした。剝ぎ取り断面というのは、発掘調査のときに貝層を垂直に削って壁にし、そこにのりを付け布を張り、乾かしてペリペリとはがしたものです。つまり、積もった貝の厚みがそのまま感じられる資料です。これを実際にさわることができれば、貝塚はどんなものがどんなふうに重なってできているか想像できると思いました。

　遺跡に行ったときに、絵を描くにも必要なツールがあります。地形の情報を伝えるもの、地図や地形図です。この遠足ではさわってわかるものが必要でした。

　それから、ストーリーを組み立てました。どんな順番で伝えると面白いのか。これまでUM研ではいろいろとさわるツアーをしていますが、話が長くなりすぎて、さわるべきものが目の前にあるのにさわれないということが多くありました。そこでまず現地に着いたら土器をさわり、貝層断面をさわり、お日さまが高くのぼったら現地を歩いてくる――そんなストーリーを考えました。ところが当日の天気は午後から雨の予報。結局まずは貝塚を先に見ることになりました。それは結果としてなかなかいい順番でした。ストーリーの組み立ては、企画者の腕の見せどころです。

　この遠足は、北村まさみさんが主宰するつくばバリアフリー学習会の翌日に企画されました。参加者は前日の学習会に参加し、茨城県つくば市内に宿泊しました。しかしつくば市から貝塚がある美浦（みほ）村に直線で移動できる公共交通手段はありません。バスも電車もないので、貸し切りバスで移動しました。車内では、霞ヶ浦に面した貝塚の立地などを、景色を眺めながら紹介しました。走行ルートも、地形を感じるコースにしました。

　もう一つ大切なことは、事前の現地の担当者との打ち合わせです。何をどう伝えたいか、こちらのプランを明確に伝えることが大切で、打ち合わせが綿密であればあるほど、きっといいワークショップになるはずです。

写真1　さまざまな触地図をさわる（撮影：矢野徳也）

3　さわる地図を用意する

さわる地図は三種類用意できました。

一つは私が百円均一ショップの材料で作ったもの。こだわったのは、台地・低地・湖に手ざわりがそれぞれ違う素材を使ったことです。JR常磐線と土浦駅も入れてあります。また国土地理院から地理院地図3Dの試作品としていくつかサンプルを送ってもらいました。樹脂でできた触地図です。もう一つは、新潟大学工学部の渡辺哲也さんが作っている、カプセルペーパーを使った立体コピーの触地図です。触地図はカラーコピーを利用して墨字を水色で入れ、遺跡や森の範囲などは緑や黄色の薄い色で色分けしてあります。これらの地図はバスのなかで回したり、現地に持ち運んでさわったり、戻ってからじっくりさわったりしました。

現地には美浦村文化財センターがあり、展示施設と研究施設が併設されています。休憩室として和室の会議室を借りて、昼食などをそこでとりました。体験学習室で最初に十五分、貝塚調査の概要のビデオを見てから貝塚に向かいました。十時ごろから十六時近くまで、丸一日を陸平貝塚で過ごしたことになります。

絵を描くためには遺跡を掘った人の話を聞くことも重要です。遺跡を感じるワークショップでも、やはり直接掘った人に話をうかがうのがいちばんです。今回は学芸員の馬場信子さんが一日サポートしてくれました。また発掘に参加している市民ボランティアの阿部きよ子さんもガイドしてくれました。人の魅力が遺跡の魅力を増加させます。

4　プログラムには余裕が必要

ワークショップ、特にまち歩きなどのプログラムには時間の余裕をたっぷりもたせることが、これまでの経験から大事なポイントになるとわかりました。余裕があれば参加者の興味のまま、たくさん道草ができます。いくら綿密に計画していても、必ずハプニングがあるものです。この遠足でも予期しないことが多々ありました。例えば縄文池の小島にみんなが渡り始めてしまってびっくりしました。フキノトウがちょうど出ていたところで、春のにおいを感じました。このあと、フクロウの羽根を拾ったり、いろんなことをしながら遺跡のほうに向かいました。

写真2　遺跡には貝殻がちらばっている（撮影：矢野徳也）

ちょうど、ぶくぶく水の脇をすぎたあたりだったでしょうか。「ここに縄文の船着き場があったのかしら」と参加者がふともらした、この言葉に私はぞくぞくっときてしまいました。まさに、遺跡を感じている、そう思った瞬間でした。

やがて道の先に現れた丘の枯れ葉のなかにパラパラと見えている白いもの、これが縄文時代の貝です。これを踏みしめながら現地を歩きます。こういうことができるのは陸平貝塚ぐらいだと思います。これはホンモノです。この斜面をのぼると広場があります。なにも作られていません。普通遺跡といえば復元住居が建てられていることが多いですが、ここにあるのは原っぱ、野ウサギのふんとかモグラの穴だけです。台地の縁にある八つの貝塚を回ったあとに、市民ボランティアのみんなで建てた復元竪穴住居一棟をのぞいてきました。実際に台地の縁をぐるっと回って、遺跡の広がりが体感できたと思います。遺跡を描く際にも、遺跡を歩くことは実はとても大切な体験の一つです。

縄文時代の研究では、いまも貝塚がいったい何なのかはっきりわかっていません。縄文の竪穴住居も、例えば屋根はどうだったかとか、内部はどうなっていたかとか、本当の姿はわかっていないことだらけです。もしかしたら、その謎を解けるのは研究者ではなく私たち一般市民かもしれません。そこに暮らしていたのは、普通の人、そこに残っているのは生活の痕跡だからです。しかし、なかなか情報が伝わらないために、想像力をふくらませるところまでいかないのだと思います。

5　貝層剥ぎ取り断面にさわる

センターに戻ってきました。展示室にも貝層断面の展示がありますが、こちらはアクリルケースでさえぎられてしまってさわれません。特別に収蔵庫のなかの大谷貝塚の貝層断面をさわらせてもらいました。ほぼ同時代のものです。これは大体二メートルぐらいの高さがあり、この厚さの貝の層があの八カ所に埋まっているのだと思うと、膨大な量だというのがよくわかります。「これが貝塚なのね!!」と、さわって興奮する感じがすごく伝わってきました。貝層断面にこだわってよかったと思う瞬間でした。

そして体験学習室で、陸平貝塚から出土した縄文土器にさわりました。

現地から出てきたものにさわることはとても大切です。特に、土器は遺跡の個性を伝えるものの一つです。絵を描くときには、重要と思われる土器はみんな見せてもらいたいと思います。この遠足の打ち合わせのとき「ちょっと縄文土器をさわらせてもらいたい」と言い、うっかりその数を「一、二点」と言ってしまったのは失敗でした。多すぎても、少なすぎてもいけないと思いますが、なかなか適量というのがわかりません。また、何をさわらせてもらうべきなのかは、企画者がその遺跡を十分知ったとき、さらにもっと見えてくると思います。

またこのワークショップの感想を参加者のみなさんに聞くことを忘れていました。後日「楽しかった」「興奮した！」という感想が届きましたが、ちゃんとアンケートをするべきでした。そんなわけで、どこがよかったか、どこが改善点なのか、具体的に紹介することができません。

というわけで、いろいろ反省するところがあります。

写真3　貝層剝ぎ取り断面にさわる（撮影：矢野徳也）

写真4　土器にさわる（撮影：矢野徳也）

美浦村文化財センターの全面的な協力で、まるまる一日文化財センターと貝塚を楽しむことができました。計画して実現できなかったのは、貝塚のなかで「貝料理」を楽しむこと。準備に無理があり断念しました。

想像力をふくらませ、遺跡を楽しむこと。遺跡を感じるワークショップにはまだまだやれることがいっぱいあるぞと気づかされた一日でした。

6　どうやって遺跡を楽しむか

何よりも大切なのは、どうやって遺跡をみんなで楽しむか、そのアイデアを練る心だと思います。今回はUM研の遠足としての計画でしたが、もし参加者が幼稚園生だったら、高校生だったら、シルバー世代だったら、と誰にでも楽しめる遺跡を感じるツアーにするには、企画する側の心をうんと柔らかくする必要があります。でもそれは苦労ではないはずです。だって遺跡の魅力を共有できるチャンスなのですから。

実は当日、参加者である友人のオカリナ演奏家夫妻が即興演奏をしてくれて、古代へのイメージをさらにふくらませてくれました。そういう方法もあると思います。

また、たくさんある霞ヶ浦の貝塚のなかで陸平貝塚だけに絞り、一日ゆっくり楽しんだことも重要だったと思います。

考古学の素材にはさわって楽しめるものが、たくさんあります。収蔵庫にはそういった資料がまだまだ眠っています。それらを楽しみながら、実際に遺跡へと足を運び、遺跡をまるごと感じるワークショップをぜひみなさんも企画してみてください。

第13章　モノと人との対話を引き出す触発型ワークショップ

——第五福竜丸展示館・触察ツアーを事例として

真下弥生

1　展示館の二つの船

本章では、二〇一五年五月、第五福竜丸展示館で私が企画・実施した触察ワークショップの経緯を紹介します。ワークショップの舞台になった第五福竜丸展示館は、東京湾に面した夢の島公園にある東京都の施設で、一九七六年に開館しました。夢の島公園は、もとは東京都のゴミの埋め立て地でしたが、いまは展示館をはじめ、東京スポーツ文化館や夢の島熱帯植物館などが併設されています。展示館の建物の外観は、手で作った山のような形、両手を向かい合わせにして指先を合わせたような形をしていて、このなかに船がすっぽり収められている状態になっています。

第五福竜丸という船については、ご存じの方も多いでしょう。いまから約六十年前、一九五四年のことですが、遠洋漁業に出た北西太平洋沖で、アメリカによる水爆実験に巻き込まれた木造漁船です。二十三人の乗組員、船、そして捕ったマグロもすべて、大量の放射性物質を浴びて被曝し、彼らが日本に戻ってそのことが報じられると、当時の社会を大きく揺さぶりました。その船がこの展示館で保存・展示されています。二十余人の乗組員が乗って生活していたのですから、実際の船は非常に大きいものですが、特に予防線やケースなどはなく、手が届く範囲はさわることができる状態になっています。

そして、この展示館にはもう一つの「船」があります。第五福竜丸の三十分の一模型です。長さは一メートル程度、大人が両手でなんとか抱えられるぐらいの大きさです。この模型を作ったのは、第五福竜丸の乗組員の一人だった大石又七さんです。一九八三年、展示館が開館して数年たったころ、ある中学校が社会科見学にくることになり、そのなかに目の見えない生徒がいることを知って、大きい船だけではわからないだろうと木で模型を作ったのです。現在、模型はガラスケースの中に入った状態で展示されていますが、リクエストがあれば、ケースを開けてさわらせてくれます。盲学校が見学にくる際にも活用されていて、三十年以上にわたって現役で使われています。

現物の船と適切なサイズの模型、この二つがそろっているまたとない環境で、両者にさわれることを最大限に生かすようなワークショップをやりたいと、私は考えるようになりました。それに、一九八三年という非常に早い段階から、事物の把握に視覚を使わない人がいるということを想定して、第五福竜丸をよりよく理解できるようにする、自発的かつ手作りの発想があったことにも注目したいと思いました。博物館のような公的な施設にはアクセシビリティを確保しなければならないと謳われ、盛んに実践されるようになるよりも、ずっと前のことです。

さらに、第五福竜丸展示館には、普段から修学旅行や社会科見学などで、団体による見学者が数多く訪れていて、そのなかには、特別支援学校や障害者団体も少なくありません。そのため展示館のスタッフにも、多様な人が来ることに慣れているという雰囲気がありました。特別に専門性があるサービスをするということではありませんが、相手に対して構えてしまうこともありません。このようなワークショップをやってみたいと展示館に申し出たところ、快く承諾していただきました。

2　ワークショップを支える基本方針

企画を練るにあたり、その過程で留意したことがいくつかあります。まず一つは、端的にいうと、人とモノとが最大限に直接対話できるようにすることです。今回のワークショップの行程は、模型を作った大石さんを展示館に招いて、現物と模型の二つの船を、大石さんの話を聞きながら触察するという流れにしました。これだけで九十分、ほかのことは何もしないという、非常に単純な構成です。この二つの船の触察と大石さんとの対話という、三つの要素を行ったり来たりして体験を積み重ねていくことで、事実関係を把握することにとどまらず、第五福竜丸が通り抜けた時間がいまの自分にどのようにつながるのか、参加者がそれぞれ解釈する道筋を作ることを目指しました。これは本物をさわるだけ、あるいは模型をさわるだけ、大石さんの話を聞くだけで終わらせるのではなく、この三つが重層的に重なることではじめてわかることがあるのではないかと考えたためです。そのためには、触察する参加者と、二つの船と大石さんとが直接コミュニケーションできる流れにすることが非常に重要です。企画者である私の介入は最小限にし、司会進行はできるだけシンプルにすることを心がけました。

そしてもう一つは、このワークショップでは視覚障害者——広瀬浩二郎さんの言い方を借りると「触常者」——のペースを優先させることに留意しました。触察にはどうしても時間がかかります。見える人のペースで、「こういうものがあります、では次、はい次」と進めていくと、さわることをベースにしている人は、急いでついていかなければならず、結局消化不良に終わってしまうおそれがあります。だからといって、時間がかかる人たちのほうに合わせましょう、とペース設定をさわる人たちへの「配慮」と位置づけるのではなく、さわる人たちが物事を知覚する世界に、広瀬さんの表現を再度借りれば、「見常者」が触常者の世界に入っていくという捉え方をしたいと思いました。見常者を対象とした既存のワークショップに、視覚障害者が入ることを許容するというあり方ではなく、最初からさわる人たちのペースで進めてしまうのです。ワークショップの進行自体に取り立てて特殊な要素はありませんが、どのようなスタンスで運営するのかについて明確に意識しておくことは、現場で何らかの判断を迫られたときに、重要な意味をもつと思います。

こうしたことを念頭におきながら、大石さんや展示館との打ち合わせなど、準備を進めていきました。

3 ワークショップで起こったこと

当日は、視覚障害者四人が参加してくれました。駅からの誘導などをお願いしたサポートの方々に加え、堀江武史さんも協力してくれました。

展示館に入ると、ちょうど船のお尻、大きな船尾に出迎えられます（写真1）。そこで、ごく簡単にこの展示館のことを私が説明し、いま自分たちがいる位置を確認してから、今度は反対側の船首まで歩いていき、船の大きさを体で確認しました。ちなみに、船首方面まで歩く前に、船尾まわりを触察しています。波ですり減ったスクリューや舵などにさわり（写真2）、「角がずいぶん丸いねえ」「スクリューは扇風機みたいだけど、こんなに大きいんだねえ」など、ひとしきりおしゃべりしながら触察したあと、手が届きえない船全体の大きさを、歩いて確認するという流れです。

船尾に到着したところでそれぞれが自己紹介し、この場にいるメンバーをみなが把握したところで、模型の登場です（写真3）。通常は二階に展示しているものを、展示館のスタッフが移動しておいてくれました。模型の触察の始まりです（写真4）。

最初は「いま、手に触れたこの丸いものは何だろう？」「さわったら、これ動いちゃったけど、これはなんですか？」など、まず具体的に手に触れたものから会話が始まりました。そうした声を聞いた大石さんが、「いま、さわった丸いものは、船の錘で、こういうときに使うもので……」などと話してくれます。大石さんは十五歳のときから船に乗っていたとのことで、経験が体に染み込んでいて、話も非常に具体的です。やがて大石さんの話は「自分は船の上でこういう仕事を担当していたので、普段は船のなかのこのあたりにいて、水爆実験のときにはこのあたりにいたんだ」などと、事件当時へと迫っていきます。手に触れたモノからスタートしながら、徐々に大石さんの経験、その後の思いへと、会話が広がっていきました。

それと同時進行で、非常に重要なことがあらわになりました。大石さんはこの模型を、自分が乗っていたとき

写真1　船尾での説明（撮影：佐々木延江）

写真2　舵の触察（撮影：佐々木延江）

の第五福竜丸の記憶を頼りに制作しています。一方、現在展示館で保存している現物の船のほうは、事件後に改修されています。第五福竜丸ははやぶさ丸と名を変え、東京水産大学（現・東京海洋大学）の練習船になりました。そのために、機能や機材を追加・除去されて、ビキニ事件当時の姿をそのままとどめてはいません。したがって、この模型と実際の船の間には、多少のずれがあります。言葉で指摘されると当然のことなのですが、展示館に入って、存在感を放つ大きな船を前にすると、そのような前提は私自身も含めてつい忘れてしまいます。触

写真3　模型の登場（撮影：佐々木延江）

写真4　模型の触察（撮影：佐々木延江）

察と大石さんとのやりとりを続けていくうちに、いま自分たちがさわっている模型は、保存されている第五福竜丸の単なるコピーではないこと、時間の流れのなかで変化したものがあることを再確認し、船の記憶をより生々しく垣間見る、非常に面白い機会にもなりました。

こうした気づきもまた好奇心を刺激します。参加者から次々と疑問がわいてきて、質疑応答は途切れることがありませんでした。展示館のスタッフも応答に加わり、結局、触察と対話だけでほぼ九十分を使って、予定の時間になりました。最後にまた少しだけ実際の船を触察して、ワークショップは終了しました。

終了後は、展示館の外の芝生に、ピクニックマットをもって、みんなでお昼ご飯を食べにいきました。とはいえ、昼食はワークショップの一部ではなく、ちょうど終了時間がお昼にかかっていたので、ここであっさり解散したら、みんなおなかが空いたまま放り出されてしまうと考えて、希望者の数だけ、コンビニおにぎりとお茶だけの実に簡単な食事を用意したのですが、結果として、午後に予定があったサポーター一人以外は全員残りました。展示館裏の芝生は、マリーナが目の前に広がり、みんなでおしゃべりをするにはたいへん気持ちがいいところです。当日の天気が寒すぎたら困るし、かといって暑くても困るしと、企画した側は戦々恐々だったのですが、当日はたいへん気持ちよく晴れてくれて、絶好のピクニック日和となりました。

ここで再度、先ほどの話の続きになったり、船のなかでの生活は、苦しいことだけではなくて、こんなおかしいこともあった、マグロのほかにもこんな魚も捕れたんだよ、などといった大石さんの笑い話になって、また座が盛り上がります。

ワークショップの間、大石さんと私たちの関係は「講師」と「話を聞く人」でした。双方向的なやりとりこそありましたが、つまるところは「情報を提供してくれる証人」と、それを「聞く人」、あるいは、ビキニ事件で人生を大きく変えられてしまった「被害者」と、それをあとから知る「傍観者」です。しかし、みんなでざっくばらんに食事をともにすることによって、ワークショップ時の緊迫した関係をいったんリセットして、互いの人格に触れる機会が生まれました。ひいては、視覚障害者と晴眼者、見える人と見えない人という属性も超えて、人格同士がより「触れ」合う機会にもなりえていたのではないかと思います。

余談ですが、このお昼の時間に、大石さんが「マグロ塚」と呼ばれる、小さな石碑のことを話してくれました。ビキニ事件のときに捕れたマグロは、被曝しているということで大量に廃棄され、いまの東京・築地の魚市場の地面に埋められています。マグロ塚は、その出来事を忘れないために募金で作られたのですが、築地市場の移転計画に伴い、現在は第五福竜丸展示館の裏手に仮設置されています。私たちが昼食をとった芝生の近くです。大石さんは、「マグロ塚」の題字は自分が書いた、そのためにペン習字まで習ったんだなどと、楽しい裏話も披露してくれました。これを聞いた参加者たちは興味津々、昼食が終わると、さっそく走るようにさわりにいってしまいました。マグロ塚の手前には柵があるのですが、みんなおかまいなしに乗り越えて、前からも後ろからも触察していました。大石さんはその様子を、最後の一人がさわり終わるまで、とてもうれしそうに見ていました。

4　ワークショップから教えられたこと

ワークショップを終えて、企画者自身、再考を促されたことが数多くありました。目指したことは、見えないもの・さわりえないものを感知する試みであり、あるいはさわるだけ、話を聞くだけではわからないことに触れたい、手を届かせたいという模索でもあります。ビキニ事件の問題の核にある放射能は、人間の五感では感知できない最たるものですが、それをめぐって揺れた六十年前の時代の空気、それがいま現在と断絶しているのではなく、連続しているのだという事実に、触察と大石さんとの対話を積み重ねることで、ほんのわずかであっても、手を伸ばすことができたのかもしれないと考えています。そしてそれは、船・模型というモノにさわっただけではなく、大石さんの人格に触れたことで可能になったのではないかと思います。

そしてまた、博物館という施設は一般的に、展示されている「モノ」があるということが、ある意味では自明になっていますが、それははたして本当に当然のことなのか、という命題です。前述のとおり、第五福竜丸は大学の練習船になったあと、夢の島に捨てられていました。貴重な歴史遺産がゴミ処分場に捨て置かれていたという、なかなか衝撃的な話ではありますが、ちょっと抽象的な言い方をすると、この出来事を人々の記憶から忘れさせたい、なかったことにしたいという力がはたらいて、ゴミ扱いになったといえるかもしれません。その一方で、やはりこの船を残そうという運動が起こり、展示館が設立されて現在に至るわけですが、モノがあるということは当たり前のことでもなければ、偶然残ったということでもなく、抵抗した結果、ようやく残っているケースもあるわけです。この第五福竜丸も、そうやって残されたモノの一つでしょう。

しかし、これはモノを残さない／残すべきだという、単純な二項対立として断じることもできません。というのも、第五福竜丸の保存が決まったとき、大石さんは非常に複雑な感情を抱いたことを、これまでの新聞・雑誌などの取材時にも、今回のワークショップの際にも言及しています。大石さんの故郷・静岡県焼津でも、この出来事で主力産業だった漁業がたいへんな打撃を受けました。焼津の魚のイメージが低下し、そして、第五福竜丸の乗組員たちも被害者なのですが、騒ぎの種を持ち込んだ連中だと白眼視され、焼津にいづらくなってしまいます。ほどなくして大石さんは漁師を廃業し、自分のことを誰も知らない東京に出て自営業を始め、その後何度も健康を害して、手術を繰り返しています。第五福竜丸に乗っていたことで、大石さんもその周りの人たちも、人生を大きく変えられてしまいました。そのような忌まわしい、忘れたいものが保存されることになって、当事者であるこの事件の真っただなかにいた人にとっては、残ってよかったとは単純にはいえません。いま、モノとして残っている船と模型を前にして、その重さを考えずにはいられませんでした。

そして、ワークショップの企画者の役割について再考すると、介入を最小限にすることはもちろんですが、特に気をつけなくてはいけないのが、こうした教育的な側面をもつワークショップをするときには、どうしても、ある種の権力関係が伴うということです。何かを伝えたい、教えてあげたいという「教える人」と、それを「教わる」という立場の人は、どうしても対等になれない側面があります。その関係を完全にフラットにすることは非常に難しいですし、むしろ、非対称な関係であるのに、そうではないかのように振る舞うことのほうが問題だと思いますが、ファシリテーターとなる人は、自分が「教える人」ならではの特権に寄りかからないようにする自覚をもつ必要があると思います。

5 その先の課題を見据えて

今後の課題についても記しておきましょう。できればこのワークショップは、年に一回程度でいいので、継続してやりたいと考えています。今回は大石さんを招いて対話するという進め方にしましたが、また別の切り口で第五福竜丸に迫ることも可能です。例えば、戦後に数多く作られた遠洋漁業の木造漁船のうち、現在残っているのは、この第五福竜丸だけです。その点からも、非常に貴重な歴史遺産でもあります。いま見ると非常に素朴な小さな船が、太平洋の荒海に何カ月もかけて出ていったのですが、その背景には、敗戦直後の日本の食料事情からくる要請がありました。第五福竜丸をさまざまな観点から見ることで、当時の社会のある側面、そして現在の私たちの暮らしのあり方を浮かび上がらせる鏡になると思います。

そして、老朽化するもの、時間とともに劣化するものをさわることの難しさにも思いを至さなければなりません。長期間の航海で波風にさらされ、第五福竜丸の船体は非常に傷んでいますし、経年劣化もしています。もちろんさわることだけが劣化の原因ではありません。博物館の役目には、単にモノを保存するだけではなくて、次の世代にどう文化遺産を引き継ぐかという課題がありますが、よりいい状態で残すことと、さわることはある意味では、非常に矛盾する側面があります。複雑な経緯を経て残されたモノでもありますから、さわることを有効に機能させるあり方を考えなければなりませんが、そのためには、広瀬さんが提唱した「さわるマナー」の普及が一つの鍵になると思います。

それに関する私の失敗を披露しますと、今回私は、触察を始める前に「指輪や腕時計をはずしてください」と言うのを忘れてしまいました。さわっている方のなかには、指輪や腕時計をしたままの方がいました。自分が大切にさわったものを、この次も同じように大事にさわってもらいたいと思うならば、傷みをできるだけ抑えるさわり方が必要です。そのためには、リスクになるものをあらかじめ取り除いておくことを、さわる側もファシリテーターの側も気をつける必要があります。

それから、私はこうしたワークショップを、いつかろう者・難聴者とも一緒にやりたいという希望を、長らくもっています。具体的な方法は、私自身にもまだ明確に見えてこないのですが、一般の美術館・博物館プログラムに、単に手話通訳・文字通訳を付けるだけでは解決しないのではないかと考えています。聞こえる人のペースでやっていることにただ通訳を付けても、聞こえない・聞こえにくい人にしてみればついていきづらかったり、結局は非常にストレスを感じる状態になってしまったりするかもしれません。聞こえない人が伝える主体になって、通訳を介さずに手話で直接解説をする美術館・博物館のプログラムもあり、それも一つのいい方法だと思います。

第五福竜丸展示館のワークショップでは、触常者、さわる人のペースを優先して進めていきましたが、その視点は、聞こえない人、あるいは聴覚に依存をしないで物事を把握している人、目を大いに活用して世界を把握している人のペースを優先して進めるというやり方にも応用できるのではないかと思います。そのときに忘れてはいけないのが、言葉としての手話への考察です。手話は、音声で話している言葉を手の動きに置き換えたもののように見えるかもしれませんが、実際はまったく異なる言語です。言語が違うということは、論理の運び方が違うということでもあります。やはりそうなると、単に通訳を付ければいいという問題ではなく、手話の論理の運び方をファシリテーターが頭に入れたうえでプログラムを企画すること、ろう者・難聴者と共同で企画することが大切だと思います。時間がかかっても、丁寧に実現させていきたいと願っています。

参考文献

小沢節子『第五福竜丸から「三・一一」後へ――被爆者大石又七の旅路』(岩波ブックレット)、岩波書店、二〇一一年
第五福竜丸平和協会編、川崎昭一郎総監修、山村茂雄/奥山修平/豊崎博光監修『第五福竜丸は航海中――ビキニ水爆被災事件と被ばく漁船六十年の記録』現代企画室、二〇一四年
第五福竜丸平和協会編、川崎昭一郎監修『フィールドワーク第五福竜丸展示館――学び・調べ・考えよう』平和文化、二〇〇七年
広瀬浩二郎編著『さわって楽しむ博物館――ユニバーサル・ミュージアムの可能性』青弓社、二〇一二年
「都立第五福竜丸展示館オフィシャルサイト」(http://d5f.org/index.html)

第14章　伝える手、つなげる手
――制作者の立場から

宮本ルリ子

1　ワークショップのハプニングに対してはニュートラルにその「場」に向き合うのがいい

私は滋賀県立陶芸の森／世界にひとつの宝物づくり実行委員会の専門員で陶芸家でもあります。世界にひとつの宝物づくりというのは、陶芸の森のなかでおこなっている、子どもや障害者の方を対象にした普及事業のことです。

本書の各章ではワークショップの際に起きたハプニングのあれこれが各執筆者によって紹介されています。なるほどどんなに準備万端にしていてもハプニングはつきものですが、それを生かすも殺すも企画者で、その場の出来事をニュートラルに受け止める余裕がないと、変更可能なものでも受け入れられないのが人間心理ではないでしょうか。本書の各企画者の対応からは、ハプニングが起きたとき、その場を無理やりコントロールせずに、すべての状況に中立的な姿勢で対処することが大切だと感じました。出来事をニュートラルに受け止めることとは、個人的な感情や既成の概念でものごとを判断せず、とりあえず起きたことを受け入れることで、自分の意識がいま現在の「場」にしっかりと向いていなければできるものではありません。私が関わる多くのワークショップは、手・身体を使います。ここでは、ワークショップという意識的に体を使う場合では参加者にどのような影響があるのか、一つの事例から見ていきます。

2 岡本太郎の言葉をひも解きながらスタートしたワークショップ

陶芸の森では、二〇一五年の夏に「土・祈り・イマジネーション……岡本太郎の言葉とともに展」を開催しました。まず初めに紹介したい岡本太郎の見解があります。彼は、芸術について次のように記しています。〝子どもの絵はのびのびしていて、自由感があります。この自由感は許されている間だけで、成長するにしたがって、制約が強くなり、ほとんどの子どもの絵は自由感を失ってしまいます。すぐれた芸術家の作品のなかにある爆発する自由感は、芸術家が心身の全エネルギーをもって社会と対決して獲得するものだ〟。いったん社会のかせにはめられた人が、そのかせを破って作り出したものがすぐれた芸術だということでしょう。展示の関連企画としては、実験ワークショップ「コミュニケーションツールとしての触覚・土」を開催したのですが、ワークショップの前段階の公開講座では、岡本太郎のさまざまな言葉を当館学芸員の三浦弘子が解説しました。ここでは、学芸員が取り上げた言葉と公開講座内でほかの講師が取り上げた言葉に、私の見解も加えて話を進めます。

「陶芸の専門家ではないから、いまひねっているものがどんな風に焼き上がるのか、よくわからない。そこに、なかなかのスリルがあった。いわゆるヤキモノになろうがなるまいが、気にしないでどんどん作る。いま触れている土と、瞬間にわき上がる情感が無条件にぶつかりあうのだ」（岡本太郎「私のやきもの讃歌」）。この文章からは、素材に対して白紙の状態だからこそ、生の自分が素直に表れている様子がうかがえます。可塑性がある粘土と自分との間に次々と生まれ出る形を現象としてとらえ、彼の焦点は瞬間にあります。そして、結果にも執着していないのです。

「今日の芸術は、うまくあってはいけない。きれいであってはならない。ここちよくあってはならない」。これは一九五四年の著書『今日の芸術』からの言葉で、いまから六十年以上前のものです。しかし、彼の言わんとする芸術の本質は、今日にも通じるものがあります。実験ワークショップの前段階では、滋賀大学教育学部教授の大嶋彰さんに「美術教育に必要な視覚の解体について」というテーマで講演してもらいました。言語構造がいったん確立すると意味や輪郭が固定され、視覚は記号化される、芸術の力はこの視覚による固定化を生身の身体感覚で解体させることができる、固定化された視覚への挑戦状なのだ、という内容で、岡本太郎の「今日の芸術はうまくあってはいけない、きれいであってはならない、ここちよくあってはならない」を引用して説明していました。岡本太郎はきれいさと美しさの違いを次のように語っています。「きれいさというものは、自分の精神で発見するものではなく、その時代の典型、約束事によって決められた型だからです」「「きれいさ」と「美しさ」とは本質的に違ったもので、（略）「美しさ」は、たとえば気持ちの良くない、汚いものにでも使える言葉です。みにくいものの美しさというものがある」（同書）

　また、表現欲と生命力を関連づけて次のように語っています。「表現欲というのは一種の生命力で、思いのほかに激しいものです。子どもの場合を見るとひじょうによくわかります」「絵はすべての人の創るもの」（同書）

　子どもの特徴として、自由感があります。この自由感は、自他の目を気にせず、また、過去にも未来にもとらわれない、瞬間、瞬間のその場に生きているからこそのものです。とらわれないということは、開かれているわけで、本能的な衝動である表現することへの欲求も抵抗なくできるし、また、取り込む器も大きいため、ダイナミックな循環が生まれます。循環こそが、力強い生命力につながるのです。

写真1　ブラックボックスの内側——ペア作りの小道具

写真2　粘土ひもをペアで高く巻き上げる

3　ワークショップでのペア作り——ブラックボックスとウォーミングアップ

このワークショップは、信楽町内に焼き物でできたさわれる案内板のたぬきを設置するという設定のもと、触常者と見常者がペアで信楽焼のタヌキを変身させるという試みでした。参加人数は十六人、二人ペアで八組できました。まずペア作りでは、ブラックボックスを用意し、街のなかに置く案内用たぬきのイメージ作りに役立ててもらえる品々を中に入れました。バナナ、カップとスプーン、プラレールの電車のおもちゃ、おもちゃのバス、おもちゃの銃、本、額縁、ミニチュア登り窯などで、見常者も見えない状態で触ってもらいました。ペア作りでは、基本的には同じ品が好きな者同士でなってもらい、共通の興味を出発点とすることで、他者への能動的な好奇心を促すように仕掛けました（写真1）。

制作に入る前に、粘土に親しみ、また、ペアとなった相手との距離を縮めるためのウォーミングアップをしました。まず、粘土を丸め、そのあと、高い位置から机に落としてみます。次に、その粘土をどんどん伸ばしてできるだけ長いひも状にします。さらにパートナーとともにお互いが作ったひもを積み上げていき、ほかの参加者と高さを競いました。そのあと、その粘土の塔をつぶし、そして、水をつけてドロドロにして、その手でパートナーと握手をしてもらいました。ぬるぬるの手での握手です。

ワークショップ前の講演では、広瀬浩二郎さんにも語ってもらいましたが、そのなかで、触常者の合気道を伝授していただきました。まず、聴衆全員がペアになり、一方の人は目をつぶります。そのあと、目を開けているほうは「エイ」と声を出しながら、相手に向かって空手チョップをするのです。受け手はその声を頼りに防御するというものでした。相手と一緒になって気を合わせる行為によって、その場があっという間になごやかな雰囲気になりました。土にさわる前にもこのようなウォーミングアップがあり、現場は非常になごやかな雰囲気のなかで進められました。

4　タヌキ変身プロジェクト——街なかでさわって楽しむタヌキ作り

制作には、信楽焼のタヌキの型から作った、細工が可能な状態の生乾きタヌキを用意しました。参加者はこの典型的なタヌキを変身させて、街に置くための新しいタヌキ作りに挑戦するのです。例えば、先ほどのブラックボックスの中にはバナナがありました。果物の連想からスーパーなどに置いてもらうためのタヌキにつながらないだろうかという、企画者側の意図がありました。企画者側は、青果店の店先に置く看板になるような、わかりやすいタヌキを期待していたのですが、広瀬さんとMIHO MUSEUM学芸員の畑中章良さんのペアは、こちらの意図にはおかまいなしで、作品をどんどん変えていき、できたタヌキはおやじ風で、しかもビキニを着け、フラダンスのスカートをはいています。名づけて「フラダヌキ」です。どうやら、二人の間で、どんどんイメージがエスカレートしていったようです。

写真3　ペアでタヌキを変身させる

本館学芸員の三浦弘子は、普段はあまり感情を外に出さないタイプですが、満面の笑みで制作をしていました。そして、終了時間が近づいたことを伝えたとき、三浦が、「えっ、もう!?」と、とても残念そうな声を上げたのです。彼女の反応はとても印象的でした（写真4）。

そのあと、意見交換になったのですが、畑中さんは、意見交換中でも延々と仕上げの色を塗り続けていました。さらに広瀬さんは小さなものではありますが、裏ダヌキ（裏も表もないタヌキのこと）をメインのタヌキ以外にも作っていました。みなさんの作り続けていたい欲求を強く感じましたし、知的労働をする方のほうが、このワークショップを楽しんでいたように感じました。

意見交換会やアンケートからのコメント

ペアで良かった点

・ペアづくりがよかった。
・話しながらつくるほうがイメージに広がりがあった。
・二人の意見を出し合ったので楽しかったし、予想外の作品ができた。
・一緒に考えて、感覚的なことを考えてもらってよかった。
・見える側とそうでない側で補いあって制作できた。
・自分と他者が接触することで、目で見える概念世界を壊せた。
素材についてどう思うか

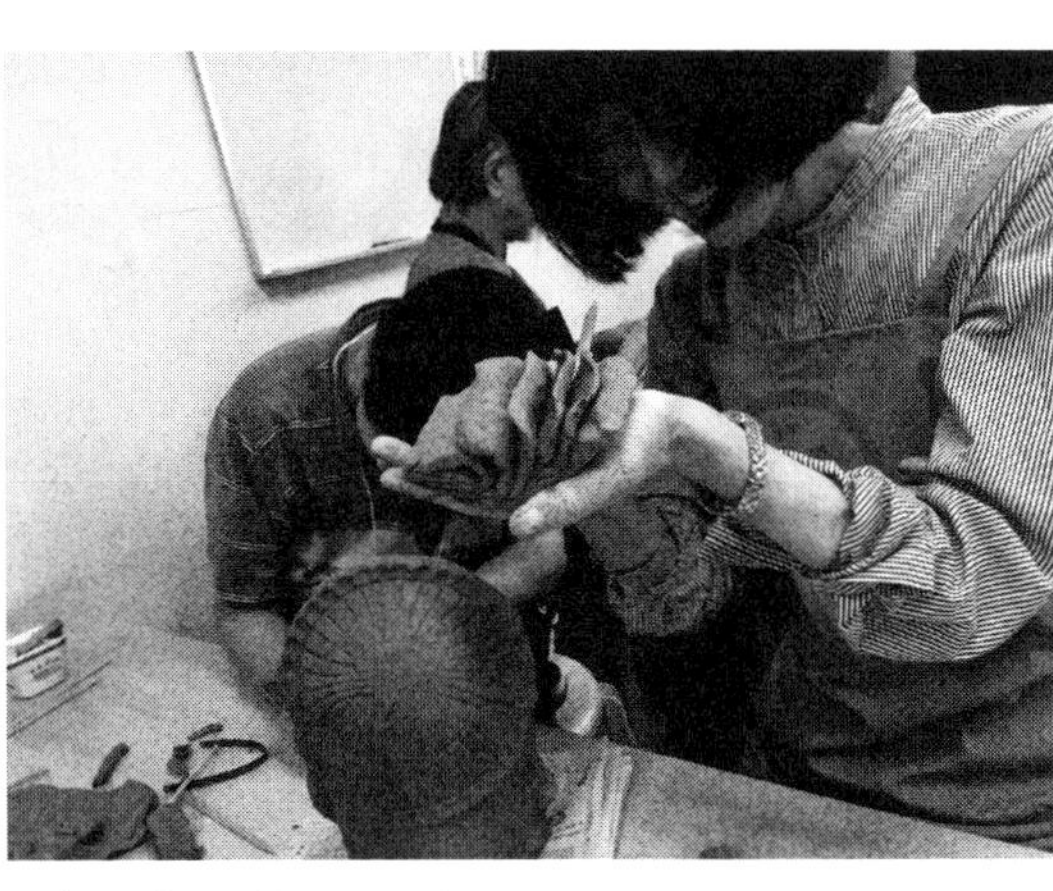

写真4　満面の笑みで取り組む

・自在に操れ、やり直しができるのがいい。
・他の素材だと難しいと思う。
・細かいものや模様はやりにくかった。
さわる行為について
・さわったものから何を得るかは人それぞれ、実際に触るとわかることがあり、表現も変わった。
・さわってわかる楽しさを再認識。
・さわる特徴は表裏がない、つながっている。
・「目に見えないもの」の大切さを感じた。
楽しんでできたか
・たぬきを介しての会話で形になっていくことが楽しかった。
・少しずつ二人で積み上げていくなかで相手の提案もプラスしてどんどん進展していったのがおもしろかった。
・ペアの人と共通意識になった瞬間がよかった。

・表現欲が出てきた。

コメントからわかること

・見えないものをさわり（体）、徐々に想像をふくらませ理解する（頭）。（体と頭、両方のやりとりの楽しさ）

・触常者と見常者が補いあって制作。（信頼、おまかせ）

・造形しやすい素材だが、細かい表現は難しい。（支配・従属、戦い、受け入れ）

・他者との関わりから、対象物が変化していく過程が楽しい。（受け入れ、瞬間に生きる）

・他者との関わりやさわる行為で、概念が変わる。（せめぎ合い、気づき、崩壊、再考、変化）

写真5　スーパーの「フラダヌキ」

・共通意識と出合う瞬間の場の共有。（一体化）

・表現欲の増加。（回復、生命力、伝える力）

5　土に取り組む者からの視点——身体性から人間性の回復

粘土には可塑性があり、比較的、思いどおりの形に作りやすいため、作り手は粘土をコントロールし、望む形を作り上げようとしがちです。しかし、粘土にも限界があります。私も、この素材を扱っていると作りやすさから、一気に形を大きくすることや積み上げたりすることがあります。しかし、調子にのっていると、ある限界点で変形したり、ヒビが入ったりします。このような飴と鞭のやりとりのなかで時間を忘れて取り組むことがあります。最初に計画を立てていても、ハプニングがあり、素材が思いどおりに扱えない、どうしても最初の計画とは変わっていくのです。しかし、自分が決めていた目標に固執しないでいると、体と素材が導き出す面白さが発見できることがあり、結果的に変わったほうが予想以上の作品ができることがあります。体を使うことで狭い思考だけにとらわれずにすむのです。

また、焼き物の最後の過程には焼成があるので、制作者は手を離し、炎に委ねなければなりません。そのため、絵画や彫刻のように「ここで終わり」と納得して終えることができません。特に新作の場合、窯出しはドキドキで、予想どおりということはまずありません。そこが焼き物の醍醐味でもあるのですが、よくも悪くも出てきた作品を受け入れ、そこから次の段階を考えることになります。ちなみに私は、ユニバーサル・ミュージアム研究会やその関連ワークショップを通じて、触常者の方たちのほうが受容能力が大きいとも感じています。

頭だけを使って何かをするというのではなくて、体を使い、その場やその瞬間を楽しむことのよさは、言葉という媒体を通して、枠のなかで考えている自分を開放することができる瞬間があるということです。言葉の概念世界によって限定していた視覚さえも壊れ、新しい情報が気づきとなって再び頭にフィードバックされていく、そのやりとりがうまくいくと、より豊かな創造力を発揮できますし、その開放感から己れの人間性が回復し、エネルギーを感じることができます。自分の素の状態に立ち返る回数が多いほどいいのです。

6　手は窓口

思念は、過去・未来といった現実とは関係のない時間軸や概念にとらわれています。それに対して、生身の体の一部である「さわる手」は、敏感な感覚をもつ繊細なセンサーでいまにあります。手に意識を集中すると、思考から解放される瞬間があります。手はとらわれた心を開放する窓口ともいえるのではないでしょうか。紹介したワークショップでは土が素材だったのですが、土は、素材の特性上、瞬時に破壊と創造を繰り返します。また、おなじみのタヌキを破壊し、再創造していく行程では、さわって理解してもらうことが重要でした。そのため、個人差はあるでしょうが、この素材と手という器官を活用することによって、瞬間に生きることが促され、とらわれない心をたやすく獲得することができたのではないでしょうか。

とらわれない心とは、頭がニュートラルになることで、その状態には、大きなエネルギーが入り込む余地があります。また、このようなときには、自己と他者を固定化したワクのなかで判断するのではなく、ある種の一体化、つまり「つながる感覚」や「共感」が生まれやすくなります。自他の輪郭がぼやけてつながっていくことで、自分が認識している個を超えた交流が可能になるとともに、豊かな表現を生み出す力にもなります。手、身体性の重要性をあらためて感じているところです。

参考文献

岡本太郎「私のやきもの讃歌」「太陽」一九八六年六月号、平凡社
岡本太郎『今日の芸術——時代を創造するものは誰か』光文社、一九五四年

第15章　「想い」をつむぐワークショップ

――「誰もが楽しめる」明日のために

鈴木康二

1　ワークショップって何？

そもそも「ワークショップ」とはなんでしょう。昨今は、実に多様なワークショップが開催されているので、ひと言で説明するのは無理かもしれません。ワークショップを定義するキーワードとしては、一般的にはまず「双方向性」が挙げられるでしょう。つまり参加者と主催者が、お互いに意見を言いながら聞きながら、立場を入れ替わりながら、お互いの知見・経験を深めていく――ワークショップにはそんなイメージがあります。そしてもう一つキーワードを挙げるとすれば、「共同作業」でしょう。主催者が参加者に何かを提供するのではなく、ともに作り上げていく、そんなイメージです。

具体的に、博物館、特にユニバーサル・ミュージアムという視点から、ワークショップにはどのようなものがあるのかを考えると、本書の第1部で紹介したいくつかの取り組み、これらもすべてワークショップである、ということも可能だと思います。アートブックを用いて、学校あるいは視覚障害の方たちと連携して、双方向的な学習活動をおこなう、また、第2部で紹介した、博物館で資料に触れることができる環境を準備したうえで、来館者と資料との間をつなぐような活動・作業をおこなうのも、すべてワークショップでしょう。

それぐらい大雑把にワークショップを捉えたとき、みなさんの身近にもワークショップと呼ぶことができそうな活動が、いくつかあるのではないかと思います。そして、そのワークショップを盛り上げ、うまく実施するためにいちばん大事なものは何かを、じっくり丁寧に考えてみたいと思います。

2 ワークショップ「写文字」

さて、ここで紹介するワークショップは、僕がいまいちばん悩んでいる、いまひとつ納得できていない事例です。

僕は、発掘調査に関わる仕事、考古学に関わる仕事をしています。考古資料のなかには、できるかぎり触れないほうがいいものがあります。第8章で藤村俊さんが報告した、縄文土器や須恵器の破片、茶碗のかけらを山盛りにして、子ども・大人の区別なく参加者にさわってもらうという試みは、実は考古学の世界では比較的容易に実現できます。破片資料は大量に出土することもあり、似たようなワークショップは、実際にはいろいろなところで開催されています。

ところが、そういう使い方のできない資料もあります。例えば、金属でできているため、ヒトの手の脂が苦手な青銅鏡や銀の食器、鉄製品、それから素材そのものがそもそも脆弱な木製品などです。もちろん木簡なども、木製品として触れないほうがいいものの代表的な資料です。

その木簡を、いろんな方に実感してほしくて企画・開催したのが、「写文字」というワークショップです。木簡に書かれた文字を実際に筆でなぞって、当時の状況を再現しながら、文字を書いたヒトの気持ちを想像してもらう、というのがそのねらいでした。そしてもう一つ、木簡に書かれた文字を記録化する「実測」作業を追体験してもらうことも意図しています。もちろんホンモノでやるわけにはいきませんから、ホンモノの写真をきれいに撮って、そこにマイラーという透明のセロファンのようなプラスチックシートを貼って、書かれている文字を、筆なり鉛筆でなぞってもらうというワークショップとなりました。

写真1・2 「写文字」ワークショップの様子

3　ユニバーサルなワークショップって？

この「写文字」ワークショップ、参加してくれた方はとても楽しんでくれているのですが、ワークショップとしては重大な欠陥が一つあります。現時点では、少なくとも目が見えない方たちには絶対に楽しんでもらえないということです。ユニバーサル・ミュージアム研究会でも再三課題として挙げられてきましたし、僕自身にとっても大きな課題の一つだと考えています。平面的な文字や絵画を、どうやって目が見えない方たちに伝えるか、感じてもらえるか――アートブックのような事例も含めて、美術関連ではすでにいろいろなことをみなさん、工夫しています。歴史関連も、遅ればせながらじわじわ工夫してはいるのですが、なかなかうまくいっていません。でも、なんとかできないか、なんとかしたい、と考えています。

4　ワークショップ「セッション3」

さて、本書第3部のもとになったシンポジウムのセッション3にあった質疑応答・ディスカッションの時間は、ワークショップについて考えるための「ワークショップ」として、会場に参加の方々から一つでも多くの意見を出してもらうことにしました。ワークショップについて考える場にできないかと、セッションのパネリスト全員で事前に相談していました。

以下では、会場で出されたみなさんの意見を参考に、いくつかのキーワードを抽出し、整理してみようと思います。

「普遍的」なテーマと「対等」な立場

まずは、ワークショップを通じて伝えたいメインテーマを、どのように設定するかを考える必要があります。大きなあるいは普遍的なテーマを選べば、それだけいろいろな立場の方が参加しやすくなります。そのうえで、主催者も含めて、参加者全員が対等な立場で臨むことができるように配慮する、というのも肝要です。第13章の真下弥生さんの紹介事例のような、食事タイムを有効に使って講師も含めた参加者間でのいわゆるアイスブレイクの実施は、お互いに打ち解けて話したり聞いたりできるようになる、すなわち対等な立場で話せるようになることを促すのにとても有効な手法と言えるでしょう。

「博学連携」と「能動的」に取り組むこと

それから、ワークショップの参加者はもちろん主催者側も、どれだけ「能動的」に取り組む姿勢がもてるかという点が挙げられるでしょう。主催者側にとっては、「能動的」に「取り組める・取り組みやすい」環境・状況をどれだけ用意することができるかが、ワークショップの成功を左右する大事な要件のように感じました。

僕は、織田信長とか安土城のような、必ず教科書に出てくる内容を主テーマの一つにする歴史系博物館で、以前働いていました。学校が社会科の授業の一環として来館するのですが、初めて博物館に来たときには、前向きな先生が子どもたちに何かを考えさせるために一生懸命プログラムを作ってくれるのです。ところがこれが毎年続くようになると、先生方の異動も手伝って、当初の先生方の「熱い思い」はどこかへ消えてしまう。こんなふうになった場合、いちばんの被害者になるのは子どもです。先生方の「能動的」取り組みの有無が、子どもたちの博物館での活動・学習を楽しいものにできるかどうかを大きく左右するようになります。その結果、子どもたちが楽しめなかったら、まったく無意味な活動になってしまいます。

ちなみに僕は、そんなときには「この館で子どもたちに伝えたいこと」をあらかじめ用意しておくようにしました。先生には「そういう話で進めますよ」と確認しながらも、先生をちょっと蚊帳の外に置いて、でも先生にも次に来たときには一緒に考えてほしいので、子どもたちとおしゃべりしながらときどき先生に「どう思われますか?」とか「これで合ってますか?」と話しかけて確認するのです。そうすると、終わるころには先生が、「今度来るときは私ももうちょっと勉強してきます」とおっしゃってくださると、「いつでもお手伝いしますので、遠慮なくご相談ください」と喜んで応えるようにしています。

こういった、いわゆる博学連携に関わるケースだけでなく、グループそれぞれの特性に合わせた「伝えたいこと」をこちらで事前に用意するなり、来館者と相談しながら作り上げたりできれば、参加者が「能動的」に取り組むようになるでしょうし、そうなればお互いにとても有意義な時間を過ごせるし、過ごしてもらえるだろうと思います。

「ユニバーサル」な〇〇と「子ども」

第11章で堀江武史さんも指摘していますが、ユニバーサル・ミュージアムを意識しすぎたときに、「障害者のため」とか「誰かのため」に特別に、となると、ちょっと本筋──「誰もが楽しめる」という基本コンセプト──から外れてくるかもしれません。ユニバーサル・ミュージアムが足かせ、手かせになってしまう可能性もあるように思います。

すべての人と向き合えるようにというのは、すごく大切なことです。僕はその象徴として「子ども」を常に念頭においています。例えば美術館や科学館で、子どものお客さんが多いところがあります。関西にあるキッズプラザ大阪には就学前の幼児もたくさんいて、楽しそうに学びながら遊んでいます。そんなとき僕は、幼児を相手に歴史系のクイズをやりたくなるんです。でも周りの大人は「いや、幼稚園の子どもに歴史は無理でしょう」と勝手に子どもの可能性を見下して、かせをはめてしまうところがあるんじゃないかなと思います。大人が、もう少し子どもと一緒にいろんなことを考えていくようになれば、ごく自然に歴史に興味をもつ幼児が普通にいる状況に変わっていくのではないでしょうか。
そして「ユニバーサル・ミュージアム」という視点に立ったとき、視覚とか聴覚とかの障害の問題ではなく、大人と子どもの区別なく、「私たち一人ひとりの感覚はそもそもみんな違うんだ」という認識を前提にして考えていくことが大切だと思っています。

「さわれるレプリカ」と「さわれないホンモノ」

それから、避けては通れないのが、「ホンモノをさわらせるべきか否か?」という問題です。結論からいえば、レプリカはやっぱりホンモノには勝てない、と思っています。ホンモノがもつ「圧倒的な時間」は、ホンモノにしか伝えられない、というのがレプリカの意義を考えたときに感じたことです。ただ一方で、ワークショップでは、レプリカをメインの素材としながら、そこにいろいろなホンモノを感じられるようなアイテムを使ったり、当時の作業そのものをまねたり、いろいろ手を尽くす必要性はあるだろうと思っています。だからホンモノがさわれないからといってあきらめる必要はありません。いずれチャンスがきたときには、ホンモノを素材に、とはもちろん思います。でも、ホンモノに触れることがいまは無理でも、ホンモノのにおいや空気感、雰囲気だけでも感じてもらうことはできるのではないか。そういう工夫をあきらめずに、やり続けていくことが大切なのだと思います。例えば南山大学人類学博物館のような、さわるマナー・ルールを学びながらホンモノにさわることができる、あのような大胆な博物館がほかにも出てくるかもしれません。そういうところが一カ所でも増えてくることを期待しています。そしてもちろんその状況まで待つ必要もないわけで、ワークショップについては、お互いに知恵を出し合いながら、ちょっとでもみんなで、みんなが楽しめるように、ユニバーサルという言葉の意味をもう一度考えながら試行錯誤して、誰もが楽しめる博物館を目指すことを考えてもらいたいのです。

おわりに

ワークショップについていろいろ考えてきました。そもそもワークショップで「求められる答え」は決して一つではなく、参加者の一人ひとりに、そのワークショップを通じて「何か」を感じ取ってもらうことができれば、それで十分だといえるのかもしれません。つまりはどんな場合にも、伝えたいという「熱い想い」と「工夫」次第で、きっと充実した意義深いワークショップになるのだろうと思っています。

参考文献

中野民夫『ワークショップ――新しい学びと創造の場』(岩波新書)、岩波書店、二〇〇一年
鈴木康二「レプリカ展示の意義と限界――「さわる」ことで何がわかるのか」、広瀬浩二郎編著『さわって楽しむ博物館――ユニバーサル・ミュージアムの可能性』所収、青弓社、二〇一二年

第4部　博物館から観光・まちづくりへ

――いま、なぜユニバーサル・デザインなのか

第16章　ユニバーサルな観光地を目指して
――北海道の大自然を体感するUDツアーの取り組み

三木　亨

1　ホテルで障害者の方を受け入れる

私は摩周湖の近くで全館バリアフリーでユニバーサル・デザインのホテル「ピュア・フィールド風曜日（かぜようび）」を経営しています。

私は五十歳を契機に、二十七年余の会社勤めにピリオドを打ち、東京の大学などで介護福祉士養成の講師を務めていた妻とともにホテル業をスタートしました。

団塊の世代の夫婦が取り組むユニバーサル・デザイン（以下、UDと略記）のホテルは、バブルが崩壊し始めた一九九九年四月に開業しました。いまから十七年前ですが、山一證券や北海道拓殖銀行が倒産した時期と重なります。当時はバリアフリーという概念が徐々に浸透し始めたころで、UDという言葉はほとんど使われていませんでした。

UDとは「誰もが使いやすいデザイン」という一つの概念で、当館では「高齢者や体の不自由な方でも、誰でも安心して宿泊できるホテルの運営」と表現し直しています。

写真1　学生との交流

風曜日がある弟子屈町は酪農と観光の街です。敷地面積は東京二十三区の一・三倍で、そのうち三分の二が国立公園です。そこに七千八百人が暮らしています。回覧板を回すのに車で出かけます。人間より乳牛の数が多く、飼い犬よりキタキツネのほうが多く、ドライブをしているとエゾシカやリスなどが道路を横切る、広大で手つかずの大自然が色濃く残っているまさに北の大地です。

そのような自然のなか、企業理念としては「地域の発展なくして、風曜日の繁栄はない」——UDのホテル運営を通して地域の観光振興に寄与する——企業スピリッツとしては「摩周の風に吹かれて、お客さまとともに旅の感動を！」を掲げ、お客さまと接しています。

私たちは視覚障害者を迎えるために、UDのホテルとして当初から盲導犬ユーザーの受け入れを念頭に、犬用のマットと水飲み用のボウル、そして散歩時に外に出やすい部屋を用意していました。でも、あまり積極的に宣伝・勧誘をしたわけではありません。創業からしばらくは障害をもつ利用者は年間で数人といったところでした。

でも、初めて盲導犬を連れたお客さまを迎えたときのことは、いまでも鮮明に覚えています。旭川から列車を乗り継いできた六十代の夫妻で、奥さまが盲導犬ユーザーでした。旅の目的は、盲導犬に列車の乗り方を忘れさせないためのトレーニングでした。ちょうどそのとき、地元高校のボランティア部の学生から当館を見学したいとの要望が寄せられていて、お客さまに学生たちとの話し合いを申し出たところ快諾してもらい、交流会を開催することができました（写真1）。

視覚障害の方と接する機会がなく、盲導犬など実際に見たこともない学生たちにとって、直接話を聞けたことは貴重な体験だったと思います。そのときに、風曜日は障害者と住民との交流が図れるホテルなんだと実感したのです。

本章を記すことになったのは、二〇一一年五月に広瀬浩二郎さん一行のツアーに同行したのがきっかけでした。二泊三日で弟子屈町や近隣市町村を回るツアーでしたが、その最終日、行きつけの釧路のすし屋で夕食をすませた帰りの車中のことです。広瀬さんをはじめ、参加しているみなさんから、たくさんの質問が紙つぶてのように飛んできたのです。「なぜこのようなホテルをやるようになったのか」「どうして会社を辞めたのか」「障害者の宿泊比率はどのくらいか」「生まれはどこか」「子どもは何人いるか」――まるで何かの尋問を受けているかのようでした。ハンドルを握っていたら事故を起こしたかもしれません。

ツアーでは、当館のマイクロバスに乗って、摩周湖や硫黄山、屈斜路湖など道東を代表する観光地を案内すると同時に、乗馬や牧場散策など、弟子屈ならではのアウトドアメニューを体験して、北海道の大自然を満喫してもらいました。ツアーを企画する際、どこをどのように案内すればいいのか、かなり悩みました。通常の観光案内では、見ることが中心になります。摩周湖の景観はすばらしいですよ、硫黄山は活火山でいまでも水蒸気がモクモクと吹き上げていますよと、見ないとわからない紹介に終始します。そこでほかの方法で弟子屈の自然を体感できる方法はないかと考え、地元のネイチャーガイドに相談をもちかけました。

2　ネイチャーガイドやUDプラザについて

弟子屈には、若くてチャレンジ精神に富んだネイチャーガイドがたくさん住んでいます。彼らはそれぞれの分野で自分の専門性を発揮し、ガイドとしての腕を磨いています。そのなかで、これぞと思う若者たちに声をかけました。たいていのガイドは、初めてのことで難色を示しましたが、そこを説得し、なんとか実践に結び付けようとしました。すると、ほとんどのガイドは積極的に受け入れてくれるようになったのです。お客さまの喜ぶ顔を見るためには、ひと肌脱ぎたくなる連中ばかりなのです。私はこんな彼らのことを「かっぱえびせん」状態と呼んでいます。一度経験すると、「やめられない、止まらない」になるからです。

こうして、視覚障害の方でも参加できるアウトドアメニューが生まれました。そのメニューには、先ほど紹介した乗馬や牧場体験のほか、釧路川ボートでの川下り、パークゴルフ、トレッキングと登山、硫黄山などの自然探索、釧路市動物園見学、釧路湿原探索、百キロウォーク大会への参加などがあります。

写真2　カヌー体験

いくら、当地ならではの体験メニューを用意したからといって、それで終わりというわけにはいきません。夫婦や仲間の人たちと一緒の場合は、アウトドアメニューや各種体験の手配だけですむ場合が多いのですが、一人の場合は、どうしても案内役が必要になります。

そのために、楽しい旅を演出する民間主導のサポート組織「弟子屈UDプラザ」を二〇〇九年五月に立ち上げました。UDプラザの活動としては、バリアフリーマップの作成、誰でも参加できる観光メニューの開発、入浴介助のあっせんなどがありますが、なかでもいちばん好評なのがお客さまと一緒にUDの観光地を巡る同行サポート活動です。

障害にはさまざまな形態がありますが、例えば視覚障害の方を案内するときは、それぞれの要望をお聞きし、それができるだけ実現できるようなメニューを考えます。もちろん、行動の安全性確保を最重点におきます。これまでに、メンバーは実践を通じてノウハウを習得してきました。同時に、メンバーに対する研修会などを実施して知識と経験を積んできました。

　また、こんなこともありました。世界遺産の知床にバリアフリー調査で行ったときのことです。快晴に恵まれたオホーツクの海はいつになく美しく見えました。一面の青ではなく、何通りかの青色が重なり、絵の具を流したような景観です。この景観をどのように伝えたらいいのかが話題となりました。みんな静かに考え込んでいました。自然から受ける感動をどうしたら伝えられるか、ほんとに難しいところです。

　ちなみに弟子屈UDプラザのメンバーは、看護師やボランティア団体の役員、介護施設の職員やアロマセラピーの指導者、デザイナーなどさまざまですが、なかにはUDの観光地作りを勉強したいと釧路から引っ越してきた若者もいます。みんな熱いホスピタリティをもった仲間です。

　このようにメンバーは専門知識をもった観光ガイドではありません。カヌーや乗馬など専門性をもったメニューは専門ガイドに任せればいいのです。メンバーがガイドで話す内容はちょうど友達同士の会話みたいなもので、日常の生活感にあふれた話です。摩周湖の面積や深さの紹介といった普通のバスガイドが話すようなものではありません。その会話のなかから、弟子屈ならではの文化や歴史を感じ取ってもらえればいいと思っています。

　このような身の丈に合った接し方がお客さまに好評なようで、お客さまとメンバーとの間でさまざまな交流が生まれてきているのは、本当にうれしいことと思っています。メール交換はもちろんのこと、函館や小樽など道南に旅行するからサポートをお願いしたいと依頼されたメンバーもいるのです。

　視覚障害者の来訪が急に増えたのは、二〇一三年六月に発行された「にってんデイジーマガジン」の緑の広場「このひとときを、この人と」というコーナーに紹介されたときからです。そのインタビュー収録には妻が立ち合いましたが、同時に東京に住む視覚障害者の男性にも出席をお願いしました。その方は当館のリピーターで、宿泊の際に体験した弟子屈での出来事を熱く語ってもらいました。カヌー体験の話などは、そのリアルな表現に

「そうか、私たちはそんなすてきな土地に住んでいたのか」と認識し直したぐらいです。

3　百キロウォーク

次にUDプラザメンバーの同行したツアーの実施回数・人数比較を年度別に紹介します。初年度二〇一三年では回数は九回、人数は六十三人です。一四年には七回、四十五人になりました。一五年度では五回、二十二人です。実施回数や人数だけをみると減ってきていますが、その内訳をみると一五年度二十二人のお客さまのうちリピーターの数は十九人で、実に八六パーセントがリピーターでした。しかもほとんどが女性の一人旅です。ちなみに三年間で男性一人旅は一人だけです。

写真3　100キロウォークの参加者

当館でどのように過ごされているかはその人によってまちまちです。毎日カヌーやトレッキング、釧路や網走などに出かける方もいれば、終日部屋で編み物をしている方もいます。ある盲導犬ユーザーの女性はものすごくアクティブで、一日目はカヌーのロングコース、二日目は摩周岳への登山、三日目は馬で摩周湖までの特別コースと、いずれも五、六時間を要するハードなメニューを楽しんでいました。その間、盲導犬は部屋でおとなしく待っているのです。

また、当館では毎年七月に百キロウォークというイベントを開催しています。タイムを競うわけでなく、完走することを目指しておおよそ一日半をかけて歩くのです。そこでは参加者同士の助け合いが自然に発生して、すてきな交流が生まれます。そのイベントの三十キロコースにある夫妻（夫が視覚障害）が参加しました。ご主人の発案で参加したのですが、奥さまのほうがはまってしまい、来年は百キロへの挑戦だと、現在トレーニングに励んでいるとのことです。きっとご主人も付き合わされているにちがいありません。今年もそのイベントを七月一日に開催しますが、今回の名称は「ＵＤの百キロウォーク」です。

写真4　レストラン玄関のスロープの設置

4　地域の変化

次にＵＤ意識と地域の変化について紹介します。

開業から十年間ぐらいは、風曜日は障害者「が」泊まる専用のホテルとして受け止められていました。ＵＤへの理解が浸透していなかったからです。しかし近年になり、障害者「も」泊まれるホテルと認識されるようになって、徐々に様子が変わってきました。単なる宿泊ではなく、何かの目的をもって宿泊するお客さまが増えたのです。その結果、リピーターや連泊が増えてきました。この「が」から「も」になるのに、十七年もの時間を要したことになります。

障害者のみなさんが来られるようになって、地域にも変化が徐々に起こってきました。道の駅「摩周温泉」が全道で一番人気となりました。誰でも利用できるＵＤ対応のトイレが好評です。レストランの玄関にもスロープが設置されるようになりました。

川湯温泉にあるエコミュージアムセンターでは玄関で熊の剥製がみなさまのお越しを待っています。その熊はつい最近まで室内に展示されていて遠くからしか見えなかったのですが、いまは手でさわることもできるのです。説明にも工夫が凝らされ、訪問した人にペットボトルで汲んだ温泉を持って、強酸性の温泉独特のにおいを嗅がせながら説明をしてくれます。

また、視覚障害のお客さまにパークゴルフの指導をしている方は、実はすでに現役を引退しているのですが、この方はこれまで観光ガイドにはあまり関心がなかった人です。その方が私に「三木さん、こんなことだったら、いつでもやるよ。こんなに喜んでもらえるなんて知らなかった。世間との関係もできるし、なんも負担からん

写真5　熊がいる玄関

写真6　パークゴルフ指導

!!」と言ってくれました。

うれしいことに、今日までのホテル運営と地域連携が評価され、二〇一五年度北海道観光施策のバリアフリー観光地域拠点整備事業の整備対象地域に弟子屈地区が認定されました。この事業は地域の観光に関する情報提供などをおこなう拠点作りからスタートし、近い将来、道東地域を視野に入れたワンストップの観光総合窓口を弟子屈に開設することを目的としています。ほかには札幌や旭川など、北海道を代表する人口十万人以上の大都市五地区が選ばれていますが、その十分の一にも満たない人口七千八百人の弟子屈町が同じ対象に認定されたのです。まさに「小さな街の大きな取り組み」で、小さな街には小さな街なりのやり方があると、活動の基礎となるサポートメンバーの育成に取り組んでいます。

一方では新たな課題が生まれてきました。ホテルを運営しながらの拠点作りは、私たちだけではとても無理です。そこで、UDのまちづくりに関心がある人に呼びかけをおこなうことにしました。ビジネスパートナー募集といったところです。このような取り組みに関心のある方は、ご連絡ください。金銭面ではあまり期待しないでください。そのかわり、心の満足感は保証します。

てしかがUDプラザ
代表：三木亨
住所：北海道川上郡弟子屈町字弟子屈原野四一九—六四
ホテル風曜日内
電話：〇一五—四八二—七一一一
FAX：〇一五—四八二—七七七七
E-mail：kaze99@aurens.or.jp
HP：http://www.kazeyoubi.net/

第17章　ともに歩く、ともに楽しむ、ともに作る
――目に見えない〝大坂〟を探るまち歩きプランの企画

山根秀宣

1　概要

私は、本業は不動産の賃貸業なのですが、大阪が好きで、大阪のいろんな地域のまちづくりに関わっています。二〇一四年十一月二十九日に、広瀬浩二郎さんが関わっている「視覚障害者文化を育てる会」、通称「4しょく会」の依頼で、大阪・空堀(からほり)のまち歩きを、企画・運営面からサポートしました。

「空堀」は、豊臣秀吉の大坂城の堀の名前からつけられた地名です。堀なのですが水が張られなかったので空堀と呼ばれ、街の名前の由来となっています。このあたりは古い長屋や路地が多く、商店街を中心とした庶民の街ですが、その昭和の時代の風情や景観を楽しみに、海外からも観光客が訪れます。そうした「目で見る景観」が売り物の街を、目が見えない人にどのように伝え、味わってもらうかが課題になりました。

空堀について二枚の写真があります。一枚は長屋をツアー客が見ている様子です。その長屋は飲食店に改造されています。二階は一階の半分ぐらいの高さ、すごく低い二階になっています。昔の長屋はこんな建物でした。そして、もう一枚は幅二メートルほどの路地を観光客たちが歩いているところです。こんな感じで路地、大阪で

は「ろおじ」というのですが、それがいまも多く残る街でまち歩きを企画しました。

写真1　空堀の2階が低い長屋

写真2　空堀の路地

2　計画段階で用意したこと

ツアー企画、あの手この手

まず、ツアー企画の段階で、街の魅力を伝える手法について、広瀬さんと4しょく会会長の竹田恭子さんとともに、私たち「空堀まちなみ井戸端会」でブレーンストーミングをおこないました。「あれができる」「これができる」と具体案から入って考えていくと、五感から視覚を除いた四感という考え方だけでは収まらない、いろいろな伝え方が出てきました。「さわる」「歩く」「聞く」「におう」「話す」「味わう」「体験する」――以下、それぞれについて説明していきます。

まず「さわる」。「触地図」を作りました。触地図については、広瀬さんから教えてもらったのですが、紙に線の代わりに樹脂を載せて立体的に描いた地図です。写真3の触地図は空堀の主な道路と、それぞれ魅力ある場所の説明、それから注意点も書いてあります。私たちが用意した元の図面からするとすごくシンプルに作られてい

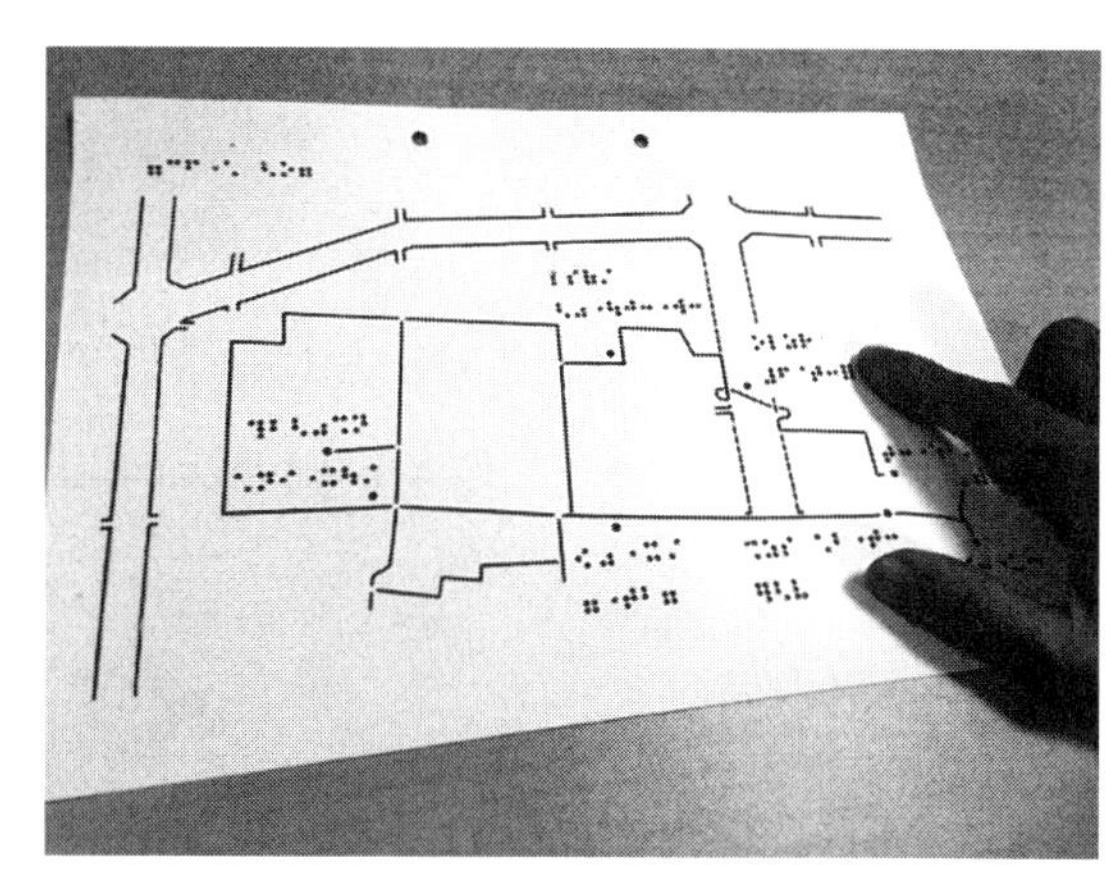

写真3　触地図

写真4　さわる：二宮金次郎像

ました。

写真4は二宮金次郎の銅像に参加者がさわっている様子です。これは元小学校だったところが統廃合によって公園になったのですが、そこに二宮金次郎の銅像が残っているので、これにみんなでさわってもらいました。このほか、別の学校跡では同じく廃校になった校舎の形をした記念碑が石の彫刻になって残っていたので、それもさわってもらいました。写真5は地面に貼ってある熊野街道図の金属レリーフです。マンホールのように地面に金属レリーフがあるのですが、そこに大阪天満橋から天王寺へ至る地図が立体で描かれています。

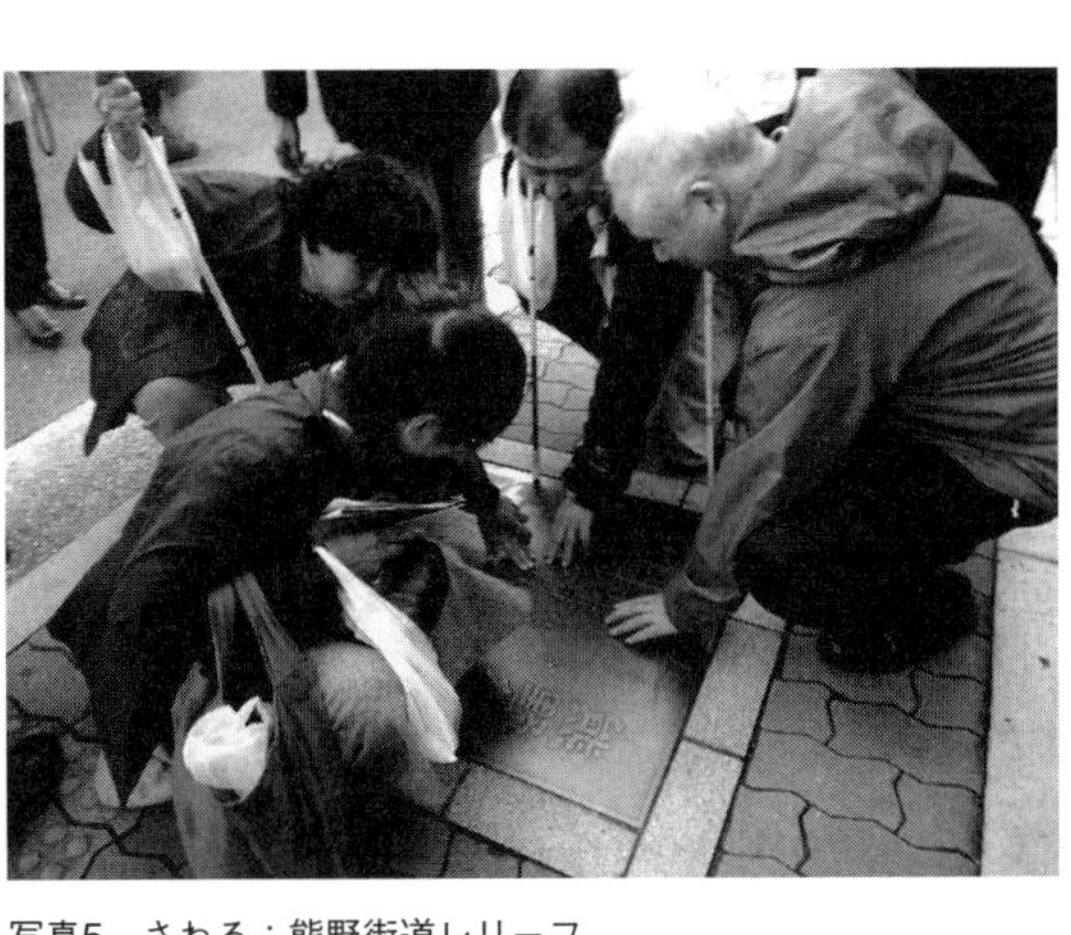

写真5　さわる：熊野街道レリーフ

それからドーバー階段（図1）。商店街から直角にそれた道があり、レンガの階段を少し降りていくと、その階段の両側に商店街に面した建物の側面が見えます。この側面の右手も左手もレンガ積みなのですが、右手のレンガ積みはどの段も長い・短い、長い・短い、短い・短い・短い・短い、と交互に積んでいます。右手のレンガの積み方という並び方。左は長い・長いの段の下に、短い・短い・短い・短い、と交互に積んでいます。右手のレンガの積み方を「フランス積み」、左手は「イギリス積み」というのだそうです（図2）。そこで「フランス積み」と「イギリス積み」の長屋の間を通る坂道を、ドーバー海峡にちなんで「ドーバー階段」と私たちで勝手に名前をつけて呼んでいます。今回は、地域の方に事前に話して入らせていただきました。

そのほか壁面緑化の様子や、大坂冬の陣の際に空堀の底に設けられた木の柵の再現レプリカなどもさわってもらいました。

次が「歩く」です。空堀の街は非常に起伏に富んだ場所ですので、「観音坂」という名の階段など、上り下り

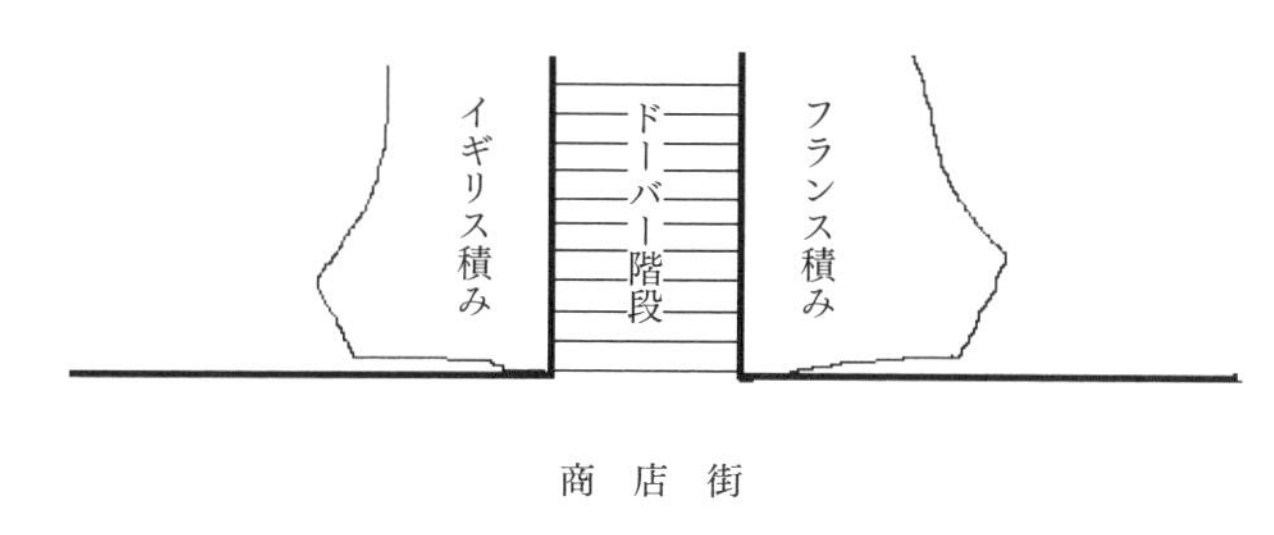

図1　ドーバー階段

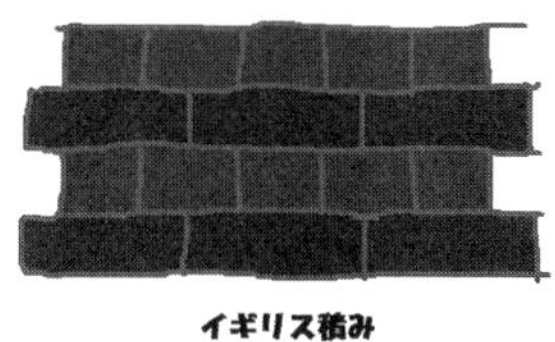

図2　フランス積みとイギリス積みの図解

がたくさんあります。また複合施設の床、これは屋内ですが路地のように石畳にして少し工夫をしています。

次に「聞く」では、まち歩き案内人や店の方の説明を聞きました。例えば、八十五歳のかつお節屋さんのオーナーの昔話をみんなで一緒に聞きました。そのほか、商店街では、各店の呼び込みやテープの音声「安売りの玉出」などのいろいろな声、それから水琴窟（すいきんくつ）の音を聞きました。水琴窟についてはのちほど紹介します。

そして、「におう」「話す」では、線香屋、花屋、魚屋、お茶屋、漬物屋、かつお節屋と、いろんな店のにおいを感じてもらったり話してもらったりしました。

そして「味わう」では、かつお節屋の各種の削り節の出汁（だし）を取ってその味の違いを確認しました（写真6）。

そして「体験する」です。

まず、「聞く」でも出てきた水琴窟です。空堀の水琴窟はこんな話がもとで生まれました。重度の知的障害児向けのデイセンターが、「いつもデイセンター施設のなかでは入所者がつまらないだろう」といろいろなところにサテライトをもっているのですが、そのうちの一つが空堀の路地の奥の蔵にあります。そしてその蔵の前に地域の人たちと交流するための小さな庭を設けています。そこに水琴窟を作ってあります。水琴窟は、地中にある空間に水がぽたぽたと落ちる音が響くのを聞いて楽しむ日本古来の庭園装置で、その音が琴の音のように聞こえるので水琴窟といいます。ここでは写真7のように瓶の中の水をすくって、亀の彫刻の置物のところに水をかける。そうするとその下の地中にまた水瓶が入っていて、その中に落ちた水の音が水瓶内で反響して琴の音のように鳴るという仕組みです。亀の彫刻があるのは、瓶の水を亀にかけると瓶が鳴るというダジャレです。みなさんに非常に喜んで体験・実験をしてもらいました。

そして、はずせないのが「覚悟を決めたかつお節体験」です。当初かつお節屋では、目が見えない方がかつお節を削るのは「非常に危険だからやめてほしい」という意向でした。しかし広瀬さんのたっての希望で、細心の安全配慮をしたうえで実施することに決まりました。一人は必ず介添えに付いて、軍手をしてかつお節を削りました。こうしてやってみると、そんなに危ないシーンはありませんでした。そして、アンケートによれば多くの

写真6　かつお節屋で、利き酒ならぬ利き出汁

写真7　体験・聞く：水琴窟

方の印象に強く残ったようでした。

役に立った地域素地

ここでは、まち歩きに影響を与えた団体などの「思想」や「考え方」を述べます。

空堀には「からほり倶楽部（空堀商店街界隈長屋再生プロジェクト）」というまちづくり団体があり、私も設立メンバーの一人です。長屋や石畳が残るこの街を多くの人に知ってもらい、社会に必要とされることでこの街が残ってほしいと思っている団体です。長屋や空き家に、あるいは路地にアート作品を置いて、アート作品を見ながら街を見ることができる、というイベントを十年間おこなってきました。また、長屋は個人の家ですから普通はのぞくことができません。でも、それを商業施設や店舗にすることで内を見ることができるようになります。これらの考え方は街や建物を「開く」思想といえるのではないかと思っています。

また、「高齢者外出介助の会」という団体があります。高齢者に家に閉じこもらず外に出ていってもらおうと、食事会やハモニカ教室を開いています。「自らの力で元気になってもらおう」という考え方で活動をしています。

空堀の商店街や町会も、街を訪れるようになった来街者に刺激を受けて、あるいはもとからの商店主の性格もあって、街にやってくる人とかなり「密度が濃いコミュニケーション」ができています。これがこの街の性格です。

それらの各団体や町会が集まったのが、まち歩きをサポートした「空堀まちなみ井戸端会」です。この会の前身の協議会は、大阪市と協働して「ＨＯＰＥゾーン事業」という街並み作りの事業に取り組んできました。その事業の一環として、大阪市が風情ある景観に役立つような建物外観の補修工事に補助金を出していたのです。つまりはハードの補助金なのですが、それを本当に残し継承していくためにはハート、つまりソフトが必要なんだということで、「ハードのためのソフト」という考え方をもって活動してきました。

もう一カ所、「ＯＳＡＫＡ旅めがね」という団体の考え方も大きく影響しています。これは私が友人たちと興しているまち歩き観光事業です。普通の観光ツアーは、出発地の人がどこに行きたいかという観点で作るのですが、到着地の人たちが考えるツアーには新しい見どころがあるとして注目され、「着地型観光」と呼ばれています。この考え方はまちづくりとたいへん親和性がいいのですが、到着地の人たちが主張ばかりを述べると参加者は楽しめません。そこで、参加者の満足度アップを心がけ、説明だけでなく「対話や体験を重視する」というまち歩きにしています。この考え方はたいへん役立ったと思います。

留意点

今回のツアーはまず、人数が多かったので十数人ずつの班に分けました。通常のまち歩きでも、私的な生活空間である路地には大人数が入れないので、上限二十人に設定しています。かつお節削り体験でも、この人数が適当でした。また声が届き、密な意思疎通をおこなう点からもちょうどよかったと思います。

ツアー企画に先立って広瀬さんの本を読んで勉強しました。私が読み取ったのは、極論すれば「量より質」で、体験するモノは少なくていいから「ゆっくり、じっくり」という点でした。また、個人的に考えたこととして、その場の状況については「言葉で、はっきり伝えよう」と心がけました。

そこで計画段階で留意したことは、「少なく、ゆっくり、じっくり」。具体的には、「ポイントをすべて回ろうとしない」ということです。三十カ所ほど「あの手この手」のポイントを用意していましたが、参加者の希望に沿って場所場所でじっくり話したらいいということを、案内する各班長にお願いしました。さらに、みんな街のエキスパートですから「時間がなくなればコースのショートカットもぜひしてください」とも伝えました。また、「さわっていいものに時間をかけましょう」という確認もしました。そして「お店の人との会話のキャッチボールもぜひやっていきましょう」「一方的な話に終わらないようにしましょう」と心がけました。

「一団でひっついて歩く」ことにも留意しました。まち歩きでは往々にして参加者が個別の興味によってばらけてしまうのですが、視覚障害がある場合、ばらけてしまうと行き先がわからなくなってしまうかもしれないので、この点では普段のまち歩き以上に気をつけました。

「状況を言葉ではっきりと伝える」という点では、「はっきり」「ゆっくり」話をするのがベースです。そして、店に入るとき「言葉で班についての紹介をしましょう」、店にも「私たちはこういうまち歩きの団体です」と言葉で伝え、「漬物屋さんに入ります」とか「においますか？」とか「足元に気をつけてください！」というように参加者の方にも言葉で説明しました。

そのほか、「視覚以外で楽しめる空堀のマップ」を作成しました。先ほどの触地図のもとになった地図です。これを各班長とサポートの健常者の方に配りました。

3　まち歩き本番でのハプニングと反省点

まず、スタートが遅れました。あまりの人数の多さで、受け付けがスムーズに進まなかったのです。実際の参加者は四十人から五十人いたと思います。それを四つの班に分けて歩くのですが、かつお節屋さんでの体験は入れる人数と準備の都合で班ごとに交代でやらないといけません。その順番があり、各班の入退店時間を厳守しなければならなかったので、スタートが遅れた分、班によっては忙しくなったと思います。

一方、面白かったのは、参加者が交渉して「食べ歩き」がスタートしたことです。漬物屋では「キュウリのテイクアウト」がありました。参加者の方が交渉しだしたのです。「これ一本、ちょっとむいて洗ってそのまま食べていかれへんかな」という感じでした。アンケートでも、これがいちばん面白かったという方もいます。

また、油絵をさわらせてくれた方がいました。展示中のギャラリーに立ち寄ったのですが、そこの出展者がたまたま油絵をさわってほしいという考えをもつ方でした。これはラッキーな出会いでした。

これらのハプニングは、もしかしたら視覚障害者ならではの能力によるものと呼べるかもしれません。

他方で、トイレや休憩時間や、まち歩きをもっとゆっくりという点で、まだ行き届かないところがあったと思います。時間限定の順番のところがなければ、みなさんの状況にもう少しゆったりと合わせることができたのかなと思いました。ただ、これは出発が遅れる可能性を考えて時間配分することで解決できます。こういった改善は、健常者の方にとっても満足度アップにつながるのではないかと考えています。

4 感想

まち歩き実施にあたっては、まず案内者に「豊富な知識が必要」だと思います。そのなかで、「相手に合った素材を選ぶ」ということが大切です。これは普通のまち歩きでも必要なことです。私たちは、街についてはよく知っていたのでこの点はクリアできました。

次に「オープンなハートが満足感につながる」ということ。これは漬物屋さんや画家、それから4しょく会として参加した方もオープンだったので、その場のコミュニケーションでどんどん楽しいまち歩きになっていきました。主催者も参加者も街の人も、コミュニケーション能力が高かったのがプラスにはたらきました。

本章のサブタイトルではあえて「大坂」と「土へんの坂」にしています。これは広瀬さんともだいぶん議論をしたのですが、私たちがよくまち歩きで扱っている「歴史上の街」は現在は存在しないものです。昔の話を伝えているのは、「見えないものを伝える」のと同じだということなのです。例えば津波の話にしても、『稲むらの火』のように現在は起きていない（見えない）ことでも、それを伝えることに非常に意義があるのであって、「目に見えないものを伝える」のは、言い伝えと同じくとても重要なのだと思います。この点からも、健常者の世界にフィードバックできることがあるのではないかと思いました。

そこで、「ユニバーサルを考えることが健常者にとっても新しい発想を生む」という実例として、本書のもとになったシンポジウムに持参したのが「香る写真」でした。私は毎年、写真展に出展してきたのですが、視覚だけで伝えるのではやっぱり何か足りない。視覚以外でも伝えたいという思いがわき、「香る写真」をその写真展で発表しました。香りは飛散して部屋に充満するので、その写真を見たい人にだけ匂うしくみが必要です。そこで、メガネを用意してその鼻に近い部分ににおい袋を入れ、メガネをかけたときだけ香るようにしました（写真8）。墓参りで母から子へ線香を渡す『繋ぐ』というタイトルの写真をこのメガネをかけて見ると、線香の香りがします。今回の展示では点字で情景の説明を加えましたので、目が見えない方は、点字の説明と香りで鑑賞できます。これを応用していろんなにおいを鼻先で起こすことができれば、健常者にとってもバーチャルリアリティとして楽しめる可能性があると思います。目が見えない方のまち歩きを考えた経験が、視覚だけに頼りがちな健常者世界を豊かにする進化・発展にもフィードバックできる一例となるのではないでしょうか。

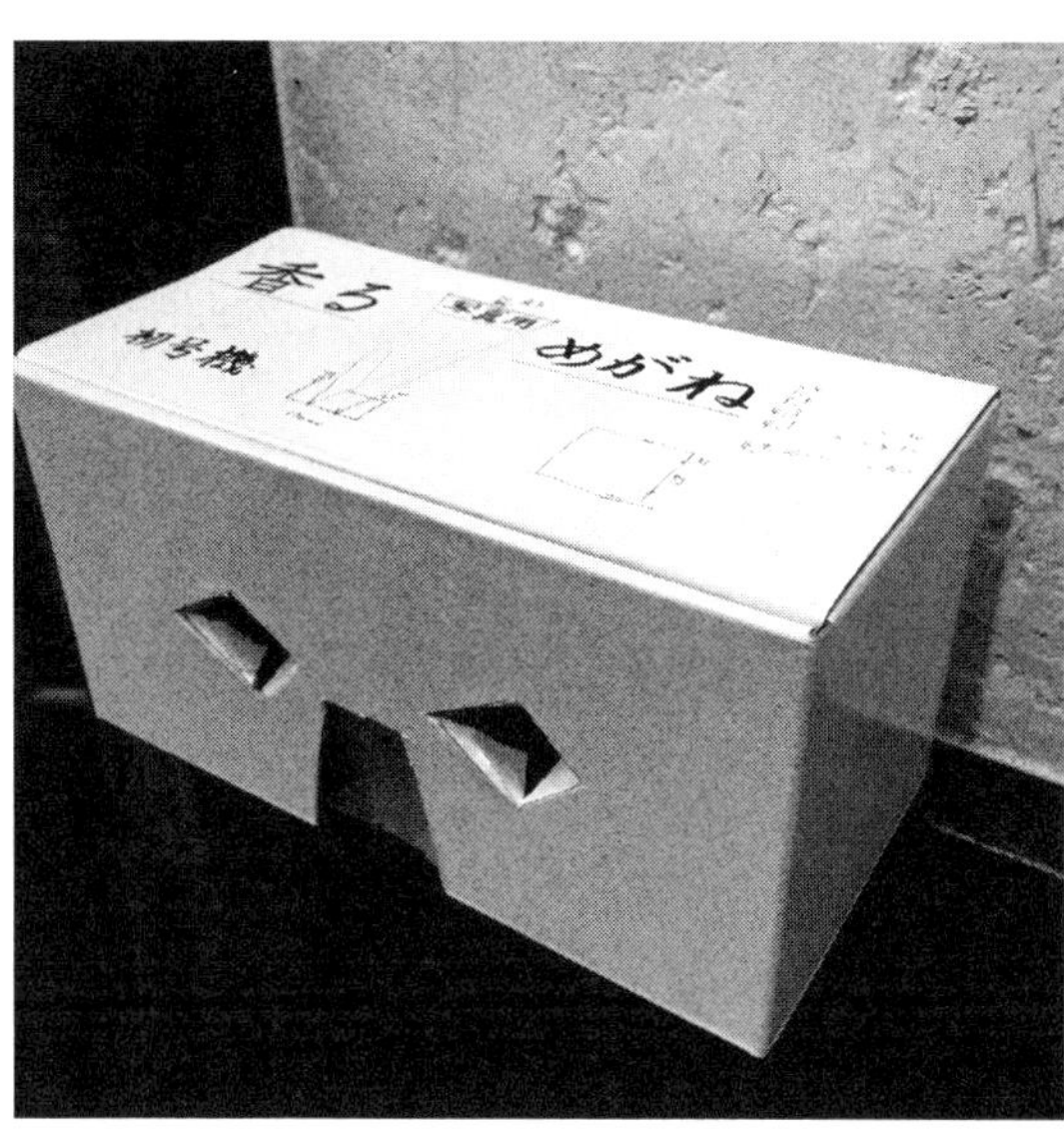

写真8　香るメガネ

第18章　被災地ツーリズムのユニバーサル化への試み

石塚裕子

1　ユニバーサル・ミュージアムから観光まちづくり、被災地復興に寄与する取り組みへ

ユニバーサル・ミュージアム（誰もが楽しめる博物館）の知見をまちづくりや観光に応用したいと考え、約六年前から取り組んでいます。岡山県倉敷市美観地区でのさわる街並み観光ガイドツアー、京都府宇治市でのさわる世界遺産ガイドツアーなどを企画するなかで、見ることが中心になりがちな観光を、見えない視覚障害者の方に伝えようとする試みが、地域の魅力の本質の再発見につながり、地域で活動する人々に新たな活力を与えることを体感してきました。

一方、二〇一一年三月十一日に起きた東日本大震災では、かなり早い段階からさまざまなかたちで被災地への訪問、観光（被災地ツーリズム）が展開され、復興の一助になっています。しかし、発災から五年が経過した現在、社会の関心が低下するなかで、防潮堤整備をはじめとする復興事業が進み「見える被災地」は減少してきています。被災当初の惨状とその悲しみを非被災者に伝えるには、被災地ツーリズムのあり方にも転機が訪れているといえるでしょう。

地震津波被害ならびに福島第一原発事故による放射能被害を受け、「見えなくなってきた被災地」および「見えない被災」地である福島県いわき市をフィールドに、見えない世界をみる感性を育む手学問の理論を援用したツアーを考えていきます。しかし、この試みは、まだ初歩段階にあり実現できていません。

そこで本章は、ユニバーサル・ミュージアムの知見を援用した観光まちづくり（＝ユニバーサル・ツーリズム）を、被災地の観光＝被災地ツーリズムに適用する意義を整理し、その効果、すなわち被災地の復興に寄与できるのかを考察していきます。

2　観光まちづくりとユニバーサル・デザイン――逆のアプローチから取り組む

まちづくりは広い意味をもつ言葉なので、さまざまな考え・定義がありますが、ここでは「地域における、市民による、自律的継続的な、環境改善運動[1]」を用いたいと思います。そのうえで観光まちづくりを定義すると「地域が主体になって、自然、文化、歴史、産業など、地域資源を生かすことで、外部との交流を振興し、活力あふれる街を実現するための持続的な活動」といえます。ここで特に大切なのは、地域が主体になって、地域資源を生かし、地域の人々が活動するという点です。

日本で、観光のユニバーサル・デザインへの取り組みが始まったのは一九九〇年代中ごろからです。七〇年代ごろから日本にも徐々にノーマライゼーションの理念が浸透し始め、八〇年代から公共交通などの社会基盤整備を中心にバリアフリー化が盛んに取り組まれるようになりました。その流れのなかで、九五年六月の観光政策審議会答申は、「高齢者や障害者は日常生活の範囲が限られていて、旅による充足感が他の人々より深い人々であり、このような人々が安心して手軽にできる旅行を促進することは極めて重要である[2]」と明言しています。また、国連障害者権利条約（二〇〇六年）を日本は二〇一四年に批准し、「障害を理由とする差別の解消の推進に関する

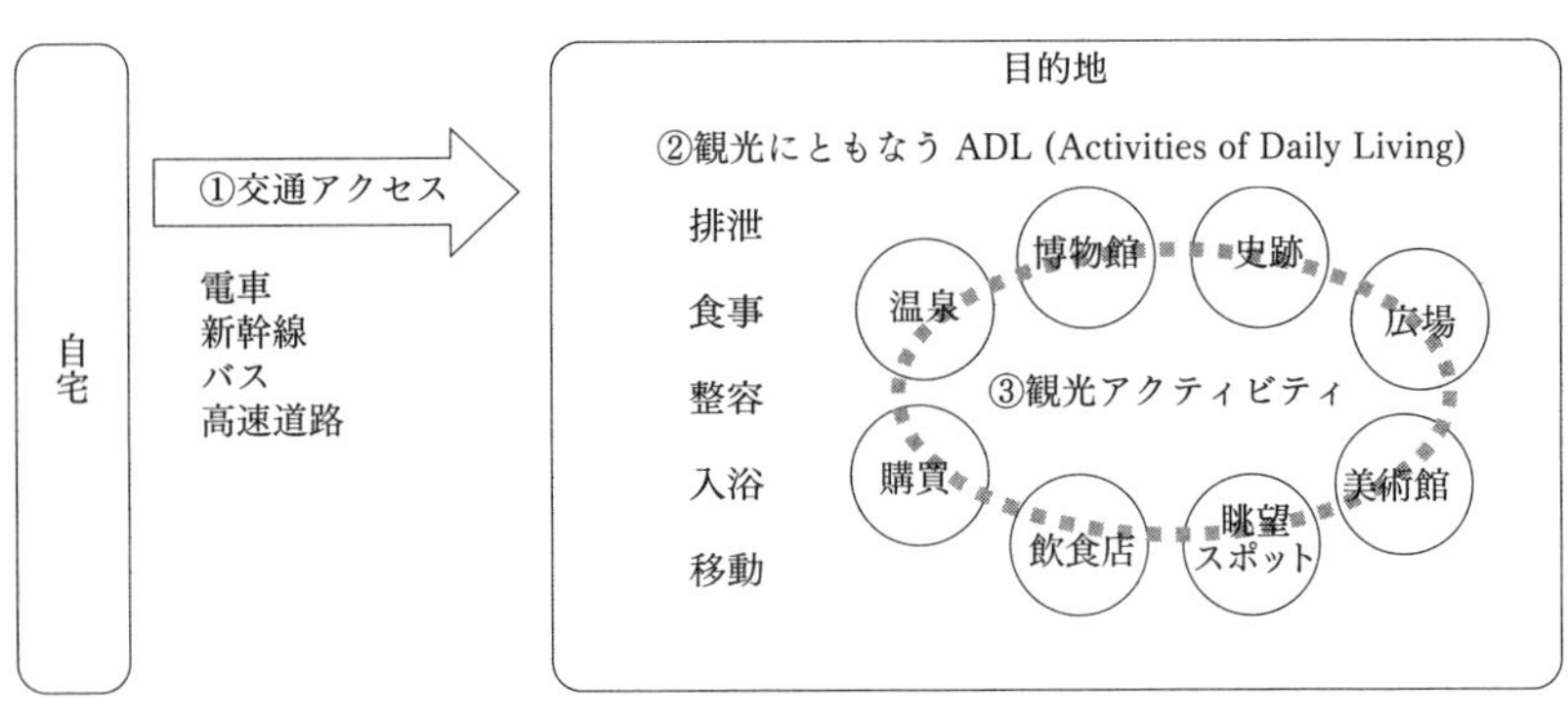

図1　観光ユニバーサル・デザインの対象

法律（障害者差別解消法）」が一六年四月に施行されました。

観光のユニバーサル化を検討するにあたっては、図1で示すとおり三つのフェーズに分けて考える必要があります。まず自宅から目的地までの①交通アクセス、次に観光に伴う食事や排泄、入浴や移動といった②日常生活行動（Activities of Daily Living：以下、ADLと略記）を支える取り組み、そして本来の目的である③観光アクティビティのユニバーサル化です。

これまでの経緯から、観光のユニバーサル化は①交通アクセス→②観光に伴うADL→③観光アクティビティの優先順位で取り組まれる傾向にあります。観光まちづくりでは②観光に伴うADL、③観光アクティビティが主な取り組みの対象になりますが、多目的トイレの整備や段差解消、バリアフリールームの設置といった②観光に伴うADLへの対応に終始し、③観光アクティビティのユニバーサル化については、あまり真剣に議論されない傾向にあります。

しかし、本来は観光を楽しむために移動し宿泊するのですから、③観光アクティビティのユニバーサル化から取り組み、それを快適化するために②観光に伴うADLに取り組むという逆のアプローチが必要ではないかと考えます。

受け入れ地域の市民が、地域資源をユニバーサルな視点で紹介する取り組みを通じて、周辺の環境整備が促進され、それが地域の高齢者や障害者にとって住みやすい環境改善活動に連動するような流れが起きることを期待しています。

3　被災地ツーリズムとは

東日本大震災では、これまでの阪神・淡路大震災や中越沖地震などと比較して、かなり早い段階から、被災地を訪問、観光するツアーが展開されました。復興ツーリズム、被災地応援ツアー、ボランティアツーリズム、防災学習ツアーなど、さまざまな名称がありますが、それらを本章では被災地ツーリズムと総称します。

被災地ツーリズムには、被災地が従来おこなってきた観光地への訪問をはじめ、被災地でボランティアをおこなうボランティアツアー、学ぶ観光[3]（スタディーツアー）などがあります。クリス・ライアンによれば、フィリップ・ピアースの「トラベルキャリア・ラダー（TCL）」で定義されている旅行動機は旅行者の体験によって、動機を再帰的に発展させながらステップアップできる[4]といいます。すなわち、現地の訪問体験がより深く、被災地に関心を寄せ、学ぶきっかけを与えることができるということです。

日本の災厄の記憶の伝承事例の代表として広島の平和記念公園と原爆ドームがあります。広島では原爆ドームの保存運動、語り部活動の普及、世界遺産登録運

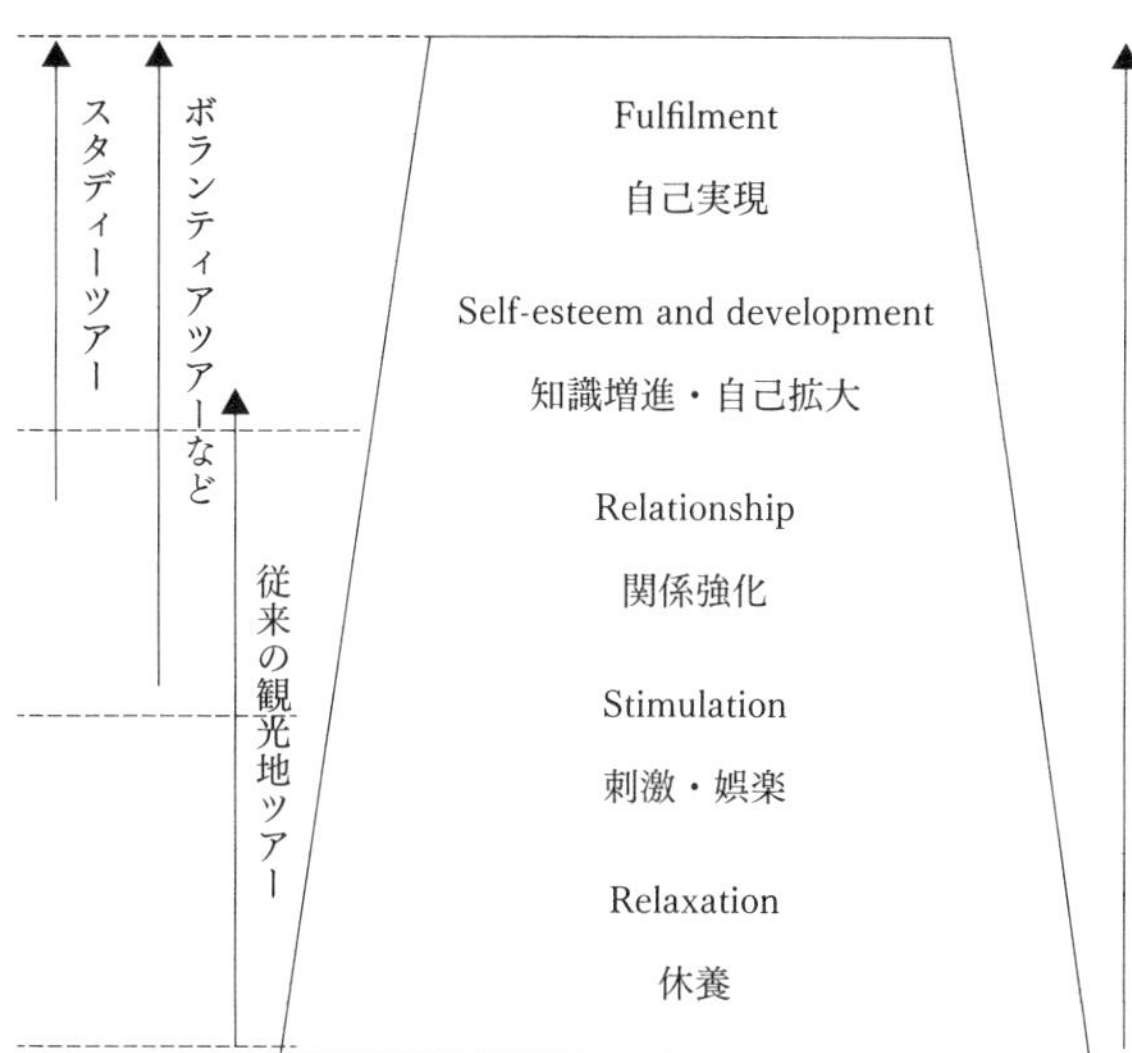

図2　観光動機モデル（トラベルキャリア・ラダー）と被災地ツーリズムの関係性

動など、長い期間、さまざまな活動を経て「追悼する」「記憶する」「将来のために学ぶ」という三つの要因を含んだ観光形態が成立しました[5]。体験者の語りが災厄の痕跡に文脈を与え、痕跡は語りを媒介する役割をもち、体験者の語りと物理的な痕跡によって記憶が非経験者に可視化されるといいます[6]。被災地の記憶の伝承には「災害の痕跡」と体験者の「語り」が必要であり、それらを見て、聞いて、さわって体得する非経験者の姿勢が大切になってきます。

災害でも都市開発でも、街の痕跡を失うくらい破壊されるのは、その地域の大切な記憶が失われるということだといえます。街の記憶をどのように残していくのか。モニュメントや記念碑、被災した建物を震災遺構として保存したり、あるいは博物館を建設したりと、一定の空間に埋め込んで伝えていくことは、これまでにも取り組まれてきました。

さらに、そこから一歩進めて、場所がもつ力を生かし市民がもつ記憶を残し、それを育んでいくような取り組みが必要ではないかと思っています。そのきっかけの一つとして、被災地ツーリズムのユニバーサル化から始めていくことは有用ではないかと考えています。

4　なぜ被災地ツーリズムをユニバーサル化するのか

被災地ツーリズムをユニバーサル・デザインの観点から取り組む意義は二つあります。一つは、すでに冒頭の取り組みへの動機で述べたように、見ることが中心になりがちな観光を、見えない視覚障害者の方に伝えようとする試みが、地域の魅力の本質の再発見につながり、地域で活動する人々に新たな活力を与えることを体感してきたことに起因します。被災地では、復興事業が進むなかで、被災の状況が〝見えなく〟なりつつあり、被災者の深い悲しみや将来への不安など〝見えない〟心の想い、体験があります。長い年月のなかで積み重ねてきた歴史の延長線上に、災害が起こり、それを乗り越え、未来へのまちづくりを進めるなかで、非経験者に何を、どのように伝えるべきか、被災地ツーリズムのユニバーサル化によって、再考する機会を提供できると考えています。

二つ目は、鷲田清一の言葉を借りれば、〈弱さ〉の力、「〈弱さ〉は、それを前にした人の関心を引き出す力[7]」が、ユニバーサル化の取り組みにはあるからです。

現在、全国にバリアフリー・ツアーセンター、ユニバーサル・ツーリズムセンターという、高齢者や障害者の観光を支援する組織、窓口が増えています。そこでは、宿泊施設、観光施設、交通事業者、病院、福祉施設、地域ボランティアと、これまで直接的なつながりのなかった多様な関係者が互いの領域をまたいで協力し、連携して高齢者や障害者の観光を地域の力、ネットワークで支えています。ユニバーサル・ミュージアムの取り組みも同様だと思います。博物館の学芸員だけでなく、作家や各種専門家、学校、ボランティア、地域住民、行政などが連携することで実現した展示やワークショップばかりです。このようにユニバーサル化の取り組みによって、不完全さという〈弱さ〉が、さまざまな人の関心を引き出し、従来の枠組みを超えて、新しいネットワークを築く力を発揮させています。

東日本大震災のような大規模な災害下では、その衝撃で適応を超えるストレスを受けていること、補償や支援の過程で不平等感を覚えること、復興などの大きな変革のなかで潜在的にあった価値観の相違が顕在化すること、潜在化している社会格差や不平等が顕在化すること、そして放射能汚染という人の生活や心の安定の基礎となる自然を脅かされている不安感があることが、人間関係の葛藤や対立を引き起こすきっかけになり、さまざまな分断を被災地に生み出している[8]といわれています。

そのようななかで、一見、復興とは直接関係がないような、被災地ツーリズムのユニバーサル化への取り組みが、小さいけれど新しい地域のつながりを創り出すことができれば、その意義は大きいと考えています。

5　手学問を援用して被災地ツーリズムのあり方を考える

対象地域の概要

被災地ツーリズムのユニバーサル化の試行は、福島県いわき市を予定しています。当該地域を対象とする理由は、私が二〇一一年五月からNPO法人いわき自立生活センターに不定期に訪問していることと、当該法人がユニバーサル・ツーリズムの取り組みに関心をもち、ツアーセンターの立ち上げを目指しているからです。

福島県いわき市は、福島県の東南端に位置し、県内最大の人口約三十三万人の都市です。明治から昭和にかけて「常磐炭田」の中心地として栄え、常磐炭鉱時代の地下湧水の温泉を利用し、日本初のリゾート施設・常磐ハワイアンセンター（現在は、ハワイアンリゾート）が有名です。

東日本大震災では、二〇一六年一月現在、死者四百六十一人、建物損壊約九万棟の甚大な被害を受け、一三年十一月時点では応急仮設住宅に四百五十六人・百八十九世帯、見なし仮設住宅（民間借り上げ住宅）に六千六百三十五人・二千四百十七世帯が避難生活を送っていました。また、福島第一原発の事故によって帰還困難区域に指定されている双葉郡などの市民、約二万四千人が一五年十月現在、いわき市に避難しています。

そのようななか、いわき自立生活センターが中心になり、三・一一被災者を支援するいわき連絡協議会（以下、みんぷくと表記）が二〇一二年六月に設立されました。当該団体は、東日本大震災と東京電力福島第一原発の事故の被災者を支援することを目的とし、いわき市内で活動するNPO団体、任意団体、個人など約五十団体で構成されています。当該団体の活動は、仮設住宅入居者のコミュニティ活動支援、交流拠点の運営、災害復興公営住宅のコミュニティ支援など多岐にわたりますが、防災・減災の啓発活動として「防災・減災ツアー」を一二年七月ごろから実施しています。

被災地ツーリズムでの「優しく、ゆっくり、洋々たる」

みんぷくが実施する「防災・減災ツアー」の見学と体験（二〇一四年六月二十日、二十一日）を通じて、広瀬浩二郎さんが提唱する手学問[9]の主要原理、〝さわる〟三要素、〝さわる〟展示方法、〝さわる〟マナーのうち、〝さわる〟マナー「や・ゆ・よ」を援用して、被災地での災害の伝承方法について考えてみます。

写真1　仮設住宅を説明するパネル

①優しく――被災者の気持ちに寄り添って

みんぷくのツアーでは、原則として、被災者、避難者との交流の機会を設定していません。また、希望が多い仮設住宅の見学も避難者に配慮し、写真1のようなパネルでの説明で代替しています。

しかし、時間が経過し、災害への時間的な感覚が被災者と非経験者の間で共有しにくくなってくると、「災害の痕跡」と体験者の「語り」が必要となり、非経験者のマナーが重要になってくるといえます。手学問でいう〝優しく〟さわるとは、非経験者が、被災者の気持ちに寄り添い、被災者が語る体験を想像し、敬愛の念をもって接することといえるでしょう。

②ゆっくり――地域資源の掘り起こし

みんぷくのツアーを申し込む方は、被災地の見学や防災学習がメインの目的ですが、いわき市の観光スポットや食べ物を楽しむ方も少なくありません。このため、従来の観光施設をはじめ、地域資源を紹介することも求められます。

手学問の「ゆっくりさわる」という視点から、地域の資源を見渡し、地域の歴史文化、魅力を伝える資源、方法を再発見していくことが、被災地ツーリズムのユニバーサル化の突破口になるのではないでしょうか。例えば、いわき市には常磐炭鉱時代の産業遺構が数多く残り、現地ガイドの方の案内によって、ゆっくりと周遊しながら、街の歴史、文化にさわることができます（写真2）。このような地域資源を再確認していくことは、被災されたいわき市民の方々が地域のアイデンティティを再構築する機会になり、復興への力を育む機会になると思っています。

写真2　街の歴史に接する

③洋々たる――被災地への想像力と創造力、対話の実践

津波被害が甚大だった沿岸部も瓦礫が撤去され、防潮堤の工事が進み、状況が刻々と変化しています。そのようななか、津波被害の痕跡として残せる遺構の「部分」から、被害の「全体」を想像し、復興に向けた未来を創造することが求められます（写真3）。

手学問の「洋々たる」とは、じっくりと資料に向き合い、その背景にある物語を自分自身でイメージしクリエートすること、「モノとの対話」だといいます。被災地では、一見、災害によって街の記憶が失われ、復興事業などによって新たな街が形成されつつあるように見えます。しかし、一部に残された遺構に、また体験者の語りに、さらに市民が再確認した歴史・文化といった地域資源にじっくり向き合えるようなツーリズムを用意することで、被災者だけでなく、非経験者もともに被災地の未来を創造する機会を得ることができ、被災地の復興に寄与することができるのではないかと思います。そのためには、震災遺構として何を、どこに残すべきか、そして後世に残していくべき地域資源について、被災地の視覚障害者らの協力を得て考えていくことは一つの有益なアプローチではないかと考えています。

本章では、ユニバーサル・ミュージアムから観光まちづくりへ、そして被災地ツーリズムのユニバーサル化が復興に寄与する可能性について述べてきました。

しかし、まちづくりに最も大切なのは、理屈ではなく地域での、市民による、自立的・継続的な実践活動です。そこでNPO法人いわき自立生活センターが中心になり、観光関係者をはじめ、障害当事者団体、福祉関係者、行政などで構成する「いわき市ユニバーサルツーリズム研究会（仮称）」を二〇一六年春に立ち上げ、ユニバーサルな被災地モデルツアーの検討を始めています。本活動の取り組みが、いわき市でユニバーサルなまちづくりのプラットフォームとなり、復興に寄与することを目指しています。

写真3　津波で剝ぎ取られた防波堤にさわる

注

(1) 伊藤雅春／小林郁雄／澤田雅浩／野澤千絵／真野洋介／山本俊哉編著『都市計画とまちづくりがわかる本』彰国社、二〇一一年

(2) 観光政策審議会「今後の観光政策の基本的な方向について（諮問第三十五号〔H6.5.24〕に対する答申第三十九号〔H7.6.2〕）」(http://www.mlit.go.jp/singikai/unyusingikai/kankosin/kankosin.html)［二〇一六年七月二十八日アクセス］

(3) フンク・カロリン「「学ぶ観光」と地域における知識創造」「地理科学」第六十三巻第三号、地理科学学会、二〇〇八年

(4) Chris Ryan ed., *The Tourist Experience*, Cassell, 1997.

(5) Lisa Yoneyama, *Hiroshima Traces: Time, Space, and the Dialectics of Memory*, University of California Press, 1999.

(6) 向井良人「記憶をめぐる行為と制度」「保健科学研究誌」第九号、熊本保健科学大学、二〇一二年

(7) 鷲田清一『〈弱さ〉のちから――ホスピタブルな光景』講談社、二〇〇一年

(8) 岩淵泰/廣水乃生/石原明子「震災対応と再生にかかる紛争解決学からの提言」、高橋隆雄編『将来世代学の構想――幸福概念の再検討を軸として』所収、九州大学出版会、二〇一二年

(9) 広瀬浩二郎「「手学問」理論の創造――触学・触楽・触愕するフィーリングワーク」、広瀬浩二郎編著『さわって楽しむ博物館――ユニバーサル・ミュージアムの可能性』所収、青弓社、二〇一二年

第19章　娯楽・余暇の幅を広げる
――見えない恐怖を共遊する「マーダーロッジ」の衝撃

大石 徹

1　聴覚や皮膚感覚や闇を復興させた先駆け

ミュージアムや娯楽施設は、観光やまち歩きのスポットになることができます。ミュージアムも娯楽施設も観光もまち歩きも、娯楽や余暇のためのものだからです。

人類学者の梅棹忠夫さんが、ミュージアムはアミューズメント（娯楽）のためのものだと話したら、すかさず作家の小松左京さんが「アミュージアムですな」と応じました。小松さんならではのうまいシャレですが、そもそもアミューズメントとミュージアムは語源的に同じなのです。ギリシャ語の「ムセイオン」という言葉からきています。ムセイオンは、ミューズたち（学問や芸術をつかさどる女神たち）を祭った場所という意味です。もともとミュージアムもアミューズメントも、学問や芸術に関わることでした。

また、ギリシャ語で「暇」や「余暇」を意味する「スコレー」という言葉は、ラテン語の「スコラ」になり、英語の「スクール」になっていきます。語源からいえば、余暇は学問や教育のベースになるものなのです。ここまでの内容でも、娯楽や余暇とミュージアムとの関わりが深いことはわかっていただけるでしょう。

言い換えれば、ミュージアムと娯楽施設と観光とまち歩きは、兄弟姉妹のようなものなのです。だから、見せ物という娯楽施設がミュージアムのルーツの一つになったように、すぐれた娯楽施設をミュージアムに応用できる場合もあるのではないでしょうか。そんな娯楽施設は、ミュージアムが驚き（ワンダー）に満ちた（フル）場、すなわちすばらしい（ワンダーフルな）場になることに貢献できるのではないでしょうか。そしてミュージアムは娯楽や余暇や芸術表現の幅を広げる可能性を秘めているのではないでしょうか。本章では、そういう娯楽施設の例として「マーダーロッジ」を取り上げます。

セガが開発したマーダーロッジは、シアター・タイプのお化け屋敷です。お化け屋敷プロデューサーの五味弘文さんによれば、お化け屋敷には三つのタイプがあります。①ウォークスルー（客が自分で歩いて体験するもの）、②ライド（客が乗り物で移動して体験するもの）、③シアター（客が席に座って体験するもの。例えば3Dの映像を見るものや、ヘッドフォンを着けて3Dの音響を聴くもの）の三つです。マーダーロッジは、客がヘッドフォンを着けて3D音響を聴くタイプで、その大きな特徴は、暗闇のなかで音と振動と風が使われることでしょう。このお化け屋敷の入場者は視覚を使えず、聴覚や皮膚感覚（全身にわたる一種の触覚）を刺激されてスリルを味わいます。

そんなマーダーロッジのキャッチコピーは、「聴覚だけで視覚を凌駕する恐怖を与える」です。この3Dサウンド型お化け屋敷は、入場者が視覚を使わない施設の先駆けといえるでしょう。触常者（触覚に頼って暮らしている人）も見常者（視覚に頼って暮らしている人）も同じように満喫できる娯楽施設なのです。ユニバーサル・ミュージアム（誰もが楽しめるミュージアム）をめぐる運動でも聴覚と触覚と闇の復興が唱えられてきました。一九九六年に一般公開されたマーダーロッジは、聴覚と皮膚感覚と闇を復興させた先駆けともいえるでしょう。日本の社会で、ユニバーサル・ミュージアムやユニバーサル・デザイン（誰もが使いこなせるようなデザイン）が広く知られるようになったり、ダイアログ・イン・ザ・ダークや暗闇体験ワークショップが開かれたりするよりも前に成功していたからです。

現在、マーダーロッジは北海道のルスツリゾートだけにあります。ここのマーダーロッジに、二〇一四年十月、私は広瀬浩二郎さんたちと一緒に行きました。

なお、参考のために、浅草花やしきの「ゴーストの館」についても少し紹介しておきましょう。ゴーストの館は、マーダーロッジのように、暗闇のなかで視覚を遮断された入場者がヘッドフォンで3Ｄサウンドを聴くタイプのお化け屋敷です。こういうタイプのお化け屋敷としては「世界初」のものでした。一九九四年四月に一般公開され、いまも花やしきに設置されています。ゴーストの館を開発したのはアクーヴ・ラボでした。この会社のモットーは「Touch the Sound!（新しい体感音響の可能性を創造します）」です。アクーヴ・ラボはほかに「気配の部屋」も手がけました。これは、視覚を使えない暗闇のなかで自然界の音や動物の鳴き声や妖怪の気配を体感できる部屋です。二〇一三年六月二十九日から九月一日まで大阪文化館・天保山で開催された「体感妖怪アドベンチャー GeGeGe 水木しげるの妖怪楽園」というイベントのときに設置されました。

2　マーダーロッジの開発

次に、マーダーロッジが開発された経緯を説明します。マーダーロッジの開発チームの人数は五、六人でした。チームでの役割は、企画と構成（脚本と演出）、音響、デザイナー（施設正面のデザイン）、プロジェクト・リーダー（資金の管理やリリース時期の調整）、システム（施設全体の制御）に分かれています。このうち企画・構成の関川晴行さんと音響の長井和彦さんに、広瀬浩二郎さんと私はインタビューしました。二〇一四年九月、東京都品川区のセガの本社でのことでした。

関川さんが3Ｄサウンドに関心を寄せるようになったのは、いまから二十年ほど前、アメリカ・フロリダ州のディズニーワールドで「エイリアン・エンカウンター」というアトラクションを体験したことがきっかけです。このアトラクションは、あの『スター・ウォーズ』（一九七七年）のジョージ・ルーカスが監修し、3Ｄサウンドが演出の一つとして使われていました。イスに座っている客にエイリアンが襲ってくるという設定のアトラクションです。そのイスには、スピーカーが客の耳の位置に取り付けられていました。そのスピーカーから3Dサウンドが聞こえてきます。

マーダーロッジを手がける前から、関川さんと長井さんは二人とも3Dサウンドに関心をもっていました。そんな二人がコンビを組むようになるのは、新宿高島屋のなかにオープンする予定だった新宿ジョイポリスのアトラクションを開発するときでした。それまで二人は別々の部署にいました。それまでの長井さんの部署はゲームの音響技術開発でした。ちなみに、ジョイポリスはセガのアミューズメント・パークで、現在は東京のお台場と大阪の梅田にあります。新宿ジョイポリスは一九九六年十月にオープンしたのですが、残念ながら二〇〇〇年八月に閉鎖しました。

マーダーロッジは、当時まだオープンしていなかった新宿ジョイポリスのために作られました。ゼロからのスタートだったので、開発チームはずいぶん試行錯誤したそうです。マーダーロッジはジョイポリス初の立体音響アトラクションということもあり、実験的要素が多かったので、社内ではけっこう反対もありました。

そんな開発の最中に長井さんは、視覚を遮断したら3Dサウンドの効果が上がるのではないかと思い付きます。長井さんは3Dサウンドのゲームを開発していたときに思っていたことがありました。例えば弾がプシューと音をたてて飛んできても、弾が飛んでくる映像を見ながら3Dサウンドを聞いていれば、「なんだ、こんなものか」と失望します。3Dサウンドの迫力をたいして感じません。そんなふうに思っていた長井さんは、視覚を遮断したほうが3Dサウンドの迫力を感じることに気づいたのです。そういえば、お化け屋敷についての研究書、橋爪紳也さんの『化物屋敷』の結論部分でも視覚への偏重が批判されていました。その部分で橋爪さんは、「いかに技術が進歩しようとも、視覚だけに訴えているような疑似体験装置では現実との隔たりがはるかに遠い」と指摘しています。

橋爪さんのこんな指摘にも通じるような長井さんの考えが取り入れられ、マーダーロッジでは客の視覚が遮断されました。しかし、関川さんと長井さんが視覚障害者のことを考えてマーダーロッジを作ったかといえば、別にそうではありません。特に視覚障害者を意識したというよりは、すべての人が百パーセント楽しめることを意識して作りました。ちなみに、セガのモットーは「世界中に感動を、すべての人に喜びを」です。

マーダーロッジの素材にホラーが選ばれたのも、すべての人に最適だからという理由のようです。関川さんと長井さんは、開発の最初の段階から「お客さんが何かに襲われる」という設定にしようと思っていました。客をストーリーに巻き込むほうがハラハラ・ドキドキさせられると思ったから、そういう設定にしたのでしょう。

3　マーダーロッジの内容

マーダーロッジの開発がさらに進んでいく様子を述べる前に、このアトラクションの具体的な内容を説明しておきましょう。

マーダーロッジは、ロッジ（山小屋）をあしらった十畳程度の密室です。そのなかでは客が八人で食卓を囲むかたちになっています。アトラクションの外壁正面は、丸太を組んで作ったように見せかけてはいるもののプラスティック製ですが、内部の食卓とイスと床は木です（写真１・２）。長方形の食卓の手前と奥に四つずつイスがあり、一つの席につき一つのヘッドフォンが備え付けられています。ルスツリゾートのマーダーロッジには席が八つあるのですが、ヘッドフォンは六つしかありません（写真２）。八つの席それぞれの前には皿とコップとスプーンとフォークも置かれています。これらの食器はいずれもプラスティック製で、食卓に貼り付けられていました。

マーダーロッジのおよそ四分三十秒のストーリーを紹介しましょう。こんなストーリーです。嵐の夜、あるロッジに八人の客が避難してくる。ロッジのなかにいたのは初老の管理人だった。しかし、そこの主人は殺人鬼で

あり、その主人がロッジに帰ってきて……。

ちなみに、管理人の役はプロの声優が演じています。この声優、田の中勇さんは『ゲゲゲの鬼太郎』（フジテレビ系）の目玉おやじの声も担当していたのですが、二〇一〇年に惜しくも亡くなりました。

マーダーロッジでは、プログラムがスタートしたら、場内が真っ暗になります。闇のなかで効果的に音や振動や風が使われ、入場者の恐怖感をかき立てます。つまり、客の聴覚や皮膚感覚が刺激されるのです。この皮膚感覚とは、具体的にいえば方向の感覚、遠近や左右や上下の感覚、振動に対する感覚などです。

写真1　マーダーロッジの正面

写真2　マーダーロッジの内部

マーダーロッジでどんなときに聴覚や皮膚感覚が刺激されるのかといえば、例えば管理人が入場者の目の前のロウソクに火を点けるため、入場者の背中越しにマッチを擦るときです。そして、殺人鬼がロッジのドアを開けて入ってきて、ドアの音や風の音が聞こえ、実際に風が吹くとき。こういう風を吹かせるため、ロッジの内部には扇風機が取り付けられ、大きな送風機もあります。

管理人や殺人鬼が客に近づいて耳元まで顔を寄せてくるときも、聴覚や皮膚感覚が刺激されます。まるで耳に息を感じるかのようでした。そのほかにも、背後から人の息づかいが聞こえてきたりします。管理人と殺人鬼が客に近づいたり離れたり、客の左右に動いたりする様子も感じました。殺人鬼が暴れて皿やコップが割れるときの鋭い音、人がなぎ倒されたときのずしりと響くような音も聞こえます。殺人鬼がナイフを振り回すときは、空気が動いているかのように感じられました。殺人鬼のナイフがテーブルに突き刺さるときの音や振動も伝わってきます。

このように聴覚や皮膚感覚が刺激されるため、殺人現場にいるような臨場感がありました。客はその場に巻き込まれているように感じます。そしてストーリーの途中で管理人が殺され、最後には自分自身も（つまりマーダーロッジの入場者は全員）「殺される」のです。その「殺される」ときにイスが少し沈むので、客は驚きます。四センチくらい沈むのでしょうか。この仕掛けを考えたのは、メカトロニクス・システム担当の河野達也さんです。関川さんは、こういう仕掛けが日本人的だと言っていました。アメリカ人は、ミスト（霧）が吹き出るといった派手な演出を思い付くけれど、こういう仕掛けを考え付かないらしいのです。

4　マーダーロッジの音響

客の視覚を遮断して音や振動や風で演出している様子がわかってもらえたでしょうか。こういう演出のアトラクションを作っていくプロセスでは、まず関川さんが脚本を書き、そのセリフを一人でしゃべり、それをテープに吹き込みました。長井さんは、そのテープを聴きながら音響を考えます。関川さんは役者たちの演技も指導しました。

長井さんは、マーダーロッジの空間全体を演出しています。気配を感じさせるものを意識して音を作りました。空間と振動によって演出しています。長井さんは振動について説明してくれました。その説明によれば、お客さんは怖くなったとき、両手でヘッドフォンを押さえながら両肘をテーブルにつくらしいのです。そういう状態では振動がヘッドフォンから手に、手から腕に、腕からテーブルに、さらにテーブルから再び腕に伝わるため、客の恐怖感が増します。

ほかにも長井さんがマーダーロッジの3Dサウンドを開発しているときに気づいたのは、客の後ろから殺人鬼に襲われる設定と座ってテーブルを囲む設定との相性がいいことです。客がヘッドフォンを着けて聴いていると き、自分の前からの音はリアルに感じられません。客の前方からの音は表現しにくいのです。

長井さんは、現場で音を収録することにもこだわりました。そういう場合は赤身の牛肉がいいらしいです。現場では実際に物を使って録音しています。合いびき肉をかき回して音を録ったこともありました。人がテーブルにぶつかる音を録るときは、実際に現場のみんなで重い物をテーブルにぶつけています。殺人鬼がテーブルにナイフを突き刺す音を録るときは、実際に斧をテーブルに振り下ろしました。衣擦れの音も現場で録るようにしていました。いろいろ現場で試してみて録った音のなかから、いい音を選んでいます。そのように選んだ音を切り貼りしながら仕上げていきました。しかし、この当時とは違って、いまはパソコンで音を合成しているとのことです。

そして驚くことに、新宿ジョイポリスのマーダーロッジでは、客が座る席によって聞こえる音が違いました。ストーリーの最後のほうで殺人鬼がロッジのなかを歩き回るとき、殺人鬼から早めに「お前を殺そうか？」と声をかけられる客が「キャーッ」と叫べば、別の位置に座っている客は「いまのは何なの？」と思って緊張します。

客の席によって、殺人鬼から声をかけられるタイミングが違いました。そんなふうに聞こえるのは、八台のダミーヘッド・マイクロフォン（人間の形をしたマイクロフォン）を並べて、殺人鬼が客の耳にささやく部分を録っているからです。その部分だけでなくマーダーロッジの音響は八台のダミーヘッド・マイクによって録られました。人間の耳にマイクを着けて録音することもできるのですが、人によって耳の大きさは違うため、耳の大きさが人間の平均値になっているダミーヘッド・マイクで録音しているそうです。ダミーヘッド・マイクは一台三百万円くらいする、値段の高いシステムです。

長井さんはスタジオのなかにダミーヘッド・マイクを立て、その周りで役者たちが演じる様子を録音しました。首の後ろのほうなど、話されて気持ち悪い位置はあります。役者たちは、ダミーヘッド・マイクのそういった位置に向かって話しかけました。長井さんは、スタジオで録った音をできるだけ編集せず、そのときの勢いを大切にしながら仕上げました。

足音を録るときはといえば、足元に板を敷き詰め、振動計にマイクを付けて、人が歩いている床の音を録りました。マーダーロッジでは床面にもスピーカーがあり、そこから管理人や殺人鬼の足音が聞こえるようになっています。

長井さんは、正統派ではない録音方法も試しました。例えばコンデンサー・マイクは一台二十万から三十万円するものですが、それに息を吹きかけて録音しています。これは無茶で無謀な方法らしいです。

長井さんは、「音のない」部分も手を抜かずに作りました。「音がない」というよりも、静まった雰囲気の部分です。そんな雰囲気のときには何も音がしていないようでも、音量を上げなければ認知できないようなレベルの音が鳴っています。例えば静かな部屋でも空調の音がしているように、静かだと思うときでも必ず音はあるのです。長井さんは他社の３Ｄ音響アトラクションを訪ねたとき、手を抜いている部分がわかりました。他社のアトラクションでは「音のない」部分に手抜きがあったのです。

5　マーダーロッジの成功

このように作られたマーダーロッジが新宿ジョイポリスで一般公開されたとき、関川さんはダイレクトに客の反応を確認できました。暗視カメラ（赤外線カメラ）で客の反応を見ることができたからです。客は怖がって大声を出したり、イスから転げ落ちたりしていました。安全上、暗視カメラを置くことは義務づけられています。ルスツリゾートで私はマーダーロッジの操作の様子を見せてもらいました。係員がボタンを押してスタートさせたら、ひとりでに最後までマーダーロッジは作動します。暗視カメラからの白黒の映像は、小さなモニター画面で見ることができます。その画面では客の様子がわかります。係員が画面を見ているのは、途中で怖くなって外へ出たいという客に対応するためでもあります。そういう客はすべて小学生とのことでした。小学生の客が怖くなって泣いてしまったこともあるそうです。

マーダーロッジでは完成後に変えられた点もあります。例えば、テーブルに貼り付けられていた八枚の皿は取り除かれました。とてもしっかりと皿はテーブルに貼り付けられていたのですが、怖がりすぎた客がそれでもその皿をテーブルから引っ剝がしてしまうからです。テーブルの上には当初燭台も貼り付けられていたのですが、それも同じように客に折られてしまうことがありました。プロジェクターやスポットライトも設置されていたのですが、まったく使われていません。プロジェクターやスポットライトを使わない、つまり視覚に訴えないほうが客のイメージもふくらみ、恐怖感も増すからです。

多くの客が怖がってくれたおかげで、マーダーロッジは成功を収めました。そんなにコストもかからないわりには入場者数が多かったのです。とはいえ、セガのアトラクションでいちばん人気があるのはコースター系です。

マーダーロッジはコンパクトで比較的安価なアトラクションなので、セガ以外のアミューズメント施設にも売られました。ただし、新宿ジョイポリスのマーダーロッジがプロトタイプ（試作モデル）で、ほかの場所のものは廉価版でした。ほかの場所のものにはない仕掛けが新宿ジョイポリスのマーダーロッジにはありました。例えば風と一緒に雨が吹き込む仕掛け。この雨は本物の水です。そして、最後に明るくなると、殺された管理人の首がテーブルの上で回転しているという仕掛け。コスト削減のため、こうした仕掛けはプロトタイプ以外には備え付けられませんでした。

また、マーダーロッジのように成功したプロジェクトには社内から資金が出るため、マーダーロッジのフォーマットで続篇のアトラクションが作られました。そういう続篇は九種類あります。『リング　３Ｄサウンド』（一九九九年七月に開始）、『リング０　貞子』（一九九九年十二月に開始）、『死者の学園祭　３Ｄサウンド』（二〇〇〇年七月に開始）、『五条霊戦記　GOJOE 5.1D SOUND』（二〇〇〇年九月に開始）、『心霊写真の謎』（二〇〇一年十二月に開始）、『十三人　恐怖の晩餐』（二〇〇一年十二月に開始）、『かごめ唄』（二〇〇三年四月に開始）、『生き人形の間』（二〇〇五年十二月に開始）、『生き人形　蒼の間』（二〇一一年七月に開始）です。

このうち『リング』『リング０　貞子』『死者の学園祭』『五条霊戦記』は、映画とのタイアップ企画でした。『心霊写真の謎』と『十三人　恐怖の晩餐』には当時のモーニング娘。の十三人全員が出演しています。『かごめ唄』は、前篇「遭遇」と後篇「覚醒」に分かれていました。『かごめ唄』にはモーニング娘。のうち四人が出演していて、前篇に出ているのは安倍なつみと紺野あさ美、後篇に出ているのは矢口真里と石川梨華です。現在、『生き人形の間』は『生き人形　赫の間』という名称で梅田ジョイポリスに設置されています。『生き人形の間』第二作の『生き人形　蒼の間』も現在、東京ジョイポリスと梅田ジョイポリスにあります。

これら続篇すべての音響を長井さんが手がけています。しかし、関川さんはゲーム開発の部署に移ったので、『生き人形の間』からは制作にタッチしていません。手がけたのは『かごめ唄』まででした。『生き人形の間』から長井さんは若手の脚本担当者と組んでいます。

なお関川さんと長井さんのコンビは、３Ｄサウンドのお化け屋敷だけでなく、ほかにもユニークなアトラクションを作りました。それは、京都市市民防災センターに設置されていた「3Dサウンド・土砂災害の恐怖」です。マーダーロッジがホラーのロッジとしたら、こちらはパニックのコテージ（別荘）でしょうか。これは、視覚を使えない暗闇のなかで土砂災害を疑似体験できる約四分間のアトラクションです。二〇〇〇年三月に一般公開されました。定員四人の入場者がヘッドフォンを着けて座り、土砂災害がコテージに迫ってくる様子や、コテージの混乱する様子を立体音響で体験できます。そのストーリーは、ある家族が嵐に遭遇し、近くのコテージに逃げ込んだら、いきなりコテージが停電になり、その家族はあわてふためき、あちらこちらでパニックに襲われた人たちの声が聞こえてくるというものでした。このアトラクションの内部では複数のスピーカーが使われています。天井にもスピーカーがあり、そこからは土砂が降ってくる音が聞こえました。「3Dサウンド・土砂災害の恐怖」は、被災地ツーリズムにも使えるようなフォーマットですが、残念ながら一四年三月に撤去されています。

6　マーダーロッジの意義

マーダーロッジの意義とは何か、と考えていたときに、参考になった言葉がありました。それはフランスの映画作家ジャン＝リュック・ゴダールの発言です。「映画は、芸術と人生を近づけるものだ。絵画や彫刻は芸術そのもので、現実の生活とはかけ離れた存在だ。たとえ絵画や音楽が模倣や再現によって現実を移し変えたとしても、現実とはメトロやギャラリー・ラファイエットや車のことだ。映画のキャメラは現実の人生を捉える」。ちなみにギャラリー・ラファイエットはパリの百貨店です。

この発言は、エマニュエル・ローラン監督のドキュメンタリー映画『ふたりのヌーヴェルヴァーグ――ゴダールとトリュフォー』（二〇一〇年）で使われていたインタビュー映像からのものです。この映画のテーマは、ゴダールとフランソワ・トリュフォーとの友情と決別でした。トリュフォーもフランスの映画作家です。そういえばトリュフォーほど、さわることにこだわった映画作家はいないかもしれません。ユニバーサル・ミュージアムの「さわるマナー」を論じているときに、さわることを本格的に研究するならば、エロス（性愛）というテーマを避けて通れないと指摘していたのは広瀬浩二郎さんですが、トリュフォーの監督作品は、さわることとエロスとの結び付きを知るのにぴったりの材料といえます。寄り道になるのですが、さわることを魅力的に撮ったトリュフォーについて、少し説明しましょう。

映画評論家の山田宏一さんが述べているように、触れることやなでることこそ、トリュフォー作品に出てくる人物全員の身ぶりや仕草の基本になっているといってもいいくらいです。彼の映画では男たちも女たちも用心深く、おずおずと、優しく触れたりなでたりしながら相手になじもうとしています。子どもたちも相手の顔や髪や腕をなでながら身体的・感情的接触を確かめようとします。

トリュフォーの作品ではまた、相手の顔や髪や肩や腕や脚に触れること（touch）、そうした部分をなでること（caress）だけでなく、手でさわって相手の姿勢や動作を直すこと（positioning）もしばしば描かれます。例えば、映画の撮影現場がテーマの映画『アメリカの夜』（一九七三年）ではトリュフォー自身が映画監督の役を演じ、ジャクリーン・ビセットが主演女優の役を演じていて、その映画監督が主演女優の演技を指導するときには手でさわって彼女の顔の向きや手の動きを直していました。トリュフォーの役とビセットの役は恋人同士という設定ではありません。それなのに、こういうポジショニングのさわる／さわられる関係が妙に色っぽかったのは、恋愛対象になりうるような相手をさわる動作そのものに備わる色っぽさも影響しているのでしょう。ビセット自身も、『アメリカの夜』の思い出としては、そんなポジショニングでトリュフォーにさわられたことがいちばん印象に残っていると言っていました。いずれにせよトリュフォーの映画は、「相手をさわることによって、さまざまなニュアンスを表現できる」と教えてくれます。

ゴダールに話を戻します。ゴダールは先ほどの発言で、映画の長所の一つを指摘していました。この長所は立体音響にもあるのです。つまり立体音響は、芸術と現実の生活や人生を近づけるものになれます。触常者にとっての「映画」になれます。なぜなら映画のように、マーダーロッジなどの立体音響作品には臨場感があるからです。アメリカの映画作家のジョン・カサヴェテスは、「映画のいいところは、臨場感があるということだ。このおかげで映画は人生の一部分になることができる」と言っていました。立体音響の作品は、臨場感があるので、鑑賞者の人生の一部になれるはずです。

それだけではありません。立体音響は、触常者と見常者の双方が人生を表現するための手段にもなります。言い換えれば、立体音響の作品では触常者が鑑賞者になるだけでなく芸術家にもなれるのです。芸術家の役割の一つは、自分や人々の人生について表現することでしょう。ホラー映画やパニック映画だけが映画ではないように、立体音響でもホラーやパニック以外のこと、例えば「人生ドラマ」などを表現できるのではないでしょうか。

立体音響の可能性について、広瀬浩二郎さんの用語を借りて、さらに考えてみましょう。広瀬さんは、「保助」というスタンスを唱えています。保助とは、足りない部分を補うのでなく、存在するものを研ぎ澄ますこと、そして増やすのでなく磨くことです。触常者の保助に役立つテクニックとしては「聴換」と「盲想」があります。聴換とは、森羅万象を聴覚情報（音や声）に変換すること、盲想とは、目に見えない世界を思い描くテクニックです。立体音響の作品は、見えない世界について体で感じ取ったリアリティを聴換したような芸術であり、聴換の醍醐味や力や精神を体感できるような芸術といえるでしょう。目に見えないもの、すなわち闇の創造的可能性を生かせるような芸術ともいえます。また、触常者と見常者が双方向でコミュニケーションができる手段にもなるでしょう。

立体音響作品以外にも、聴換力や盲想力を生かせるような芸術としては、ラジオドラマ、語り物、話芸、文章表現、音楽などを挙げることができます。立体音響作品とラジオドラマは似ているのですが、この二つには違いがあります。それは振動や風があるかないかという違いです。振動や風などが欠けているため、ラジオドラマは臨場感の点で立体音響作品に劣るかもしれません。立体音響の作品では振動が聴覚や皮膚感覚を通して伝わってきます。例えば音楽のライブでもドラムやピアノなどから振動が響き渡るとき、背中がゾクッとするような感動を味わうこともあります。振動がなかったら、そんな感動はわきにくいでしょう。いずれにせよ立体音響は、まだまだ潜在的可能性を秘めているタッチストーン（試金石）といえます。もっといろいろなことを立体音響で試せるのではないでしょうか。

ここまで紹介してきたように、立体音響アトラクションは、触常者と見常者の双方が人生について表現したいときの手段や、見常者が触常者の人生を実感するための装置になれるはずです。そしてミュージアムがワンダーフルな場になることにも貢献できるはずです。いまの日本ではダイアログ・イン・ザ・ダークに需要があるのですから、どこかのミュージアムに立体音響アトラクションを常設できないものでしょうか。そんな常設のアトラクションでは、映画のロードショーほど頻繁でないにせよ、数カ月ごとに立体音響の出し物を変えられるのではないかなと思っているところです。

参考文献

レイ・カーニー編『ジョン・カサヴェテスは語る』遠山純生／都筑はじめ訳、ビターズ・エンド、二〇〇〇年
五味弘文『お化け屋敷になぜ人は並ぶのか――「恐怖」で集客するビジネスの企画発想』（角川oneテーマ21）、角川書店、二〇一二年
橋爪紳也『化物屋敷――遊戯化される恐怖』（中公新書）、中央公論社、一九九四年
広瀬浩二郎「「手学問」理論の創造――触学・触楽・触愕するフィーリングワーク」、広瀬浩二郎編著『さわって楽しむ博物館――ユニバーサル・ミュージアムの可能性』所収、青弓社、二〇一二年
広瀬浩二郎「聴覚と触覚の復興をめざして」、広瀬浩二郎編著『世界をさわる――新たな身体知の探究』所収、文理閣、二〇一四年
広瀬浩二郎「「保助」という思想」、同書所収

伊熊恒介「音だけでイケるバーチャル恐怖　セガ「マーダーロッジ」３Dサウンドのヒミツ」『現代怪奇解体新書──「怪奇」を遊ぶための完全マニュアル』(「別冊宝島」第四百十五号)、宝島社、一九九八年、一四六―一五三ページ
Robert Ingram and Paul Duncan eds., *François Truffaut: film author, 1932-1984*, Taschen, 2004.
薗田碩哉「現代哲学から見た余暇」、瀬沼克彰／薗田碩哉編、日本余暇学会監修『余暇学を学ぶ人のために』所収、世界思想社、二〇〇四年
梅棹忠夫「地域社会と文化」一九七八年(石森秀三編『都市と文化開発』〔「梅棹忠夫著作集」第二十一巻〕所収、中央公論社、一九九三年)
山田宏一『増補　トリュフォー、ある映画的人生』(平凡社ライブラリー)、平凡社、二〇〇二年

第20章　まちをさわる

堀江典子

はじめに

ここでは、「さわる」ことを屋外空間で考えます。さわる、あるいはさわれることが、観光やまちづくりでどのような意味をもつのかを整理しながら、福祉としてのユニバーサルにとどまらないその先へ、さわることで広がるその先の世界を目指したいと思います。

ユニバーサル・デザインとは、できるだけ多くの人が快適に利用できるようにデザインするということで、それをふまえたうえでユニバーサル・ミュージアム研究会のアプローチとして、その先を意識して考えたいのです。

1　ユニバーサル・デザインとは——バリアフリーからユニバーサル・デザインへ

一九五〇年代末に身体障害者が建築や交通などを利用しようとする際に支障となるバリアを取り除く運動とし

て始まったバリアフリー・デザインは、障害をもつ人の社会参加を阻むバリア（物理的障壁、および情報・制度・意識の障壁）を取り除くことに重点をおいてきました。これに対してユニバーサル・デザインは、障害や能力の有無、年齢や性別や人種といった区分を超えて、はじめから誰にでも使いやすいデザインを目指そうという考え方です。

日本では一九七〇年代から仙台市・町田市・神戸市などの自治体が移動困難者を主な対象とした福祉のまちづくりに取り組み始め、その後、国レベルでのガイドラインなどの策定や法律整備も進んできました。「高齢者、身体障害者等が円滑に利用できる特定建築物の建築の促進に関する法律」（通称：ハートビル法、一九九四年施行）、「高齢者、身体障害者等の公共交通機関を利用した移動の円滑化の促進に関する法律」（通称：交通バリアフリー法、二〇〇〇年施行）、「ユニバーサルデザイン政策大綱」（二〇〇五年策定）、「高齢者、身体障害者等の移動等の円滑化の促進に関する法律」（通称：バリアフリー新法、二〇〇六年施行）、「バリアフリー・ユニバーサルデザイン推進要綱」（二〇〇八年決定）、「移動等円滑化の促進に関する基本方針」（二〇一一年改正）などの施策によって、駅や空港など旅客施設、車両、公園、建築物などを中心にバリアフリー化によるアクセスや安全性、快適性の向上が図られてきています。

表1　ユニバーサル・デザインの7原則

①	誰でも公平に利用できる（公平性） Equitable use
②	柔軟に使える（自由度） Flexibility in use
③	使い方が簡単ですぐわかる（単純性） Simple and intuitive use
④	必要な情報がすぐに理解できる（わかりやすさ） Perceptible information
⑤	うっかりミスや危険につながらない（安全性） Tolerance for error
⑥	無理な姿勢をとることなく、少ない力でも楽に使える（省力性） Low physical effort
⑦	アクセスしやすいスペースと大きさ（スペース確保） Size and space for approach and use

ユニバーサル・デザインという概念は、〝製品や環境をできるだけすべての人に使えるようにデザインすること〟で、一九八五年にアメリカのロナルド・メイスによって提唱されました。この概念を明確にするため、ユニ

バーサル・デザインの七原則が示されています[1]（表1）。

ユニバーサル・デザインは、バリアフリーのほか、ヨーロッパでのデザインフォーオール（万人のためのデザイン）、イギリスでのインクルーシブデザイン（これまで除外されていた人々を初期段階から巻き込んでデザインする）などとともに、ノーマライゼーション（障害の有無にかかわらず誰もが区別なく当たり前に暮らせる社会を目指すこと）の手段として位置づけることができます。

ユニバーサル・デザインは福祉の観点で語られることが多いのですが、それだけではコストの問題として捉えられてしまうかもしれません。けれども、日本はすでに超高齢社会に突入していて、今後も高齢化率の上昇が続くことが予想されています。グローバル化が進み、日本で生活する外国人も、観光やビジネスで訪日する外国人も増えています。ＬＧＢＴ（性的マイノリティ）の方々もいます。身体的状況も属性もすでに多様化しているのです。暗黙のうちに利用できる人を狭めてしまうようなデザインでは対応できない社会になってきています。人口減少化社会で利用者の裾野を広げ、市場規模を拡大し、経済活動を活性化させていくためにも、ユニバーサル・デザインはビジネスチャンスでもあり、何より誰もが生き生きと活動していくために不可欠な社会的基盤だと考えます。

障害や能力の有無、年齢や性別や人種といった個々人の属性や状況にかかわらず、物理的にも、社会制度的にも、心理的にも、バリアに阻まれることなくシームレスに活動できるよう、ユニバーサル・デザインを当たり前のものとしたいと思っています。さらにそのうえで、ユニバーサル・ミュージアム研究会で取り組んできた「さわる」観点から、観光とまちづくりについて考えます。

2　情報化社会での観光

現代の情報化社会では、家にいながらにして世界各地を旅した気分になることができます。観光名所の紹介だけではなく、まち歩きなどのテレビ番組も盛況です。映像は当然のことながら視覚偏重であり、しかも、実際に見るよりも鮮明に美しく、最高の瞬間を感動的に見せてしまうこともしばしばです。だから、現地で実物を見て「ああ、テレビで見たな」と既視感をもってしまうことになります。

観光がメディアを通してすでに知っているものの現地確認になりがちななかで、わざわざ現地を訪れてみる意義はどこにあるのでしょうか。それは、映像やバーチャルな情報ではわからない体感にあると思います。この意味でも、視覚バーチャルに陥らないですむ触常者こそ現地へ行くべきなのです。この体感について、「さわる」という観点から考えてみましょう。

大事なのは、「さわる」ことは対象への接近が前提だということです。さわって感じることで対象そのものの大きさ、質感、温度湿度、胎動などを含め、深く知ることができるのはもちろん、近づけば対象の周囲の微妙なにおい（いいにおいも、いやなにおいも）、音、温度湿度、空気の動きなどさまざまな状況に気づくことも可能になります。そういったものは感性を刺激します。感性を育むうえでこういった刺激は不可欠だと思います。そのような刺激が体感の深化と多様化を可能にします。つまり、「さわる」ことを追求していくことで体感の深化と多様化が促され、記憶に残る豊かな体験を得ることができるのではないでしょうか。

豊かな体験があるということは、もちろん私たち一人ひとりの人生を豊かにします。けれども、個人レベルにとどまらず、そこからさらにいろいろな可能性も広がります。

3　まちは、人がつくる!

西洋の諺に“God made the country, man made the town”(神は田園をつくり、人はまちをつくった)という言葉があるそうです。つまり、自然は与えられたものだけれども、まちは人がつくる、ということです。

歴史学者・政治学者で都市問題の専門家であるチャールズ・A・ビアード博士(一八七四―一九四八)は、一九二二年(関東大震災の前年)に当時の後藤新平東京市長の招聘で来日し、「都市は市民がつくるもの」と題した講演のなかで、次のように述べています。

市民は都市をつくることも、損なうこともできるのです。(略)市民が公職に就く人たちを選出し、最終的には、都市がどのような性格を持つかを決定するのです。責任は彼らにあるのです。(略)ないとすれば、それは人々が心からそれを欲してはいないからであり、それを手に入れるための行動を起こさないからであり、そのための費用を負担しようとしないからなのです。(略)要するに、偉大な都市の住民は、生き生きとした精神を持っていなければならないのです。(2)

つまり、まちのありようは、そこに生活する人々の選好と行動の集積の結果なのです。私たちはまちのありように責任をもたなければなりません。より良いまちづくりのためには、より好ましい状態を希求する個人がいなければなりませんし、より好ましい状態を希求する個人がそれぞれのニーズを声にして行動していかなければ始まりません。一人ひとりの個人のありようが、まちのありようになっていく。その意味で、まちづくりは人づくりでもあるのです。

また、歴史家であり評論家でもあるルイス・マンフォード（一八九五―一九九〇）は、現代都市が直面する諸問題の解決には、人間の社会と文化の歴史に近づくことを可能にする博物館が必要であり、都市そのものが博物館の役目をするべきと述べています。[3] ここで求められている博物館の役目は、都市が蓄積してきた歴史文化的資産をはじめとする都市の構成要素を保全・継承していくと同時に、そのような構成要素を市民に身近なものにすることで、人々のなかに諸問題の解決につながる感性を育てていくことではないでしょうか。都市そのものが歴史のなかで蓄積された共有の財産であることを体感し、愛着をもって、継承してより良いものにしていきたいと思うことが、さまざまな課題に対処できるエネルギーとなるのです。

4　川なか遊び場〝高瀬川きさみずガーデン〟

一つ例を挙げましょう。私は画家の安芸早穂子さんと二人で、京都の下木屋町周辺で地域の課題などに長年取り組んできた方々に、高瀬川を中心とした地域の話をうかがっています。そして、イラストとともにレトロ・インタビューとして「高瀬川ききみる新聞」に掲載しています。子どものころのことをうかがうと、誰もが川で遊んだ思い出を、それはそれは楽しそうに語ります。

京都でいちばんの繁華街に近く、大人の街のイメージがあるエリアを流れる高瀬川に、子どもたちの遊び場だった歴史があるのは、よそ者の私たちにはちょっと驚きでした。しかし、身近にあって水深も浅い高瀬川は、小さな子どもたちにとっては格好の川遊びデビューの場だったようで、夏には毎日のように、低学年の子どもたちが誰も彼も高瀬川に入って水遊びをしたり魚捕りをして遊んでいたそうです。子どもなりに工夫してドジョウを捕まえて、家に持ち帰って炊いてもらい、晩ご飯のおかずにしたこともあったとか。学年が上がるにつれて高瀬川では物足りなくなり、広い鴨川へ、泳ぎが上達すると疎水へ、というように子どもの成長のプロセスとともに地域の川があったことがうかがえました。

森鷗外の小説『高瀬舟[4]』の舞台としても知られ、江戸時代初期に物資輸送のために開削された高瀬川は、明治以降次第に輸送機能が失われ、道路拡幅の必要が叫ばれるなかで、三度の埋め立ての危機を、そのつど、地域の反対で乗り越えてきたそうです。経済や効率優先の時代に、もともとが人工的に造られた高瀬川を、地域の人たちが残したいと強く思ったのはなぜでしょうか。理由の一つは、地域の人たち一人ひとりが、高瀬川と体中で濃く豊かに付き合ってきた記憶を、ちゃんともっていたからではないでしょうか。体全体で感じていた楽しい思い

写真1　高瀬川：川に面して並ぶ町家。すぐ後ろはマンションに建て替わりつつあります

写真2　川なか遊び場「高瀬川ききみずガーデン」2015年夏：北山杉で作った川床を設置。水遊びをしたり、くつろいで涼しさを体感してもらいました

出から、わいてくるエネルギーがあったからではないかと思うのです。

眺めるだけの川になってしまった現在（もちろん、眺めるだけでもとてもきれいで京都らしい風情があるのですが）、この地域は少子高齢化が進み、古くからの町家はマンションに建て替わって新住民が増えています。かつては子どもたちが川遊びをしていたことも、埋め立ての危機があったことも、知らない人たちが多くなっています。地域の記憶が途絶えてしまうことが懸念されますし、眺めるだけの川になってしまって、多様で豊かで楽しい体感を伴わなければ、地域への愛着も環境維持行動へのつながりも弱くなってしまうのではないでしょうか。

そのような危機感もあって、京都で活動するアーティストや研究者、地域の有志が集まって実行委員会を結成し、二〇一五年夏に「川なか遊び場〝高瀬川ききみずガーデン〟」として川床を設置してイベントをおこない、川を体感して親しんでもらう試みを実施しました[5]。

私たちの生活空間であるまちの好ましい資源を守り、より良いまちにしていくために、市民が日常的に接する多種多様な都市の構成要素を、もっと体感できるようにするべきだと考えます。誰もが日常のなかで、生き生きとした豊かな体験を楽しむことができるまち、そんなまちが感性を育み、さらにより良いまちづくりにつながっていく――体験と感性とまちづくりの好循環を生み出していくことを、ぜひ「さわる」ことで始めたいのです。さわること、そしてさわることを求めること、そしてその裾野を広げていくことが、好循環を動かしていくエネルギーになると期待したいと思います。

5　まちを「さわる」構造

まちを「さわる」ことを、ユニバーサル・ミュージアムの観点から整理して考えてみたいと思います。

第一は、「さわる」ことの体感への影響についてです。さわれると何が違うのでしょうか。先ほども述べたよ

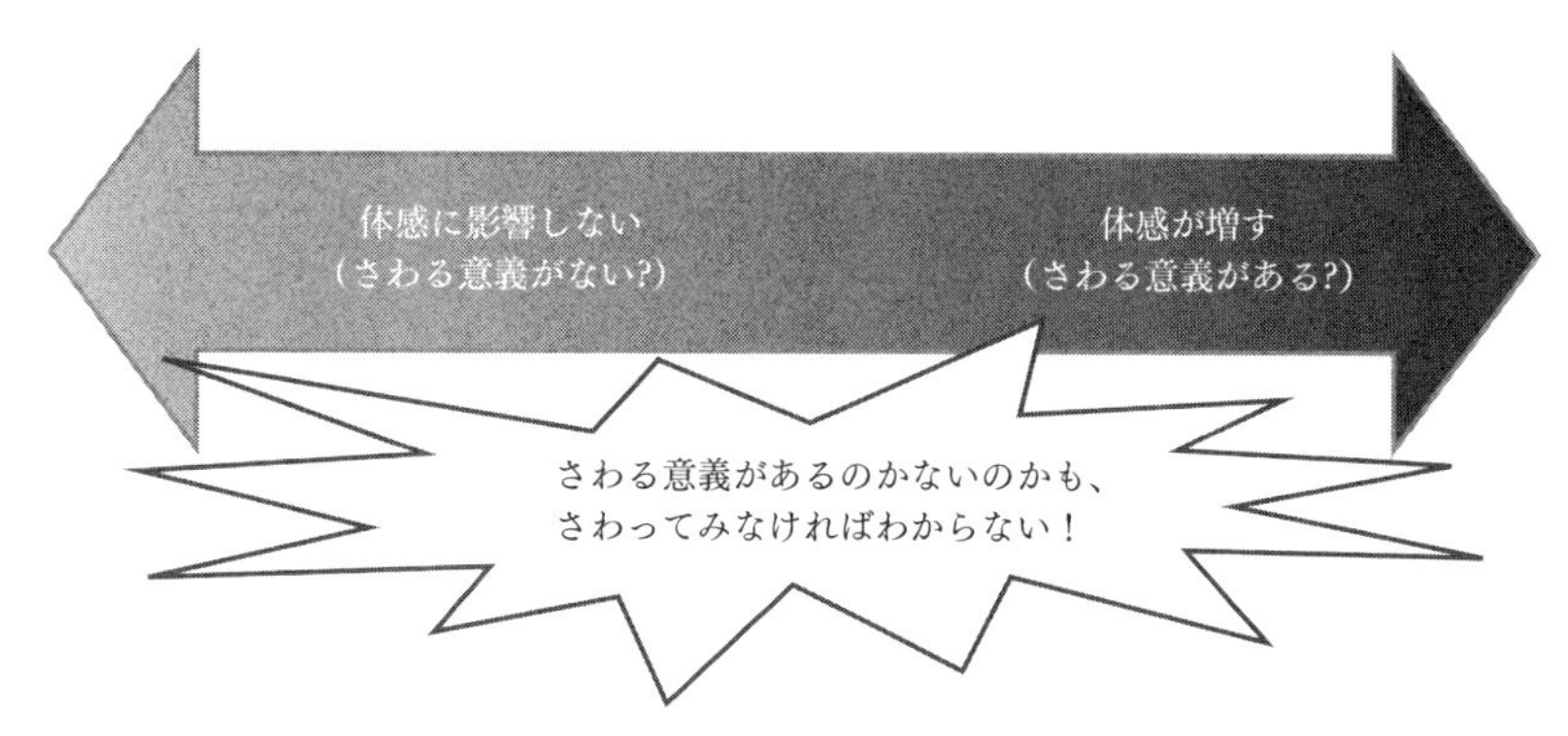

図1　体感への影響とさわる意義

うに、さわって感じることで対象そのものの大きさ、質感、温度湿度などを含め深く知ることができるのはもちろん、接近によって対象の周囲の微妙なにおい（いいにおいも、いやなにおいも）、音、温度湿度、空気の動きなど、さまざまな状況に気づくことが可能になり、感覚が刺激され、体感が増し、理解を深め、多様な感覚と相まって記憶に刻まれることが期待されます。

感覚と距離との関係について考えてみると、視覚や聴覚は対象からの距離が離れていても可能であるのに対して、触覚は手が届く範囲での接近が前提になりますし、味覚は舌との接触が必要です。嗅覚はにおいの強さなどによって感知できる範囲は異なるでしょう。近づくにつれて個々の感覚による感じ方が強まるとともに可能になる感覚の種類が増えることで、私たち（主体）と対象物（客体）との関係は、より豊かになるはずです。

ただし、さわることによって触覚による理解が進んだり、多様な感じ方ができるなど体感が増す場合には、大いにさわる意義があるといえますが、逆に体感への影響や理解が進むと期待できなければ、わざわざさわる意義はないということになるかもしれません。それでも、体感への影響があるかないかも含めて実際に「さわってみなければわからない」「さわれるくらい近づいてみなければわからない」のです。「さわる」というのは主体的・能動的な行為です。「さわろうとする」ことは、その対象を実際にさわってもっと感じたい、知りたいという意志表示でもあ

表2　展示物をさわる

さわれる程度	表示	障壁
絶対さわれない	「禁止」	全面保護設備
	無表示	
（咎められるが）あえて さわろうと思えばさわれる	「さわらないでください」 （禁止）	一部保護設備
さわろうと思えばさわれる	無表示（マナー依存）	一部保護設備
	無表示（無関心？黙認？）	保護設備なし
さわれる	「さわってください」	保護設備なし

表3　都市の構成要素をさわる

さわれる程度	都市の構成要素の例
さわると危険、物理的に不可能	送電線、変電所、ごみ焼却炉、走行中の車両、ごみ収集車の回転板など
さわれるがさわらないほうが無難	公衆トイレの床、汚水の排水口、ごみ箱の内側など
時と場所を選べばさわれる	道路、鉄道、駐車場、河川など
常にさわれる	街路樹、学校など公共施設、住宅団地、橋の欄干、モニュメント、案内板や標識、ショッピングセンターや商店、歩道上のマンホールの蓋、消火栓など
そもそもさわって使う	公園の遊具、歩道橋や駅の階段の手すり、門扉、建物の扉、点字案内板、信号の押しボタン、井戸など

るのです。さわることが不快だったり危険を伴うような場合はともかくとして、あらかじめさわる意義がないと決め付けてしまうことはできないと考えます（図1）。

第二は、「さわる」自由についてです。日常的にいつでもさわれるのか、それとも絶対にさわれないのかです。

例えば、博物館の展示物のさわれる程度をみてみると、表2に整理したように「絶対さわれない」から「さわれる」までいくつかのレベルに分けることができます。展示物をさわれるかどうかは、展示物の価値や希少性、さわることによる損傷リスクなどが影響しているでしょう。

博物館展示物以外のものをさわることについてはどのようになっているでしょうか。都市を構成するさまざまな要素のさわれる程度をみてみると、表3に整理したように、「さわると危険」から「そもそもさわって使う」までいくつかのレベルに分けることができ、さわれるかどうかは、施設の用途や安全性などが影響しているようです。

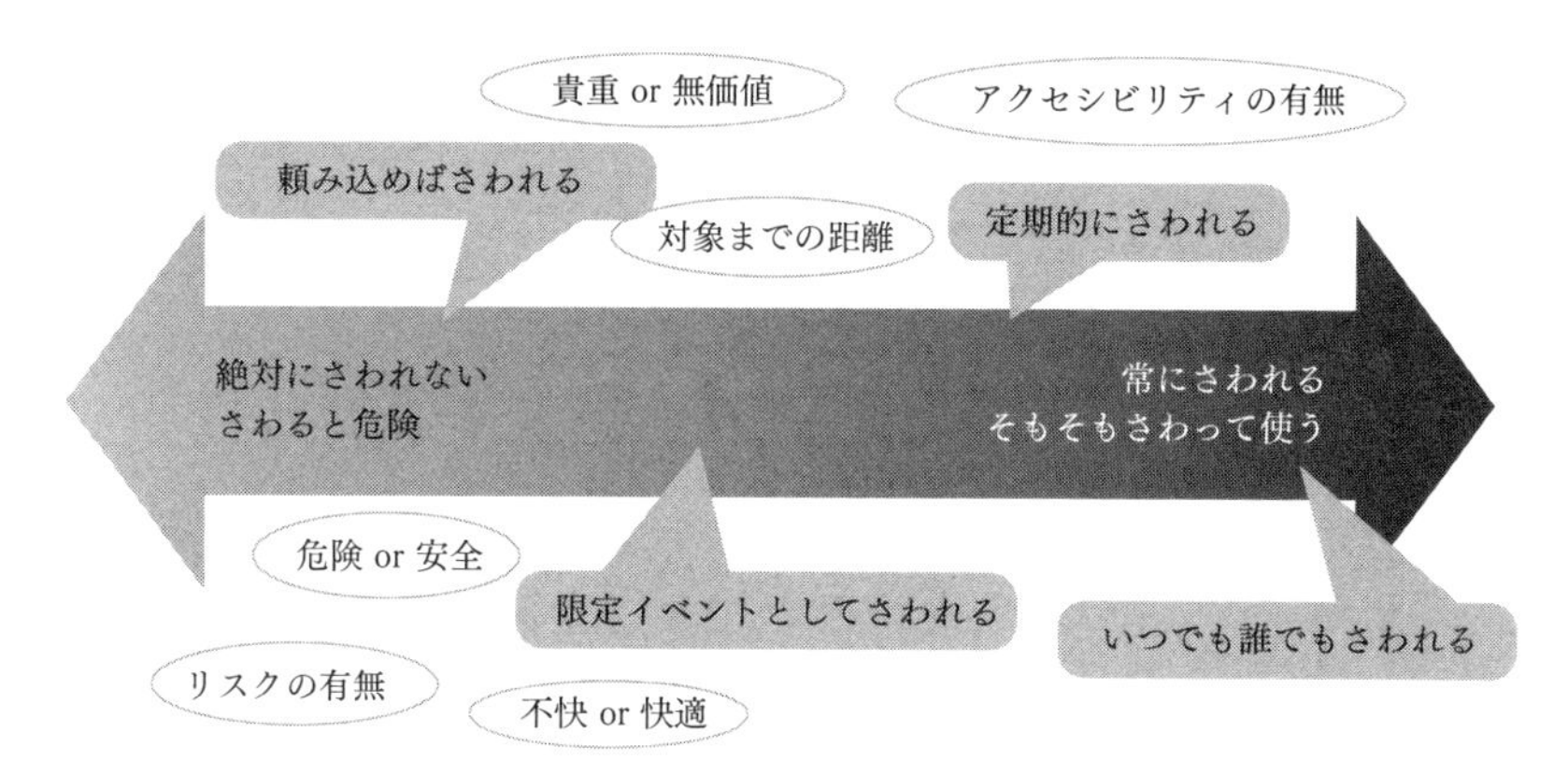

図2　さわれる程度と制約要因

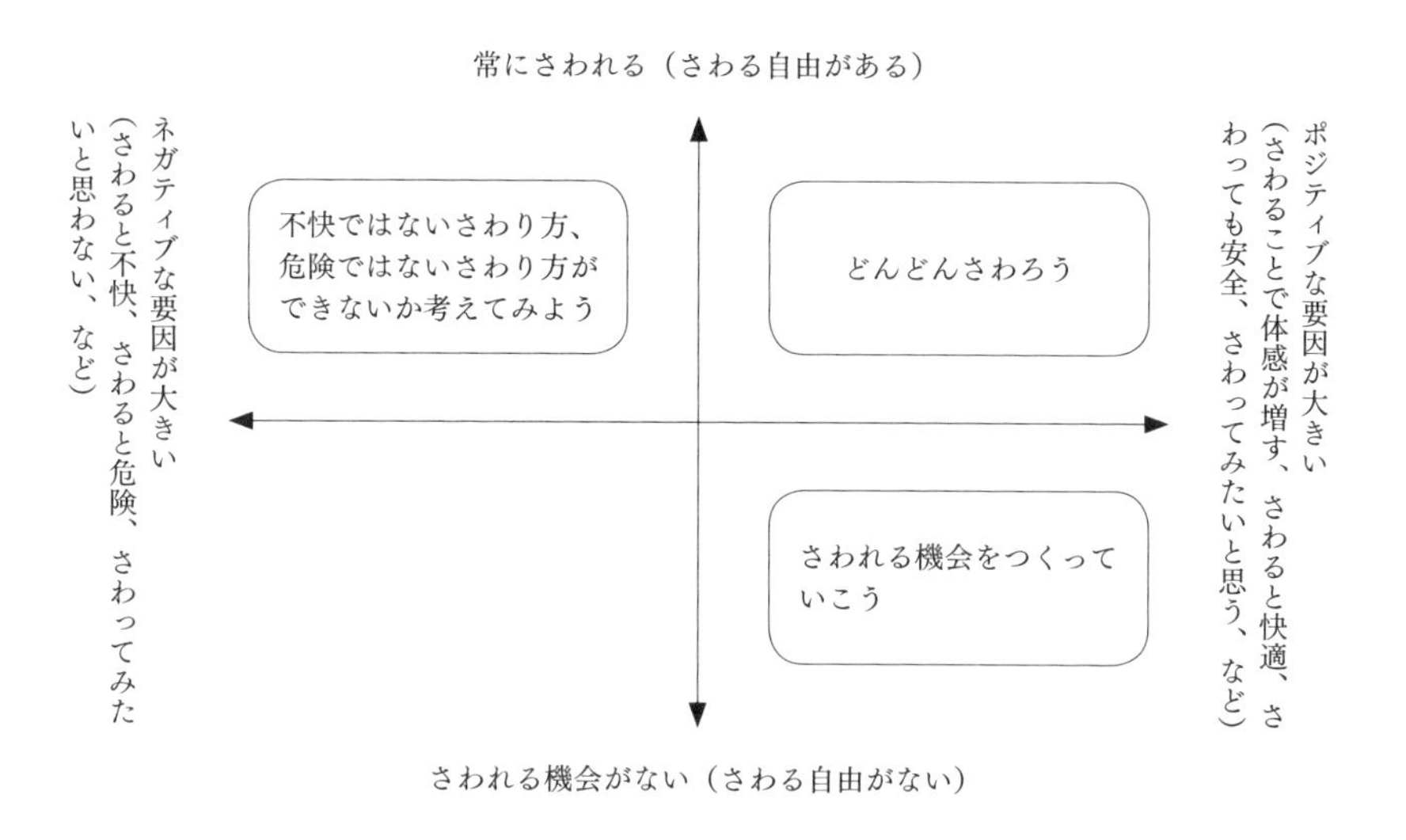

図3　どこをさわっていくか？

さわれる程度とその制約要因についての概念イメージを図2に示しました。さわれるかどうかの程度は、対象までの距離、アクセスできるかどうか、危険か安全か、快適か不快か、リスクがあるかどうか、貴重かどうかなどの要因で判断できると考えられます。

もっと街をさわっていきたいわけですが、これからどのような場所をさわっていけばいいのでしょうか。図3は、タテ軸にさわる自由の程度をとり、ヨコ軸に安全性や快適性などの制約要因の程度をとって四つの事象を模式化したものです。ここでは右上の象限、つまりさわることで体感が増す、さわると快適、さわっても安全、さわってみたいと思うなどポジティブな要因の程度が大きく、かつ常にさわれる（さわる自由がある）ものについては、どんどんさわろうということになります。右下の象限、つまりポジティブな要因の程度は大きいけれども触れる機会がない（さわる自由がない）ものについては、限定的にでもさわれる機会を作れないか検討していきましょう。左上の象限、つまりさわる自由はあるけれども、さわると不快／さわると危険／さわってみたいと思わないなどネガティブな要因の程度が大きいものについては、もちろん無理にさわる必要はないわけですが、不快ではないさわり方や危険ではないさわり方ができないかどうか、工夫の余地があるかもしれません。左下の象限、つまりネガティブな要因の程度が大きくかつさわる自由もないものについては、さわることを考える対象から除外することになるでしょう。

写真3　宇治のまち歩きで歩道に植栽されたチャノキにさわる触常者の方々

おわりに

さわる文化を観光やまちづくりのなかで育て広げていくためには何が必要でしょうか。第17章で山根秀宣さんは、始める前には課題が大きいと思ってしまいがちだという指摘をしています。「案ずるより産むがやすし」と

写真4　『源氏物語』の一場面をさわることで、物語の舞台を訪れたことが、実感としてより印象的に記憶に残るのではないでしょうか

写真5　柱をさわることで歴史を体感できるかもしれません

いうことかもしれません。また、歴史を伝えることは目に見えないものを伝えることだとも話されました。この考え方でさわる意義が深まっていく可能性を感じます。第18章で石塚裕子さんは、関心がない方々をどのように巻き込んでいけばいいのかという問題提起とともに、反応してくれる人をうまくキャッチしてつなげていくことの必要性を指摘しています。小さな取り組みも集まれば大きな流れになっていけると思います。第16章で三木亨さんは、楽しいことをやっていることが広がりとリピートにつながっていると記しています。地域と一緒にどれだけ楽しくやっていけるかが鍵ではないかと感じます。

さわる観光・さわるまちづくりは、まだ萌芽段階です。けれども、三木さん、山根さん、石塚さんによる各章の紹介のように、観光やまちづくりの分野でさわることを意識した取り組みはすでに動きだしています。各地で、眺めるだけ見るだけにとどまらない、体験して感じられる工夫が求められています。

さわって体感することは、年齢や性別や人種や障害の有無などを超えた、まさにユニバーサルな体験です。さわる人・さわりたい人（さわる実践を楽しみ、意義を伝える人）をどんどん増やし、さわるニーズを顕在化させていくことで、さわる文化も経済も育っていくと思います。さわる裾野が広がっていく過程で、さわることについての意義も共有されていくでしょうし、さわることに伴うリスク回避の工夫やルールも整っていくことを期待したいと思います。

注

（1）ユニバーサル・デザインについては“The Center for Universal Design, North Carolina State University”（https://www.ncsu.edu/ncsu/design/cud/about_ud/udprinciples.htm）［二〇一六年七月二十八日アクセス］参照。

（2）後藤新平研究会編著『震災復興後藤新平の百二十日——都市は市民がつくるもの』藤原書店、二〇一一年。コロンビア大学教授を経てニューヨーク市政調査会専務理事を務めたビアード博士は、震災直後にも再来日し、震災復興に助力した。

（3）ルイス・マンフォード『歴史の都市明日の都市』生田勉訳、新潮社、一九六九年

（4）森鷗外『高瀬舟』（小学館文庫）、小学館、二〇〇〇年

（5）「高瀬川ききみる新聞」と「川なか遊び場〝高瀬川ききみずガーデン〟」に関する活動の詳細は、高瀬川ききみる会「facebook」（https://www.facebook.com/kikimiru/）［二〇一六年七月二十八日アクセス］。

コラム2　さわる文化が生み出す二つの〝なみ〟

広瀬浩二郎

「さわる表紙」で紙の本の魅力を再発見

二〇一四年十二月、『知のバリアフリー』[1]という共編著を刊行した。もちろん、一般に本とは目で読むものだが、全盲の僕は「さわる表紙」「さわる口絵」にこだわっている。これまでに出版した拙著のうち、いくつかには表紙カバーに点字を入れたことがある。その背景には、「せめて書名と著者名だけでも、全盲者が自力で確認できるようにしたい」という僕の思いがあった。

しかし、「さわる表紙」に込められた願いは、障害者対応だけではない。「点字＝さわる文字」を通じて、本の読者である見常者に、視覚以外の感覚を意識してほしいというのが僕の真のねらいといえるだろう。「さわる表紙」は、電子書籍では伝えられぬ「触感を味わう読書法」、紙の本ならではの魅力を再認識するツールになるのではないかと信じている。

『知のバリアフリー』では、透明な樹脂で本のタイトル部分を凸文字印刷した。表紙に盛り込まれた視覚情報のすべてを触覚情報に変換するのは難しい。打ち合わせ段階では、表紙デザインの「道」を凸点で埋める案が出された。だが、点が並んだ触図サンプルは抽象的で、僕には「道」とは思えなかった。

タイトルを凸字にするだけでは、イラストのイメージを伝えることはできない。そこで、「知のバリアフリー」の長く伸びる「ー」にパターンの異なる凸点を施すことにした。目で見るだけなら、「ー」は単なる細い一本線だが、それをさわってみると、つるつるからざらざら、細かい点から粗い点へと「ー」の触感が変化する。イラストの「道」の視覚情報を「ー」の触覚情報に置き換えたつもりである。自己満足のレベルなのかもしれないが、僕はこの「ー」に、さわる文化と見る文化の共存を具体化するヒントがあると考えている。「ー」に触れる見常者の指先から、文字どおり「知のバリアフリー」が始まることを期待したい（図1）。

二〇〇一年、国立民族学博物館（民博）に着任以後、僕はさまざまな展覧会やワークショップを開催してきた。ありがたいことに、僕が担当するイベントのチラシには、点字も印刷される。通常、A4サイズのチラシの両面には、イラスト・写真を含め、多種多様な視覚情報が掲載されている。それらを忠実に点訳すれば、五、六ページの小冊子となる。情報保障の観点に立脚するのなら、触常者用に点字版の別冊子を作るという発想も大事だろう。しかし僕は、見常者と触常者が同じチラシを手にすること、点字が読めなくても、さわる文字の感触が見常者に何らかのインパクトを与えることを重視している。

点字入りのチラシはユニバーサル・デザインの一例だが、視覚情報を取捨選択して、何をどう点字化・レイアウトするのかについてはマニュアルがない。例えばシンポジウムのチラシでは、日時、会場、参加方法などを点字で列挙するだけで、ほかの情報を入れるスペースはなくなってしまう。だから、プログラムなど、詳細は電話で問い合わせるか、ウェブサイトを参照してもらうよう案内する。また、タイトルだけでは何をおこなうのかわかりにくいワークショップのチラシでは、点字読者用に簡潔な要約文を載せるケースもある。

「点字ではここに何が書いてあるの？」という疑問が、見常者と触常者の会話（異文化間コミュニケーション）を促すきっかけになればうれしい。ユニバーサル・デザインの追求には明確なゴール

図1　『知のバリアフリー』のカバー。タイトルと「ー」の手触りの違いをUV印刷で表現した

がない。表紙にしてもチラシにしても、「誰もが楽しめる」理想に向けて試行錯誤を積み重ねる過程こそが大切なのだろう。

観光・まち歩きのユニバーサル化を目指して

二〇〇六年、僕は民博で企画展「さわる文字、さわる世界」を実施した。それ以来、触文化とユニバーサル・ミュージアムの実践的研究が僕のライフワークになっている。触覚は全身に分布していて、能動性と身体性の両面で、五感のなかでもユニバーサルな感覚だと位置づけることができる。僕は近年、〝さわる〟とは「目に見えない世界を身体で探る手法」だと定義し、〝さわる〟広さと深さを博物館から社会に発信する活動に取り組んでいる。そんな僕の昨今の関心は、ユニバーサル・ミュージアムの理念を観光・まちづくりの分野に応用することである。

二〇一四年十一月、僕が所属する「視覚障害者文化を育てる会」（4しょく会）で、以下のようなイベントがおこなわれた。このイベントを通して、僕はあらためて「街にさわる」手応え、ユニバーサルな触文化の可能性を実感した。次に、僕が執筆したイベント案内文から一部を抜粋しよう。

「盲町＝目に見えない町」は切るべからず！
〜歩いて、探って、創る大阪の〝まち〟〜
「視覚障害者文化を育てる会」（4しょく会）は大阪で生まれた団体です。今後も大阪へのこだわりを大事にしつつ、活動を続けていきたいと考えています。巨人の組織力に対し、選手の個性、個人技がファンを引き付ける阪神の野球。お好み焼きに代表される「安くてうまい」大衆的な食の追求。山盛り一杯よりも、ちょっとずつ二杯に分ける夫婦善哉の発想。これらは、個々の会員が持ち味を活かし、トータルとしてお腹がいっぱいになる会をめざす4しょく会の理念にもつながっています。

4しょく会のモットーは、「人と違うことを人よりも早くやる」大阪町人の心意気です。ご存知のように、大阪は視覚障害者と浅からぬ関係を持っています。日本ライトハウス（視覚障害者の総合福祉施設）、点字毎日（世界にも類例がない点字の週刊新聞）が大阪で誕生したのは、単なる偶然ではありません。大阪の町人たちの自由で開放的な思考、豊かな人間愛がユニークな視覚障害者文化を支えてきたのです。

少し強引なこじ付けになりますが、ここで視覚障害者と大阪の町人気質の共通点を挙げてみましょう。視覚障害者は見て学ぶことが苦手なので、実物をさわって確認する（→大阪町人の実証性、合理性）。視覚障害者は見よう見まねが不得意なので、自身の経験、オリジナリティを重んじる（→大阪町人の開拓者精神）。そして、視覚優位の現代社会において、目が見えない・見えにくい者は常にマイノリティである（→大阪町人の反権力・反体制主義）。そうです、大阪の風土に根ざす4しょく会にも、こういった「マイナスをプラスに変える」町人スピリットが脈々と受け継がれているのは間違いないでしょう。

ライトハウス創設者の岩橋武夫、点字毎日初代編集長の中村京太郎など、先人たちの努力により、視覚障害者は自分の足で〝まち〟を歩くこと（自立と社会参加）ができるようになりました。二一世紀の現在は、見常者（マジョリティ）中心に形成されてきた〝まち〟の問題点を探るバリアフリー、ユニバーサルデザインの時代です。まちあるき、まちさぐりの後に続くのは、視覚障害者の立場から「盲町＝目に見えない町」の魅力を掘り起こし、新たな文化を創造・発信する「まちづくり」なのではないでしょうか。

今回のイベントでは、「空堀まちなみ井戸端会」のご協力の下、触覚・聴覚・味覚など、さまざまな感覚を駆使して、大阪の〝まち〟を味わいます。地下鉄「谷町六丁目」駅の南側一帯は、戦災を免れた古い長屋や石畳、昭和の風情を感じさせる商店街が残る大阪らしい〝まち〟です。「空堀まちなみ井戸端会」は昔ながらの〝まち〟を保存・継承するために、地域住民の知恵と力を結集し、多様な事業に取り組んでおられます。4しょく会の「盲町」体感ツアーとして、以下のようなメニューをご提案いただ

写真1　白杖で銀杏の木の高さを探る。ときに白杖は触常者の「長い手」ともなる（2014年12月撮影）

きました。花鰹・飛魚（あご）だしなど、削り節の香り比べ、味比べ。路地の奥の小さな広場にある水琴窟の音の響きを楽しむ。坂の多い上町台地の地形を足で確かめる。高い建物に遮られることなく、風の流れ、太陽の位置を肌でとらえる。

まちあるき、まちさぐりから、まちづくりへ。見常者たちには思いつかないような「おもろい〝まち〟」を、大阪の視覚障害者の手で創造・発信しましょう！「盲町を切らずに活かす大阪人」

晩秋の一日、五十人余の参加者が空堀のまち歩きを満喫した（見常者・触常者の割合はほぼ半々だった）。このイベントで僕自身は「盲町」の波を感じた。住民が行き交う路地や商店街には独特の音、においだけでなく、人々が織りなす気配がある。気配とは気配りとも言い換えることができるだろう。白杖を持った触常者の団体がわいわいがやがや〝街〟を散策すれば、当然目立つ。「あの人たちは何をしにきたのか」「ぶつからずに歩けるかな」……。〝街〟が発する好奇心、思いやりが波長となって僕の体に届いた。

一方、触常者の側から〝街〟に送られる波も看過できない。まち歩きは触常者にとって非日常の体験である。残念ながら、障害者の観光を気軽に受け入れる環境は、ソフト面・ハード面ともに、まだまだ不十分といわざるをえない。それだけに、今回のイベントに対する触常者の意気込みは強かっただろう。彼らの「知りたい、やってみたい」という願望が、〝街〟を活性化させたのは疑いない。触常者たちの楽しみたい意欲、見常者たちの楽しませたい熱意の相乗効果が、「盲町」体感ツアーを成功に導いたといえるだろう（写真1）。波と波の相互接触（触れ合い）が観光・まち歩きを充実させるのは確かだが、その図式は梅棹忠夫が提唱した博物館展示での「ものとの対話」に類似している。展示資料の背後には、それを創り、使い、伝えてきた人間集団、そして文化が存在する。一つひとつのモノ、およびモノとモノのつながりが醸成する「目に見えない物語」をどれだけの来館者が共有できるのか。ここが博物館展示の眼目、学芸員によるギャラリートークの要諦だろう。〝さわる〟鑑賞法がユニバーサル・ミュージアムにとって有効であるのと同様に、観光・まち歩きでも〝さわる〟身体感覚を導入すれば、「盲町」にアプローチできるにちがいない。

「盲町」体感ツアーでは、「人並み」なウェイ・オブ・ライフを具現できたのも大きな収穫だった。そもそも、「人並み＝普通」とは何なのか。やや抽象的な言い方になるが、4しょく会が目標とするのは「障害者と健常者の平等な関係」ではなく、「触常者と見常者の対等な関係」である。今回のイベント参加者の間には、目が見える／見えない、あるいはしてあげる／してもらうという優劣・強弱の尺度、一方向の支援の構図はなかった。

たしかに、まち歩きで得る情報の量では、明らかに見常者が触常者よりも勝っている。だが、見常者が入手する視覚情報とは、実は広くて深い「盲町」のごく表面的な部分でしかない。本の表紙やチラシと同じように、重要なのは情報の質なのではないだろうか。〝街〟は障害の有無を超えて、万人を「人並み」にする。十人十色の生き方、世界観を尊重し合う「街なみ」（街の波と並み）の潜在力を僕は空堀で確信した。

人・物が発する「目に見えない波」を体で捉える感性。量の平等を求める情報保障ではなく、質が異なる情報の価値を認め、異文化の対等な交流を育む「人並み」の思想。この二つが触文化の特徴である。これからも触文化の概念を拡大・深化させて、「知のバリアフリー」を志向する学際的な研究を続けていきたい。

注

（1）嶺重慎／広瀬浩二郎編『知のバリアフリー——「障害」で学びを拡げる』京都大学学術出版会、二〇一四年

終章　みんなが楽しめる博物館を作ろう

小山修三

1　日本の博物館はこれでいいのか

私は二〇〇四年に吹田の市立博物館の館長になりました。それまで国立民族学博物館（民博）という象牙の塔でやりたいことをやってきたのですが、吹田博に移って驚いたのは、あまりにも人が来ないことでした。それなのに人を集める努力をしていない。そして、これは吹田博に限らずほとんどの地方博物館がそうなのだとわかってきました。展示室に入ると騒ぐな、食べるな、写真撮影禁止のサインだらけ、もちろんさわることもダメ。明治の文明開化期に作られた日本の博物館の大きな目的は国民の啓蒙（教育）にありました。速効性をねらったために不都合な面、例えば視覚障害者対応をばっさり切り捨てた。また、お役人仕事になったために「見せてやる」という官尊民卑的な仕組みになり、変革をきらう伝統が今日の地方博物館にまで引き継がれているのです。

2　発想のきっかけ——二つの出会い

ある日、吹田博に視覚障害者がやってきて、ガラス張りの展示場を足早に通り抜けていくのを見ました。そのとき、見せることだけしか考えない博物館とは、なんと不公平だと怒りを覚えました。

そのころちょうど広瀬浩二郎さんが民博で「さわる」を主題とした企画展を計画中でした。これだと思い、強引に協力をお願いして、吹田博で実験的に「さわれる展示」をやることにしました。広瀬さんは「晴眼者はさわることの大切さがわかっていない」という鼻息の荒さですから、私も障害に「へつらう」ことなく意見を交わすことができました。ここで「見える側」と「見えない側」の異文化を融合したインパクトがある視点が生まれたと思っています。

もう一つは、この実験展が市民の力に支えられたことです。触れられるのは視覚障害者だけでなく子どもや老人にも有効で面白いということで、展示やイベントのアイデアがいっぱい出てきました。「上から目線」の博物館のやり方に対する反発が底流にあったのでしょう。官営でない欧米の博物館は常に福祉的な問題に真剣に取り組んでいますが、日本もようやくそのレベルに達した、言い換えれば、化石化した明治以来の博物館からようやく脱するときがきたのだと思いました。

3　第一次共同研究会——さわれるイベントと展示

ところがさわる展示を実行に移そうとすると、「博物館資料は出せない、使えるのは備品だけだ」というのです。それならば、モノを作って展示しようと考えました。頭に浮かんだのが大人も交えた質の高い陶芸教室でした。滋賀県立陶芸の森にお願いしたのですが、その発想を拡大・発展させたのがアーティストたちでした。彼らはエネルギッシュで、アイデアがわき出てくる、そしてそれを規則にかまわず実行する。展示とイベントの合体が観客動員にもつながりました。それをいくつかこなすうちに柔軟で強力な集団が形成されていったのです。

吹田博での実験展は注目を浴び、問い合わせや講演会の依頼が重なって手応えを感じました。この勢いを生かそうと、広瀬さんを押し立て、二〇〇九年度に文部科学省の科学研究費を申請しておこなったのが、この研究会の実質的な始まりでした。

少人数のグループでしたが、みんなで各地の博物館を訪れ、「さわる」という視点から問題点を見つけ出し、どんな企画をすれば現状を打破できるのかを考えながら実行していきました。滋賀県立陶芸の森、三内丸山遺跡を中心とした青森県の施設、国際基督教大学湯浅記念館、滋賀県立安土城考古博物館、美濃加茂市民ミュージアム、倉敷大原美術館などが主なものです。美術館では、当然ながら、作品にさわるのを断わられましたが、ほかのところではさわることができ、その後の展示や活動に影響を与えたようです。

私がうれしかったのは二〇一一年の吹田博で特別展が開催できたこと、「点字つき図録」が作られるなどの成果を上げて、「さわる展」が定着したこと、そして、民博で広瀬さんがインフォメーションゾーンをリニューアルして「さわれる展示」の大きな場を入り口に作ったことでした。また、滋賀陶芸の森では、「まん〇《まる》粘土でみんなとつながる」というみんなの作品によるインスタレーションができたことも成果に数えたいと思います。将来この研究会がさらに成果を上げて、巡回展をやることになれば、具体的なモデルの一つになると考えるからです。

第一次研究会のまとめとして開いたシンポジウムは、予想以上の盛会でした。その成果は、広瀬浩二郎編著『さわって楽しむ博物館』に詳しく記録されています。

4　第二次共同研究——さわれる展示の理論と展開

本書のもとになったシンポジウムは二〇一二年から始めた民博の共同研究会のまとめとなるものでした。前回の活動をさらに磨き上げた内容のほかに、新たに観光・まちづくりや、聾唖者というマイノリティの問題を取り上げています。その結果、論じられた問題は多岐にわたるのですが、ここでは博物館に関係するものに絞って述べます。

その一は、南山大学、東海大学、国際基督教大学などの博物館教育のカリキュラムに「さわる」を取り入れ始めたことです。これまでは展示や保存など技術的なものしか教えていませんでしたが、モノをさわることでどう変わるのかを考え始めたのです。そのためにはもっと多くの大学を巻き込み、実験を重ねて、さらなる理論武装をすることが必要だと思います。

その二はアーティストグループの活動とその体系化です。なかでも考古学遺跡は、いま地方創生の要素の一つとして注目され、各地で遺跡公園や資料館が作られて、先祖が使った道具や食材を集めて生活の技術や心を再現することが目指されています。これまで考古学は専門化が進みすぎて、「上から目線」になりがちでしたが、私たちの主張する「さわること」も含めた、現代的センスを持ち込んだらもっとわかりやすくできるでしょう。そんな流れを反映して、アートを考古学に取り込む動きがあります。これは二〇一六年に京都で開かれる世界考古学会議（WAC）のセッションの一つとなり、考古学に新しい分野を開くだろうと期待しています（安芸早穂子「アートな考古学の風景2」）。

5　これから——研究会に期待したいこと

最後に総括をしなければならないのですが、全体は広瀬さんに任せて、いま私が興味をもっている視覚障害者に絵画をどう開示するかという問題について述べます。はじめ、さわる展示は、彫刻や器などの立体像で十分だと考えていたのですが、意外なことに絵にさわりたいという希望が強く出てきたのに驚きました。未知の世界への可能性を感じたとき、さらなる一歩を進めるのが人間の知識欲というものでしょうか。

絵画が多い美術館では早くからこの問題に取り組んでいて、はじめは凸線で形を表すだけでしたが、国立特別支援教育総合研究所がイタリアにならって、精巧なレリーフを作る例もあります。ただ、費用がかさむために、もっと簡便な立体コピーや触図の改良がシンポジウムでも紹介されました。では、それで十分なのか。結局、残るのは色でしょう。盲目の人でも、生まれたときからの方や、中途失明したときの年齢や、弱視の程度などの差があり、ほかに色弱、色盲などの色覚障害の人もいて、大きな差があります。そのあたりの機微が晴眼者にはわかっていないと思います。

この研究会で、私はピエト・モンドリアンが「コンポジション」と呼んだ一連の作品を取り上げ、半田こづえさんや堀江武史さんと試作品を作ろうとしています。水平と直線だけで白と黒の枠を作り、色は赤、青、黄しか使わない、それが宇宙の調和を表すのだとモンドリアンは言っています。このように極端に制限された材料を温度、手ざわり、音などで表すことができないかという試みです。絞り込んだ条件を討論することで、効果を実証できるのではないかと考えるからです。

6　二つの世界の対立と調和

最近私は、美術館も含めた以上のような試みは、結局、わかるはずがない絵画を「見えない」人にわかってもらおうとする晴眼者の「一方通行」思考から脱しきっていないのではないかと思い始めました。

民族学ではエティック（etic）／エミック（emic）という対概念をよく使います。エティックとはどの文化にも共通する要素、あるいは文化を外から観察する立場であり、エミックとはある文化に固有なもの、あるいは内から見る視点です。両者は対立していますが、融合は可能です。この研究会が「見る側」と「さわる側」という立場をまず認識し、二つの「文化」に共通性を見つけ出そうとしている試みとまさに同じものなのです。

絵画については、先天盲の小原二三夫さんの発言を引いてみましょう。

「私は色も見たことないし、絵も見たことがないんです。ただ、どういうわけか若いころから、油絵とかにはさわっていました。チャンスがあったらやっぱりさわりたいんですよね。最近美術館に行く機会も増えたので凸線や立体コピー、言葉による解説によってイメージできる範囲が広がっているのは確かです」

「色は、私は見たことないですよ。それでも、少しずつ自分なりにイメージできるようになりました。例えば薄い青とか、濃い青とかでいろいろ描いてあるというと、なんとなく頭のなかにイメージが浮かんでくる、私は絵をそれなりに理解して楽しむこともできるし、色についても一緒だという気がします」

小原さんは色について「正確かどうかわかりませんが」と言うのですが、エミックの世界としての言葉を尽くしていると思います。絵には写真や細密画のような具象的なものから、パブロ・ピカソの半抽象画、モンドリアンの抽象画までさまざまな表現があり、晴眼者でもその受け取り方は個人だけでなく、いわば民族によっても異なるのです。

私は視覚障害者の到達点は絵を描くことであり、その絵を見てみたいと思っています。それは知覚や言語に関わる哲学的なものになるかもしれませんが、晴眼者へのメッセージになる新しい様式が現れる可能性さえ感じます。もともと民博はすべての展示物をさわってもらえという梅棹忠夫さんの理念から作られたものです。いまは後退ぎみな気配がありますが、この研究会はそれを再び取り上げ、さらに過激に展開しようとしているのかもしれません。

こう考えると、この研究会がやるべきことはまだまだいっぱいあります。問題が難しければ難しいほどファイトがわいてくるのは、広瀬さんがいうように、私がアボリジニか縄文人だからでしょうか。

参考文献

広瀬浩二郎編著『さわって楽しむ博物館――ユニバーサル・ミュージアムの可能性』青弓社、二〇一二年
安芸早穂子「アートな考古学の風景2――復元イメージの揺らぎとリアリティ」「考古学研究」第六十二巻第三号、考古学研究会、二〇一五年

おわりに

広瀬浩二郎

大きなシンポジウム開催から八カ月。本書刊行までのプロセスは、順調でエキサイティングなものだった。まずは、原稿執筆、校正に協力していただいた各章の担当者に感謝したい。前著『さわって楽しむ博物館——ユニバーサル・ミュージアムの可能性』に続き、今回も青弓社に出版を引き受けてもらえたのはたいへんうれしい。「ユニバーサル・ミュージアム」というテーマの斬新性と社会的意義を認め、本書の企画を立て、編集作業を進めてくださった矢野未知生さんに心からお礼を申し上げる。

「ユニバーサル・ミュージアムの可能性」「ユニバーサル・ミュージアムの新展開」とくれば、第三作は「ユニバーサル・ミュージアムの大流行」だろうか、などと楽天家の僕は勝手に夢想している。二作だけでシリーズというのは時期尚早だが、今後も青弓社からユニバーサル・ミュージアム関連の著作を出し続けることができれば望外の喜びである。ユニバーサル・ミュージアム研究は、今後どのように深め伸ばしていくべきなのか。たくさんの仲間とともに、次なる一歩を慎重かつ大胆に考えたい。最後に、シンポジウム参加者に当日配布した拙い詩を掲げ、本書の締めくくりとしよう。

「木々伸びて 緑風に触れ ひと優し」

二〇一六年六月

ユニバーサル・ミュージアム——この上もなく贅沢な「無駄」を共遊する友へ

ユニバーサル・ミュージアムとは「無駄な抵抗」である
心に響く音楽を、耳が聞こえないあなたに伝えたい
僕は手を叩き足を踏み鳴らし、音の震動を身体で表現する
心を揺さぶる絵画を、目が見えないあなたに伝えたい
僕はありったけの言葉を紡ぎ、絵の風景を身体で描写する
「無駄な抵抗」は、苦労と工夫の繰り返し
苦労は人を強くし、工夫は人を優しくする

ユニバーサル・ミュージアムとは「無駄な提供」である
たとえ今は聞いてくれる人がいなくても、僕の声は届くはず
いつか、だれかに……
たとえ今は見てくれる人がいなくても、僕の色は感じられるはず
どうにかして、どこかで……
声は色、色は声
僕の声は熱となって、あなたの全身を包み込む
僕の色は風となって、あなたの全身を駆け抜ける
好奇心は熱のごとく、行動力は風のごとく
「無駄な提供」は、だれのためでもない、だからみんなのためのもの

目では見えない色がみたい
耳では聞けない声がききたい

伝えたい人がいて、知りたい人がいる
「無駄」を積み重ねることで、人は賢くなる
「無駄」の連鎖を内へと深め、外へと伸ばそう
ユニバーサル・ミュージアムは、僕たちの未来に熱と風を与える
「無駄な抵抗」をする勇者と、「無駄な提供」をする遊者
今日、ここに勇者と遊者が集う
この上もなく贅沢な「無駄」を分かち合う友を求めて

［著者紹介］
相良啓子（さがら・けいこ）
国立民族学博物館特任助教

岡本裕子（おかもと・ゆうこ）
岡山県立美術館主任学芸員

藤島美菜（ふじしま・みな）
愛知県美術館主任学芸員

井口智子（いのくち・さとこ）
名古屋ボストン美術館学芸員

大髙 幸（おおたか・みゆき）
放送大学客員准教授

篠原 聰（しのはら・さとし）
東海大学准教授

中村千恵（なかむら・ちえ）
三重県総合博物館（MieMu）学芸員

寺岡茂樹（てらおか・しげき）
中世日本研究所女性仏教文化史研究センター研究員

藤村 俊（ふじむら・しゅん）
美濃加茂市民ミュージアム学芸員

黒澤 浩（くろさわ・ひろし）
南山大学教授

原 礼子（はら・れいこ）
国際基督教大学博物館湯浅八郎記念館学芸員

堀江武史（ほりえ・たけし）
府中工房代表

さかいひろこ（さかい・ひろこ）
考古学イラストレーター

真下弥生（ましも・やよい）
ルーテル学院大学非常勤講師

宮本ルリ子（みやもと・るりこ）
滋賀県立陶芸の森／世界にひとつの宝物づくり実行委員会専門員

鈴木康二（すずき・こうじ）
滋賀県文化財保護協会副主幹

三木 亨（みき・とおる）
UD のプチホテル、ピュア・フィールド風曜日代表

山根秀宣（やまね・ひでのぶ）
空堀まちなみ井戸端会理事

石塚裕子（いしづか・ゆうこ）
大阪大学特任助教

大石 徹（おおいし・とおる）
芦屋大学准教授

堀江典子（ほりえ・のりこ）
佛教大学准教授

小山修三（こやま・しゅうぞう）
国立民族学博物館名誉教授

［編著者略歴］
広瀬浩二郎（ひろせ・こうじろう）
1967年、東京都生まれ
13歳のときに失明。2000年、京都大学大学院で文学博士号を取得。現在は国立民族学博物館准教授
専門は日本宗教史、触文化論
著書に『さわる文化への招待』（世界思想社）、『身体でみる異文化』（臨川書店）、編著に『さわって楽しむ博物館』（青弓社）など

ひとが優しい博物館　ユニバーサル・ミュージアムの新展開

発行――2016年8月31日　第1刷
2017年2月27日　第2刷
定価――2000円＋税
編著者――広瀬浩二郎
発行者――矢野恵二
発行所――株式会社青弓社
〒101-0061 東京都千代田区三崎町3-3-4
電話 03-3265-8548（代）
http://www.seikyusha.co.jp
印刷所――三松堂
製本所――三松堂

ISBN978-4-7872-0061-7 C0000